SEM修炼手册

百度竞价、信息流广告、数据分析与专题页策划实战详解

陈丰洲／著

電子工業出版社
Publishing House of Electronics Industry
北京•BEIJING

内 容 简 介

SEM 人员在职场打拼的过程中，会遇到一个又一个坑，本书尝试站在一定的高度，将从业者从专员走向管理岗位过程中可能碰到的问题进行整理，不仅谈竞价推广，也谈基于 SEM 的营销体系。

本书包括 11 章内容，由浅入深地分享 SEM 的进阶过程。第 1 章是 SEM 概述，让读者对 SEM 有整体认识。第 2 章介绍搜索广告，也就是我们常说的竞价广告。第 3～5 章介绍信息流广告、微信朋友圈广告、今日头条广告。第 6 章介绍品牌广告，扩展读者对 SEM 渠道的了解。第 7 章介绍 SEM 数据分析，让大家轻松玩转数据。第 8 章介绍专题页策划，是 SEM 最核心的部分。第 9 章介绍 SEM 营销方案，让大家具备清晰的营销思路。第 10 章介绍 SEM 营销体系，指导读者华丽转身走向管理岗。第 11 章介绍 SEM 面试题，将“福利彩蛋”送给爱学习的读者。

本书是作者 10 年线下及线上营销经验的浓缩，希望能给各位读者带来一些启发。

图书在版编目（CIP）数据

SEM 修炼手册：百度竞价、信息流广告、数据分析与专题页策划实战详解 / 陈丰洲著. —北京：电子工业出版社，2018.10
ISBN 978-7-121-34638-5

Ⅰ. ①S…　Ⅱ. ①陈…　Ⅲ. ①网络营销—手册　Ⅳ. ①F713.365.2-62

中国版本图书馆 CIP 数据核字（2018）第 141228 号

责任编辑：高洪霞
印　　刷：三河市君旺印务有限公司
装　　订：三河市君旺印务有限公司
出版发行：电子工业出版社
　　　　　北京市海淀区万寿路 173 信箱　邮编：100036
开　　本：787×980　1/16　印张：18.25　字数：318 千字
版　　次：2018 年 10 月第 1 版
印　　次：2018 年 10 月第 1 次印刷
定　　价：59.80 元

凡所购买电子工业出版社图书有缺损问题，请向购买书店调换。若书店售缺，请与本社发行部联系，联系及邮购电话：（010）88254888，88258888。

质量投诉请发邮件至 zlts@phei.com.cn，盗版侵权举报请发邮件至 dbqq@phei.com.cn。

本书咨询联系方式：（010）51260888-819，faq@phei.com.cn。

前　言

SEM 人员“钱景”好吗

SEM 人员可以做什么？可以找到好工作吗？可以年薪百万元吗？估计很多读者有类似这样的问题，我跟大家分享一下 SEM 人员是如何赚钱的。

要通过 SEM 赚钱，无非两个选择：打工或创业。

打工拿高薪靠的是能力与忠诚，长期在一个行业、一家公司持续体现自己的价值。SEM 职位由于掌管着网络部的绝大部分预算，在企业运营中扮演着很重要的角色，所以升职加薪非常容易，当然如果想拿真正的高薪，肯定不是做 SEM 专员，而是以 SEM 作为踏板，快速成长为网络营销总监甚至获得更高职位，这个过程一般需要 3～5 年。一些大公司还提供例如股票期权收入等，如果你是在一家大公司逐步晋升上来的，作为老员工会分到丰厚的股票期权。

创业赚钱靠的是坚持，方法总比困难多，没有过不去的坎，当然跨过这个坎又会有下一个坎，痛并快乐着。在创业过程中，SEM 起着关键的引流和转化作用，对于 SEM 广告投放的要求，很多行业都要求做到 1∶5，也就是说如果每天投放 1 万元广告费，带回来 5 万元销售额，如果产品或服务毛利率较高的话，净利润还是挺可观的。企业过得好，广告平台就会更好。

打工也好、创业也好，年薪百万元估计是很多人的目标，我可以很负责地说：通过 SEM 可以实现。但是过程并不容易，我用了 10 年才做到，其间走了不少弯路。《SEM 修炼手册：百度竞价、信息流广告、数据分析、专题页策划实战详解》这本书，我花了很大的精力来写，希望读者看过之后，能够更为顺利地发展，尽可能地少走一些弯路，早日实现自己的目标。

SEM 容易学吗

很多事情都是入门容易，精通很难，SEM 也不例外。从工作内容上来说，SEM 人员主要负责 4 项内容：各类渠道账户的管理、广告投放数据的分析、专题页面的营销策划、渠道营销的策略制定。

入门容易，只需要负责账户的管理和数据的分析，这两项工作是基本功，在一个月内就可以掌握得非常好。但是即使你有神一样的账户操作和数据分析能力，SEM 广告投放的效果也未必好，因为这时你所负责的内容只是入门部分，这些工作对于广告效果起不了决定性作用。

精通很难，难在你需要对结果负责，而对结果影响最大的是专题页策划和营销策略。一个好的专题页，也许能够使业绩直接提升 30%～50%甚至更多。正确的营销策略，也许能够扭亏为盈，使公司走向更合理的发展方向。当你开始负责这些内容时，你的职位基本上已经不是专员，而是主管、经理、总监了。

所以一步一步来吧，先从基础入门，再向精通奋斗。只要你坚持，迟早会成长为高手。

从本书中你能学到什么

本书尝试站在一定的高度，将 SEM 从业者从专员走向管理岗位的过程中，可能碰到的问题进行整理，不仅谈竞价推广，也谈基于 SEM 的营销体系。认真看完本书，读者将会少走很多弯路。

本书包括 11 章内容，由浅入深分享 SEM 的进阶过程。第 1 章是 SEM 概述，让读者对 SEM 有个整体认识。第 2 章介绍搜索广告，也就是我们常说的竞价广告。第 3～5 章介绍信息流广告、微信朋友圈广告、今日头条广告。第 6 章介绍品牌广告，扩展读者对 SEM 渠道的了解。第 7 章介绍 SEM 数据分析，让大家轻松玩转数据。第 8 章介绍专题页策划，是 SEM 最核心的部分。第 9 章介绍 SEM 营销方案，让大家具备清晰的营销思路。第 10 章介绍 SEM 营销体系，帮助读者华丽转身走向管理岗。第 11 章介绍 SEM 面试题，把“福利彩蛋”送给大家。

本书特色

1．内容由浅入深，不仅谈基础的竞价推广，也谈完整的 SEM 营销

本书内容涵盖了竞价推广、信息流广告、数据分析、专题页策划、营销体系等内容，通过突出重点的方式，将企业真正所需要的 SEM 知识介绍清楚。

2．以实例引导全程，谈操作，更谈理解，新手“老鸟”都适合

本书内容全程用实例进行讲解，不局限于账户操作的基础层面，还对整个营销活动的思考过程进行讲解，将笔者对营销的理解分享给读者。

3. 讲解 SEM 面试题，新手入门、老手跳槽，都可以参考

笔者近 5 年一直从事职业教育的 SEM 讲师工作，很关注学员就业，所以本书的最后一章情不自禁地将一些具有代表性的面试题进行了整理，供读者参考。

适合读者

- 网络营销人员。
- 互联网创业者。
- 互联网产品运营人员。
- 企业中高管理层。
- 网络营销创业者。

轻松注册成为博文视点社区用户（www.broadview.com.cn），扫码直达本书页面。

- **提交勘误**：您对书中内容的修改意见可在 提交勘误 处提交，若被采纳，将获赠博文视点社区积分（在您购买电子书时，积分可用来抵扣相应金额）。
- **交流互动**：在页面下方 读者评论 处留下您的疑问或观点，与我们和其他读者一同学习交流。

页面入口：*http://www.broadview.com.cn/34638*

目　录

第 1 章　SEM 概述……1

1.1　理解 SEM，修炼只为华丽转身……1

1.2　企业对 SEM 的认识变化……3

1.3　怎样成为合格的 SEM 人员……3

1.4　SEM 效果不好怎么办……4

1.4.1　漏斗分析……4

1.4.2　三重优化……6

1.5　SEM 取舍之道……7

1.5.1　常见渠道……7

1.5.2　预算如何合理分配……8

第 2 章　搜索广告……9

2.1　竞价入门的三个常识……9

2.1.1　什么是搜索竞价……9

2.1.2　账户层级……12

2.1.3　竞价规则……13

2.2　三个基本概念……14

2.2.1　质量度……14

2.2.2　匹配方式……15

2.2.3　否定关键词……17

2.3　眼花缭乱的广告创意……17

2.3.1　普通创意……17

2.3.2　高级样式……18

2.3.3　组件样式……19

2.3.4　闪投广告……21

2.4　如何设计竞价账户……23

2.4.1　结构设计……23

2.4.2 核心卖点 …… 25

2.4.3 投放策略 …… 25

2.5 如何搭建竞价账户 …… 26

2.5.1 拓词及分词 …… 26

2.5.2 客户端导入及调整 …… 28

2.5.3 广告创意撰写及制作 …… 29

2.5.4 数据追踪标记 …… 30

2.5.5 层级设置 …… 31

2.6 如何优化竞价效果 …… 32

2.6.1 营销漏斗分析 …… 32

2.6.2 竞价效果不好怎么办 …… 33

第 3 章 信息流广告 …… 37

3.1 信息流广告的三个常识 …… 37

3.1.1 什么是信息流广告 …… 37

3.1.2 信息流账户层级 …… 38

3.1.3 信息流游戏规则 …… 39

3.2 百度信息流广告 …… 40

3.2.1 百度信息流广告介绍 …… 40

3.2.2 百度信息流广告怎么收费 …… 42

3.2.3 百度信息流广告怎么投放 …… 42

3.2.4 设置创意 …… 44

3.2.5 广告账户设计 …… 44

3.3 游戏广告案例 …… 46

3.3.1 投放背景 …… 46

3.3.2 构思及具体投放 …… 46

3.4 职业教育广告案例 …… 51

3.4.1 投放背景 …… 51

3.4.2 构思及具体投放 …… 51

第 4 章 微信朋友圈广告 …… 57

4.1 微信朋友圈广告介绍 …… 57

4.1.1 朋友圈广告竞价购买 …… 58

4.1.2 朋友圈广告排期购买 ……58
4.2 微信朋友圈广告投放操作 ……59
4.3 微信朋友圈广告案例赏析 ……62
4.3.1 金融案例 ……62
4.3.2 日化用品案例 ……63
4.3.3 游戏案例 ……64
4.3.4 婚纱摄影案例 ……64
4.3.5 运动鞋案例 ……65
4.3.6 护肤品案例 ……65
4.3.7 招聘案例 ……66
4.3.8 车媒体案例 ……66
4.3.9 水果生鲜案例 ……67
4.3.10 旅游案例 ……67
4.3.11 计生用品案例 ……68
4.3.12 腾讯游戏案例 ……68
4.4 梅赛德斯奔驰朋友圈广告投放全过程解析 ……69
4.4.1 投放背景 ……69
4.4.2 构思及具体投放 ……69
4.4.3 广告效果呈现 ……72
4.5 少儿编程培训投放全过程解析 ……74
4.5.1 广告投放设计 ……74
4.5.2 广告投放设置 ……75
第 5 章 今日头条广告 ……80
5.1 今日头条广告介绍 ……80
5.1.1 什么是今日头条广告 ……80
5.1.2 今日头条广告怎么收费 ……82
5.1.3 今日头条广告怎么投放 ……83
5.2 今日头条账户设计 ……86
5.2.1 今日头条广告层级 ……86
5.2.2 结构设计要素 ……87
5.2.3 账户设计示例 ……87

5.3　今日头条广告图片设计……88
5.3.1　今日头条图片广告……88
5.3.2　如何设计图片……89
5.4　GIF 动图制作……92
5.4.1　今日头条动图广告……92
5.4.2　如何设计动图……93
5.5　视频广告制作……94
5.5.1　今日头条视频广告……94
5.5.2　视频制作过程……95
5.6　建站工具制作专题页……97
5.6.1　今日头条移动建站工具……97
5.6.2　专题页制作过程……98
第 6 章　品牌广告……101
6.1　百度品牌专区……101
6.1.1　什么是百度品牌专区……101
6.1.2　品牌专区常见问题……104
6.2　百度品牌起跑线……106
6.2.1　什么是品牌起跑线……106
6.2.2　品牌起跑线常见问题……108
6.3　百度其他品牌广告……109
6.3.1　百度品牌华表……109
6.3.2　百度百意……111
6.3.3　百度商业阿拉丁……114
6.4　360 品牌广告……117
6.4.1　360 品牌直达……117
6.4.2　360 黄金展位……118
6.4.3　360 节日冠名……119
6.5　搜狗品牌广告……120
6.5.1　搜狗品牌专区……120
6.5.2　搜狗品牌起跑线……121
6.5.3　搜狗品牌地标……122

6.6 神马品牌广告 ······ 123
6.6.1 神马品牌专区 ······ 123
6.6.2 神马繁星广告 ······ 126
6.6.3 神马搜索非标品牌产品 ······ 126
第 7 章 SEM 数据分析 ······ 128
7.1 搞定数据分析只需三个词 ······ 128
7.1.1 数据分析维度 ······ 128
7.1.2 数据评估指标 ······ 129
7.1.3 数据分析方法 ······ 129
7.2 SEM 数据获取 ······ 131
7.2.1 URL 标记 ······ 132
7.2.2 页面与事件转化目标 ······ 134
7.3 关键词成本表 ······ 136
7.3.1 数据来源 ······ 136
7.3.2 处理数据 ······ 137
7.4 信息流广告创意成本表 ······ 141
7.4.1 数据来源 ······ 141
7.4.2 处理数据 ······ 142
7.5 多维度数据分析 ······ 143
7.5.1 渠道及设备端 ······ 143
7.5.2 推广时段 ······ 145
7.5.3 页面维度 ······ 148
7.5.4 如何分析数据 ······ 151
7.6 设计 SEM 日报表 ······ 155
7.6.1 关键指标 ······ 155
7.6.2 报表制作 ······ 156
第 8 章 专题页策划 ······ 158
8.1 如何搞定专题页策划 ······ 158
8.1.1 专题页的重要性 ······ 158
8.1.2 四步搞定专题页 ······ 159
8.2 教育行业专题页策划及文案案例 ······ 160

8.2.1　雅思培训专题页案例 ……160
8.2.2　IT 培训专题页案例 ……163
8.3　医疗行业专题页策划及文案案例 ……166
8.3.1　引入 ……166
8.3.2　痛点或卖点 ……166
8.3.3　产品详情 ……167
8.3.4　呼吁行动 ……169
8.4　装修行业专题页策划及文案案例 ……169
8.4.1　引入 ……169
8.4.2　痛点或卖点 ……169
8.4.3　产品详情 ……170
8.4.4　呼吁行动 ……172
8.5　专题页原型绘制 ……172
8.5.1　Axure 原型工具介绍 ……172
8.5.2　Axure 原型图完整案例 ……174
8.6　特殊专题页案例 ……181
8.6.1　强势转化专题（表单/下载/加粉） ……182
8.6.2　综合分流专题 ……182
8.7　SEM 专题站 ……183
8.7.1　什么是专题站 ……184
8.7.2　专题站案例 ……184
第 9 章　SEM 营销方案 ……188
9.1　SEM 方案逻辑 ……188
9.1.1　常规方案逻辑 ……188
9.1.2　会计培训 SEM 方案案例 ……189
9.1.3　CUA 方案逻辑 ……197
9.2　SEM 方案案例赏析 ……201
9.2.1　IT 培训 SEM 方案 ……201
9.2.2　K12 教育 SEM 方案 ……212
9.2.3　手游 SEM 方案 ……223
9.2.4　招商加盟 SEM 方案 ……232

9.2.5 装修行业 SEM 方案 ……239

第 10 章 SEM 营销体系 ……251

10.1 组织架构 ……251

10.1.1 没有分公司营销体系 ……252

10.1.2 一个地区多家分公司 ……252

10.1.3 多个地区多家分公司 ……253

10.2 人员管理 ……254

10.2.1 招聘 ……254

10.2.2 培训 ……258

10.2.3 考核 ……260

10.2.4 晋升 ……261

10.3 投放管理 ……262

10.3.1 域名及空间 ……262

10.3.2 建站及专题 ……263

10.3.3 多渠道多账户管理 ……264

10.3.4 数据统计汇总 ……264

第 11 章 SEM 面试题 ……266

11.1 常见面试题 ……266

11.1.1 谈一谈你对 SEM 的理解 ……266

11.1.2 如何搭建竞价账户 ……267

11.1.3 如何搭建信息流账户 ……269

11.1.4 怎样写出好创意 ……270

11.1.5 SEM 效果不好怎么办 ……271

11.2 高薪面试题 ……272

11.2.1 SEM 数据分析怎么做 ……273

11.2.2 如何策划专题页 ……274

11.2.3 谈一谈你对营销话术的理解 ……275

11.2.4 给你 500 万元，你打算怎么花 ……276

11.2.5 谈一谈你对团队管理的经验 ……277

第 1 章

SEM 概述

SEM 的成长之路，就是个打怪升级的过程，不断地修炼，不断地接受挑战，不断地入坑出坑，其实只为真正理解 SEM，实现华丽的转身。

1.1 理解 SEM，修炼只为华丽转身

从新手到进阶，最后到精通，SEM 人员要走过的路如图 1.1 所示。

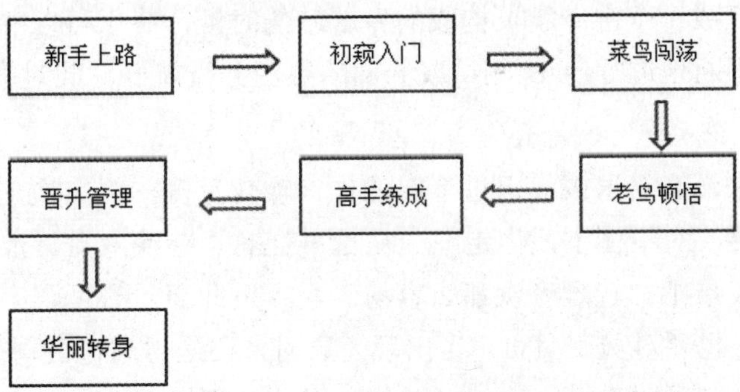

图 1.1 SEM 人员进阶之路

新手上路，刚开始接触付费渠道，需要逐渐熟悉各类账户操作，对结构相同、意义相近的理解需不断加深，对关键词、兴趣等各类定向方式要有所体会，对一些基础数据也应有所关注，例如展现、点击、消费、咨询、来访、成交、点击率和平均点击价格等。

初窥入门，简单理解了 SEM，工作初始，难免会掉进 SEM 的第一个坑：质量度，开

始每天琢磨如何优化质量度，如何降低平均点击价格，如何用更低的花费，给公司带来更多的流量，认为这样就可以实现效果的大幅提升，并对此深信不疑。

菜鸟闯荡，终于跳出了第一个坑，不看质量度了，但是立即又掉入第二个更深的坑：数据分析。不知道在哪里听说了数据追踪、URL 标记、网页/事件转化目标和 SDK 埋包等，感觉自己是大神了，终于能够搞清楚来龙去脉了，开口闭口都是数据。在公司开会时中气十足，怼过来的统统给怼回去，一切用数字说话，把数字放上神坛，这时的 SEM 人员，傻得可爱。

老鸟顿悟，从对数据的痴迷中惊醒，真正成为一名合格的 SEM 人员，明白了自己是搞网络营销的，不是专门搞数据分析的，数据只是营销过程中的辅助工具之一，不能一直停留在数据分析层面。同时，也明白了事情之间的关系千丝万缕，有直接的，也有间接的，开始反省自己曾经做的数据分析是否过于绝对，归因模型（first/last/time/position）是否考虑过。水到渠成也好、侥幸也罢，不管怎样，终于爬出了这个很深的坑。

高手练成，从网络推广人员真正蜕变为网络营销人员，开始更多地去思考做什么可以对最终的结果有更大帮助，不那么在乎一城一池的得失，而是将更多精力放在兵家必争之地：广告创意和页面上。

广告文案、素材搭配、专题页策划、文案及原型、设计及前端沟通，这些事情开始将你的工作填满，很满的同时进度变得很慢很慢。当你成功地做出一个个专题页面，并开始统一页面的风格，汇成一个由专题页构成的专题站的时候，终于可以喘口气，大功告成，后续只需要对页面不断地进行 A/B 测试或局部的热图分析就好。此时的你已经是 SEM 顶尖高手。

晋升管理，从来没有劝退或辞退过下属的你，辗转反侧，再三拖延，终于做出了一个痛苦的决定——兄弟，对不住了，你走吧，在这里耗着，蹉跎岁月，浪费青春，不如去找一个更合适的平台发展吧。管理者没那么容易当，经过此事，心境再上一层楼，明白管理者既要对公司负责，也要对员工负责。当出现矛盾时，还是得站在公司这边，快刀斩乱麻，对于不合适的员工应该及时劝退，对他、对你、对公司都好。

华丽转身，基本算是告别 SEM 了，职业发展中对你非常重要的踏板，完成了它的使命。你的工作内容也发生了彻底的改变，部门架构、岗位配置、招聘、培训、考核、留人以及日常琐碎的人和事，高处不胜寒，从揪心的工作中，慢慢明白：找对人比什么都重要！

走到华丽转身并不容易，很多人走不完这几步，但贵在坚持。

1.2　企业对 SEM 的认识变化

企业对 SEM 的认识变化可以归纳为 5 个阶段，如图 1.2 所示。

图 1.2　SEM 发展图

引流为王，大多数企业认为 SEM 的目的是为网站带来更多有效流量，SEM 工作重心应该主要放在挖词上。百度推广引入质量度概念后，企业又认为 SEM 的重心应该放在抓质量度上，通过优化质量度降低 CPC（点击成本），在预算相同的前提下，为企业带来更多有效流量。

转化为王，随着 CPC 的攀高，企业开始看淡流量，注重结果，明白导流不是目的，能够带来转化才是王道，认为 SEM 的重心主要放在整理转化词上，将能够带来转化的词重点进行监控，确保其排名。

成本控制，这时企业发现有转化未必就好，因为广告投入也许比较多，转化成本最终可能并不合理。在这个阶段，企业会痴迷于数据分析，开始研究数据跟踪、归因模型和代码部署等，体会到数据分析的强大之后，容易走极端，把数据工作当成 SEM 的全部。

流程管控，企业终于跳出了推广的桎梏，来到了营销的高度，开始明白团队合作的重要性。常规行业营销流程一般可以分为：推广引流→页面浏览→在线咨询→电话邀约→上门来访→成交缴费→口碑传播，整个营销流程的每一个环节、每一个岗位都非常重要，这时的 SEM 从业者在数据分析之外，开始对广告文案、页面设计和咨询话术等感兴趣。

营销体系，随着推广渠道越来越多，企业有时会发现营销流程还不够稳定，时不时会有突发情况，控制起来不能得心应手，总感觉还是差那么一点。在思考这类问题的时候，企业慢慢意识到营销体系的重要性，通过不断实践，最终认识到原来只有强大的营销体系，才是企业做好 SEM 的关键。

1.3　怎样成为合格的 SEM 人员

要成为合格的 SEM 人员，需要走好三大步，如图 1.3 所示。

图 1.3　SEM 三步走

账户操作是 SEM 最基础的部分，账户主要涉及搜索广告和信息流广告两部分。作为一名 SEM 人员，要能够熟练地进行账户设计，并进行高质量的结构搭建，还需要做好广告创意的制作，包括创意的切入点、文案水平、图片处理，甚至有时还需要负责广告视频的剪辑。账户搭建完成后，SEM 人员需要执行合理的投放策略，并就不同问题做出相应调整。

数据分析，对于新手而言，面对一堆错综复杂的数据，也许会觉得很难。其实稍微梳理一下就会发现并不复杂，数据分析无非就是先进行细分，然后针对细分之处评估好坏，好的地方多投入，差的地方少投入。在思路上只要想明白三个问题：维度、指标和方法，数据就基本搞定了。

当 SEM 人员能够就渠道、设备端、地域、时段、计划和关键词等这些维度，运用成本、投入产出比等评估指标，然后掌握数据透视表、COUNTIF 和 VLOOKUP 等方法，并具体做出 Excel 表的时候，就算弄明白 SEM 的数据分析了。

效果优化相对复杂一些，但无非是做三件事。

第一，账户的基础调整，依然是账户操作，例如结构、创意、细节设置等；第二，基于数据分析的调整，就是运用分析的结论，将钱花在更高效的地方；第三，就是营销策划的尝试，其中重点就是专题页策划。

梳理一下上面提到的这些内容，账户操作是最基础的，无须多说；数据分析，外行听起来感觉高大上，其实是 SEM 里最简单的事情，因为新手可以做得跟老手一模一样，只是速度慢点而已；最终我们会发现，真正决定企业之间 SEM 差异的，不是账户操作和数据分析，而是效果优化里的专题页策划。遗憾的是，专题页策划居然是很多 SEM 人员未曾做过的，很多人依然在账户和数据里勤奋工作着。

注意：要想成为 SEM 高手，请把更多的精力放在专题页策划上。

1.4 SEM 效果不好怎么办

这是每个 SEM 从业者必须解决的问题，下面分两部分解答这个问题。

1.4.1 漏斗分析

我们从最常见的营销漏斗角度，尝试完整地概括一下影响效果的因素，帮助大家梳理工作中可能存在的问题（发现问题一般比解决问题难）。

以传统行业为例，如图 1.4 所示，漏斗可以细分为：展现→点击→抵达→浏览→接入→对话→线索→邀约→来访→成交→口碑。如果每个环节的损失减少 10%，最终结果将是

3 倍左右的效果提升。

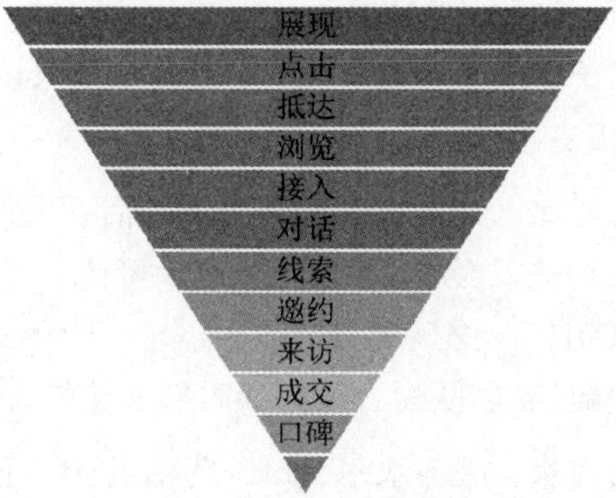

图 1.4　漏斗营销图

影响展现的因素：行业热度、广告预算、渠道数量、投放地域、推广时段、设备端、出价和定向方式选择（竞价里主要是关键词数量及匹配，信息流里主要是定向方式的合理覆盖）。

影响点击的因素：创意质量（直接影响点击率）、渠道广告位（优质的广告位点击率更合理，搜索一般高于信息流，信息流一般高于 DSP/网盟）、竞争力（竞价里主要看综合排名指数，综合排名指数=质量度×出价；信息流里主要看千次展现收入即 Ecpm，Ecpm=点击率×出价×1000，本质一样）。

影响抵达的因素：流量质量（一般无效/恶意流量并不多，如果流量质量不好，主要原因是投放没控制好、人群不精准或创意不清晰）、加载速度（服务器及网页自身）和代码部署（放在底部统计到的抵达量肯定少一些）。

影响浏览的因素：页面设计（不要太丑，争取能做得看上去舒服一点）、页面内容（控制好用户想看的、你想给用户看的二者比例）、页面链接关系（根据需求而定，即使是专题页也可以有互相推荐，使浏览者可以深度浏览）。

影响接入的因素：营销探头的部署（高频部署没事，别忘了我们的目的是“销”）、客服软件的设置（悬浮、邀请、强制对话，设置不同，接入的情况差异很大）。

影响对话的因素：客服软件设置（界面装修）、自动语及客服前三句话术（吸引访客开口对话）、客服工作态度（即使客户没说话，客服也要适当说几句）。

影响线索的因素：客服咨询话术（回答的同时也要发问，快速把握主动权，询问联系方式）、活动设计（确实是具有一定吸引力的活动）。

影响邀约的因素：电邀工作态度（电话回访频次）、电话邀约话术（有吸引力的活动设计及邀约话术水平）。

影响来访的因素：天气（在极端天气情况下，真的很难来访）、位置（明确告知来访线路）、适度回访（让客户承诺多次来访）。

影响成交的因素：同行对比（当同行品牌强大或者活动太疯狂时，竞争压力确实大）、环境（不追求奢华，但需过得去，至少要整洁）、前台接待（无须过于热情，适度就好）、咨询水平（一般流行顾问式销售，挖掘痛点，放大需求，封闭式引导，排除抗拒点，最终关键还是要敢于帮客户做决定）、团队配合（必要时换人接待）。

影响口碑的因素：产品质量、服务水平、口碑营销设计（主动要求、激励措施）、线上线下品牌包装（大部分时候产品差异不大，所以需要正向引导）。

除此之外，影响因素还有淡旺季、政策影响、突发事件等，其实有些时候只是正常波动而已，隔天可能就恢复了，应该多花些时间确定问题后再进行调整。

1.4.2 三重优化

通过漏斗分析我们可以找到问题，接下来要做的就是解决问题，一般可以考虑从三个层面进行优化，如图 1.5 所示。

图 1.5 三重优化

基础优化，主要是将账户里的基本设置执行到位，减少不必要的损失，例如进行结构优化、点击率提升和过滤设置等。

数据分析，这是做好 SEM 的关键之一，听起来很难，其实最简单的部分，主要就是识别广告投放的好和坏，将好的地方找到，多投入一些，将不好的地方挑出来，少投入甚至不投入。

营销策划，这才是 SEM 最核心的部分，也是最难的部分，主要体现在高质量的广告创意、优质的专题页面、成功的市场活动和强大的咨询转化等。

三重优化实施的前提是发现问题，大家可以使用漏斗分析的方法，也可以参考图 1.6 去寻找问题。如果能够找到问题，解决问题就不那么困难了，本书后续章节会就这些内容进行详细说明。

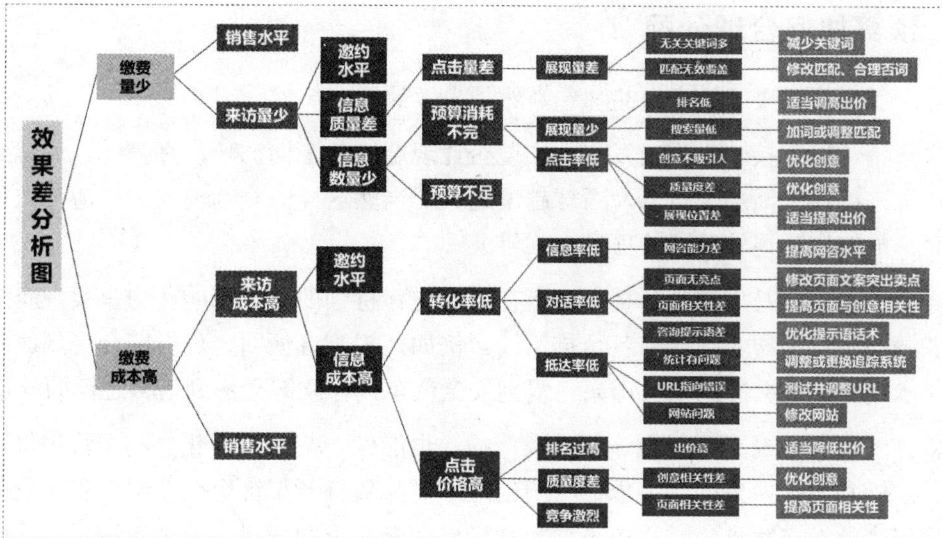

图 1.6　SEM 效果分析图

1.5　SEM 取舍之道

要想做好 SEM，还需替企业选择合适的渠道进行推广，并了解如何合理分配预算，这里的取舍之道有哪些呢？

1.5.1　常见渠道

竞价广告：搜索引擎结果页（SERP）里的广告，应该不用解释。

信息流广告：信息流里穿插的广告，现在很多所谓的信息流广告并不是真正的信息流广告，而是跟着蹭热度叫这个名字。

DSP 广告：联盟广告的升级版广告。

联盟广告：基于网站联盟或 APP 联盟的广告，由于加入联盟的准入门槛低，同时确实管理难度也大，所以无效点击较多。

品牌广告：以百度商业产品为例，主要有品牌专区、品牌起跑线、品牌华表、商业阿拉丁和定制化非标广告等。品牌专区、商业阿拉丁起步颇高，其中品牌专区一般是大公司的标配，做商业阿拉丁的企业相对较少，主要是平台型的大企业投放；定制化非标广告主要是做活动时刷刷曝光量；品牌起跑线、品牌华表起点不那么高，一般适合中小企业考虑。这里不做过多介绍，详细信息可以访问 http://yingxiao.baidu.com 查看。

1.5.2 预算如何合理分配

企业一般先做效果还是先做品牌？当然是先做效果。

效果营销，以直接转化为出发点，实现企业现金流的正向循环，夸张一点说就是复利模式，用赚来的钱不断加大投入，雪球越滚越大，当然这样的复利模式主要适合转化周期相对较短、能够快速周转循环的项目。

品牌营销，主要是做品牌传播，对潜在受众进行持续的高频影响，力争实现企业品牌在用户头脑心智排序中名次靠前甚至排第一。例如，提到方便面，你立即会想到康师傅；提到矿泉水，你立即会想到农夫山泉；提到安全汽车，你立即会想到雷神之锤的沃尔沃。

品效合一，主要是指既能做一些品牌传播，也能做一些效果转化。不少营销渠道为迎合企业在品牌和效果两方面的需求，专门创造了“品效合一”这个词。但按照我们的投放经验，建议企业在实际推广过程中不要太贪，要么专注于做效果，要么专注于做品牌，很多时候鱼翅和熊掌难以兼得。

SEM 渠道本身主要以效果营销为导向，所以渠道的取舍就简单了，如图 1.7 所示，总体都是优先投放效果营销的竞价，其次是信息流广告，最后是品牌营销的 DSP、联盟广告等（补充一下，少数行业的信息流优于竞价，但总体上按上面的顺序进行投放）。

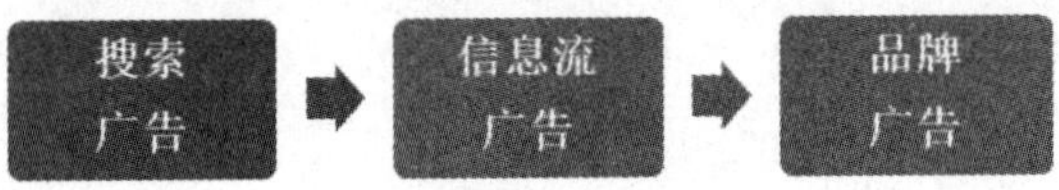

图 1.7 渠道投放顺序图

具体预算分配，按照渠道的效果进行分配，假设以考核订单量为例，我们就用订单成本进行效果评估，对于成本低的渠道加大投入，对于成本高的渠道减少投入。效果好的渠道预算越来越多，精准程度开始下降，效果慢慢就会降下来；同理，效果差的渠道预算越来越少，精准程度开始上升，效果慢慢会好起来。

最优的配置，是通过不断调整各个渠道的预算，实现各个渠道的成本指标基本相同（归因的问题本节先不探讨），这个时候的预算分配最有效率。“公平时不效率，效率时不公平”。

每个渠道都有其存在的价值，弱水三千，只取一瓢，我们将其中适合我们的部分识别出来，并将预算合理分配就行。所以从某种意义上说，渠道没有好坏之分，只有大小之别。

第 2 章

搜索广告

大部分 SEM 人员的职业生涯，都是从搜索广告也就是通常所称的“竞价”开始的，本章将为各位读者揭开搜索广告的神秘面纱。

下面主要以百度竞价为例进行说明，希望各位读者在读完本章之后，能够独立地进行搜索广告的投放管理操作。

强调一下，如果读者是零基础的新手，阅读本章之前，请访问 http://www2.baidu.com，免费注册账号进行练习。

2.1 竞价入门的三个常识

入门初期，很多人会问，竞价入门需要了解哪些知识？让我们先看一下三个常识。

2.1.1 什么是搜索竞价

简而言之，竞价主要就是在搜索引擎里通过关键词定向的精准广告。企业通过购买产品或服务相关的关键词，可以让广告出现在潜在受众面前，从而更好地进行产品或服务的宣传和销售。竞价广告都是按点击付费的，展现本身不需要付费。在日常生活中，当我们在搜索引擎里查询信息时，大多数时候首先看到的就是竞价广告，如图 2.1 所示。

当我们搜索关键词“美国留学”时，展现的网站下有时会标有“广告”两字，这些网站就是通过竞价方式来展示的。

图 2.1　百度竞价广告示意图

竞价广告主要有 4 个特点：见效快、效果好、管理灵活和评估精准。正是因为这些特点，竞价广告在企业经营过程中至关重要，在网络营销体系里有着举足轻重的地位。

- 见效快：这是竞价非常显著的特点，例如，相比 SEO 渠道，竞价广告节省了漫长的等待时间，毕竟是通过花钱买流量的；
- 效果好：见效快的同时，效果好，毕竟是关键词精准定向广告，并且是有需求的网民通过主动搜索过来的；
- 管理灵活：搜索引擎发展了很多年，后台管理很方便，很多细节的设置也都可以实现；
- 评估精准：竞价是数字化营销渠道中的重点，数据追踪已经非常成熟，每一分钱花在哪里、效果如何，基本上都可以统计。

关于竞价广告投放，首先需要开户，国内主要有百度、360、搜狗和神马四大平台，其中百度是绝对的 PC 端和移动端老大，神马比较特殊，不做 PC 端，专注于移动端搜索。国内四大搜索平台的推广后台登录地址如下。

百度推广后台：http://www2.baidu.com，如图 2.2 所示。

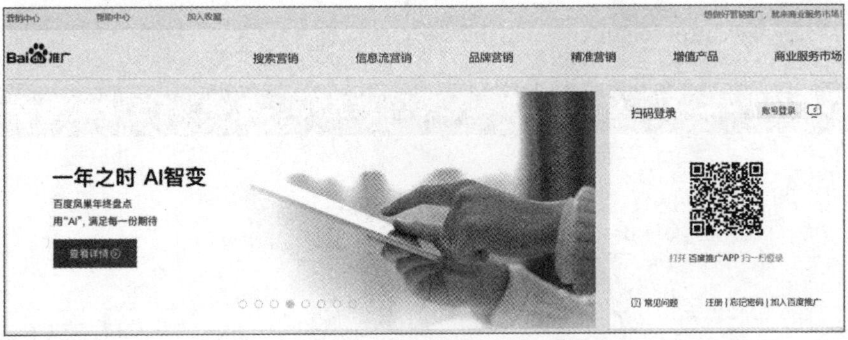

图 2.2　百度推广后台注册及登录界面

360 推广后台：http://e.360.cn，如图 2.3 所示。

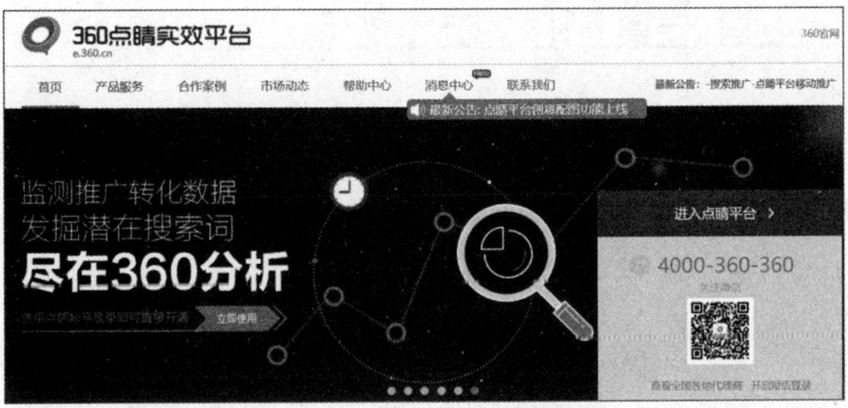

图 2.3　360 推广后台注册及登录界面

搜狗推广后台：http://p4p.sogou.com，如图 2.4 所示。

图 2.4　搜狗推广后台注册及登录界面

神马推广后台：http://e.sm.cn，如图 2.5 所示。

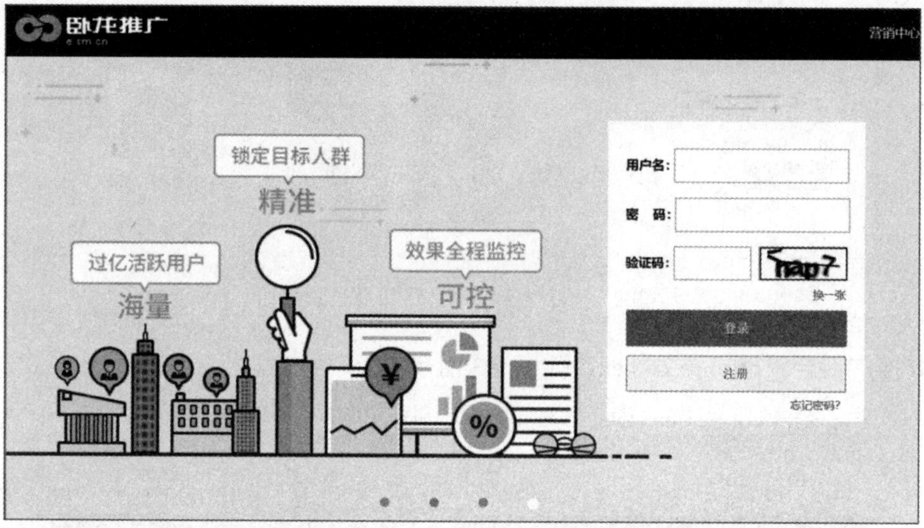

图 2.5　神马推广后台注册及登录界面

真实开户需要与平台服务商沟通，涉及网站审核、合同签订和汇款充值等，只需很少的金额就可以投放。如果只是为了熟悉后台界面，建议在百度推广后台进行注册，并不需要真实充值。

账户开通后，接下来需要在账户后台挑选关键词，撰写广告创意，设置好出价，做好数据追踪，制作好专题页面，这些工作都做好以后，就可以进行广告投放的测试工作了。

竞价虽然并不复杂，但也不是简单到只需要充值就行，尤其是在转化方面容易拉开差距，优质的落地页面和强大的咨询转化，会对竞价广告投放结果产生非常大的影响。

2.1.2　账户层级

常规账户里的关键词一般在几千到几万个，大的账户关键词在十几万到几百万个。如果业务非常复杂，例如类目众多、分地域投放等，很多企业也会用多账户分工投放的方式进行处理。

为了便于管理，竞价后台细分出了层级结构，一般结构都是 4 层：账户→计划→单元→关键词/创意，如图 2.6 所示，最重要的是底层的关键词和创意，关键词负责定向，精准锁定潜在客户；创意负责广告展现，吸引潜在客户进行点击，进而导流到落地页面进行转化。

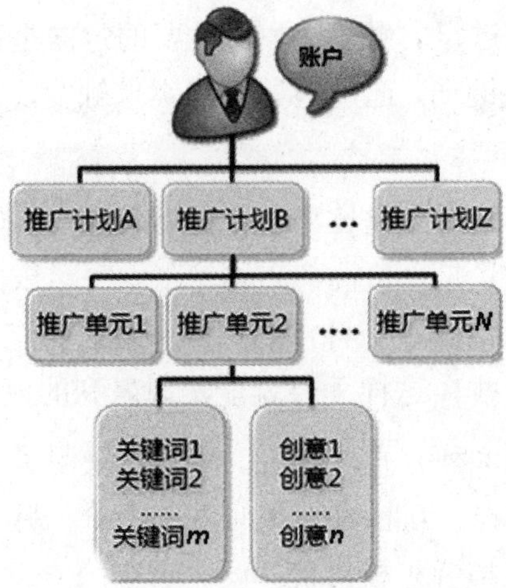

图 2.6　竞价广告层级结构示意图

关键词一般可以分为品牌词、项目词和竞品词三大类，其中品牌词和项目词更重要，竞品词相对而言不太重要。品牌词就是包含自家品牌的词，竞品词就是竞争对手的品牌词，项目词就是除品牌词和竞品词之外，与公司产品或服务相关的词。

很多 SEM 从业者喜欢将项目词分为两大类：产品词和通用词，其中产品词就是搜索意图更为明确的词，通用词就是搜索意图弱一些的词。

创意一般分为普通创意和其他样式，以百度为例，普通创意主要就是标题+描述+配图+URL 方式，以文字为主，图片为辅，如图 2.7 所示；其他样式主要有高级创意、组件样式和闪投创意等，其中文字之外还涉及大量图片甚至视频的制作，这对竞价人员提出了更高的要求，需要掌握一些图片设计及视频编辑技术，例如 Photoshop、AE 等软件。

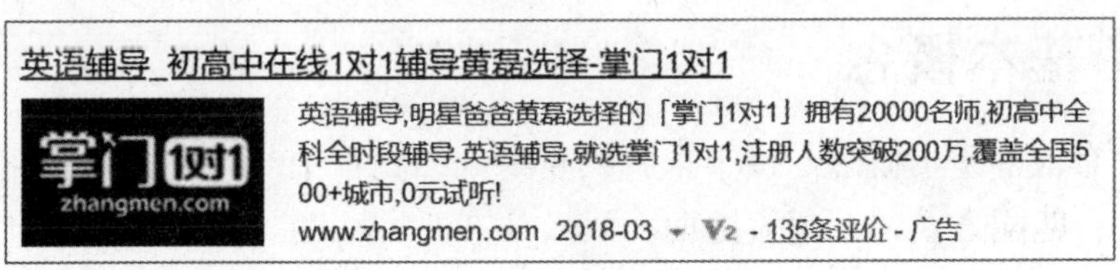

图 2.7　百度竞价普通创意效果图

2.1.3　竞价规则

竞价规则并不多，这里总结三个比较重要的规则，供读者理解竞价，分别是：触发机制、排名规则和计费算法。

- 触发机制：竞价是通过定向触发的，最主要的定向是关键词定向，网民检索的搜索词与竞价账户内的关键词，通过匹配方式实现触发，然后挑选一条广告创意进行展现。
- 排名规则：竞价最开始时只是比出价，价高者靠前；但这样还不够理想，因为广告是点击扣费的，如果只是出价高但点击率低，平台依然赚不到钱，所以搜索引擎升级了排名算法，包装推出了综合排名指数（综合排名指数=出价×点击率）这个概念，乘积大才能往前排，这样平台就能实现赢利的更大化。
- 计费算法：竞拍有很多种方式，搜索引擎主要采用了维氏拍卖算法，该算法主要有两个特点，一个是暗排，互相看不见对方的出价；另一个是成交后按下家计费，这样可以更好地鼓励竞拍者积极出价。

这套古老的拍卖方式在竞价广告里大放异彩，对人的心理揣摩得很透彻。竞价广告的计费算法在维氏拍卖的基础上引入了点击价格，点击价格=下一名出价×下一名质量度/自己质量度+0.01 元，如图 2.8 所示。从公式来看，点击率比较重要，但需要注意点击率的有效性，广告创意不能出现“标题党”，盲目提高点击率没有意义，得有效果才行。

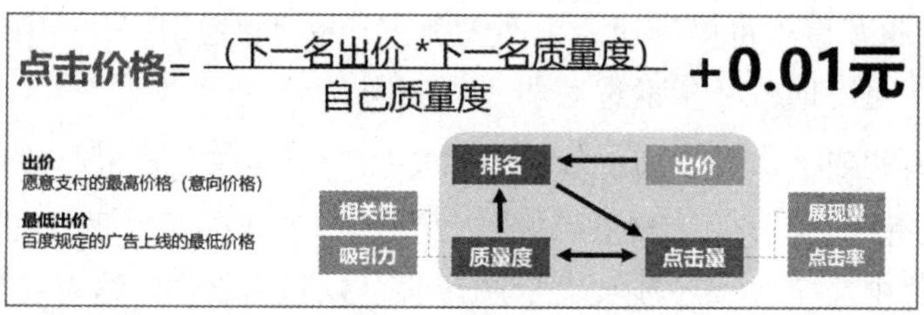

图 2.8 点击价格计算公式图

2.2 三个基本概念

围绕竞价有很多基本概念，接下来我们重点介绍竞价中与关键词紧密相关的三个基本概念：质量度、匹配方式和否定关键词。

2.2.1 质量度

对初学者而言，质量度是必须弄清楚的一个基础点，接下来我们从质量度的定义、作用、影响因素、优化和理解 5 个方面进行介绍。

质量度总体来说就是衡量关键词质量的综合评分，各大平台给出的定义大同小异，目前主流的评分形式是 5 星 10 分制，半颗星代表 1 分，1 颗星代表 2 分，PC 端和移动端是各自分开评分的，如图 2.9 所示。

关键词	计算机质	移动质量度
竞价 论坛		6
sem竞价论坛		7
竞价推广论坛		7
竞价论坛		8
陈丰洲		5
bidwhy		9
竞价 论坛		6

图 2.9　百度竞价质量度 5 星 10 分制图

质量度的作用，主要体现在三个方面：同样情况下，质量度越高，排名越靠前；同样情况下，质量度越高，点击扣费的价格越低；同样情况下，质量度越高，排名展现越稳定。

质量度的影响因素，主要受点击率、着陆页和历史表现三大因素影响，其中点击率的影响最大，很多时候点击率就是质量度的代名词。

质量度的优化，是每个从业人员都必须解决的问题，点击率、着陆页和历史表现三大影响因素里，历史表现不可控，所以不在优化范围内；着陆页是一个非常庞大的工程，耗时耗力，不可能为了优化关键词而去专门策划制作专题页，所以也排除掉；最终优化质量度还是要回归到点击率的优化上。

影响点击率的因素无非两个：广告排名和广告创意。提高排名主要靠调价，不属于优化手段，所以优化质量度的方法，其实就是优化广告创意。质量度提升没有捷径，在搭建好账户结构的前提下，老老实实地写创意吧。补充一句，不要盲目为了提高点击率，而去写 “标题党” 创意，那样只有流量，没有效果，最终得不偿失。

质量度只是一个基础优化点，因为质量度本身是一个包装出来的概念，所以不要太过在意，一般情况下越重要的词质量度越低，越不重要的词质量度越高，我们做正确的事情就行，当你的质量度低的时候，一般同行的质量度也低。

2.2.2　匹配方式

考虑到有些企业的新手竞价员不擅长拓词，账户内词量很少，如果只是用这点词去投放竞价，大量的长尾词不能触发，百度等搜索平台的赢利会受到很大影响，所以一些平台推出了匹配功能。

匹配主要分为三种方式：精确匹配、短语匹配和广泛匹配（国外的搜索引擎一般称为完全匹配、词组匹配、广泛匹配）。从名字上可以看出，精确匹配范围最窄，短语匹配居中，广泛匹配范围最宽，如图 2.10 所示。

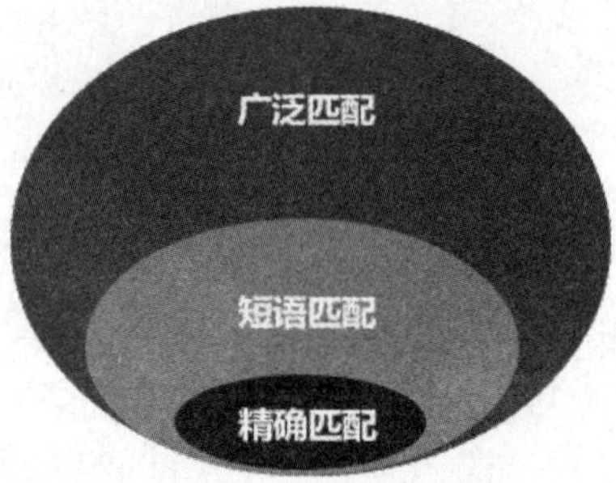

图 2.10　匹配方式关系图

有些平台例如百度，甚至还将短语匹配进一步细分为三种：短语-精确包含、短语-同义包含、短语-核心包含，从匹配能力上看，精确匹配<短语-精确包含<短语-同义包含<短语-核心包含<广泛匹配，如图 2.11 所示。

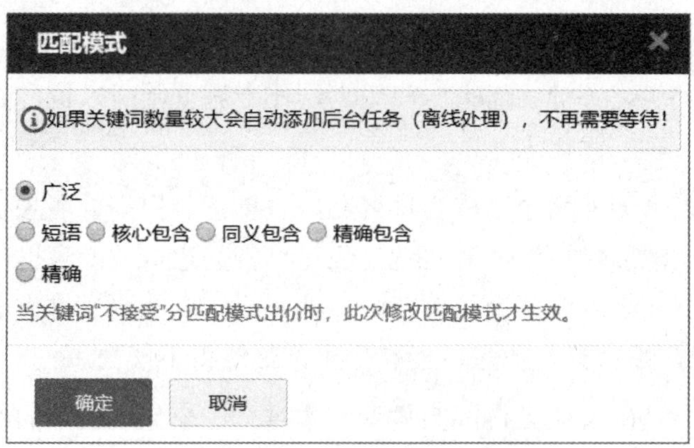

图 2.11　百度匹配模式后台设置图

匹配的差异：精确匹配要求搜索词与关键词完全相同或非常相似才能匹配；短语匹配要求搜索词包含关键词才能匹配；广泛匹配基本上是稍有关系就有可能匹配。

匹配方式的用法：理论上，首先宽泛测试，然后再筛选进行精准投放。在实际工作中，毕竟企业的广告预算有限，我们更多的还是以精确匹配或短语-精确包含为主进行投放，其他的匹配方式非常乱，造成的浪费较多，所以会慎重考虑。

2.2.3 否定关键词

由于匹配方式的存在，或多或少会产生一些不必要的浪费，所以百度等搜索平台推出了过滤屏蔽功能，对词的过滤功能叫作否定关键词。

否定关键词分为两种：短语否定和精确否定。短语否定是将包含否定词的搜索触发进行过滤，设置一个过滤一批，如图 2.12 所示。精确否定是将与否定词完全相同的搜索触发进行过滤，设置一个过滤一个，如图 2.13 所示。

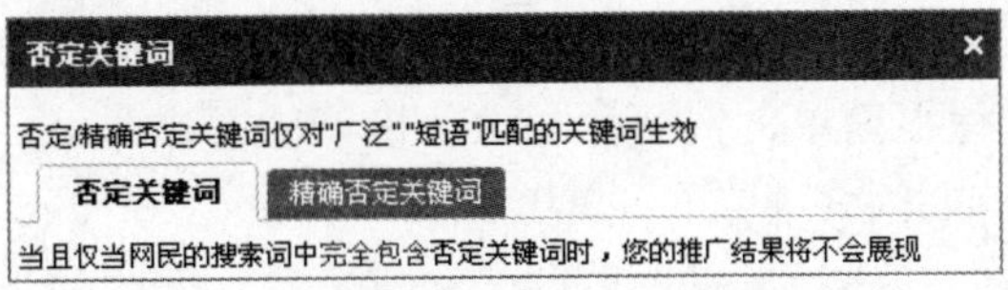

图 2.12 短语否定关键词图

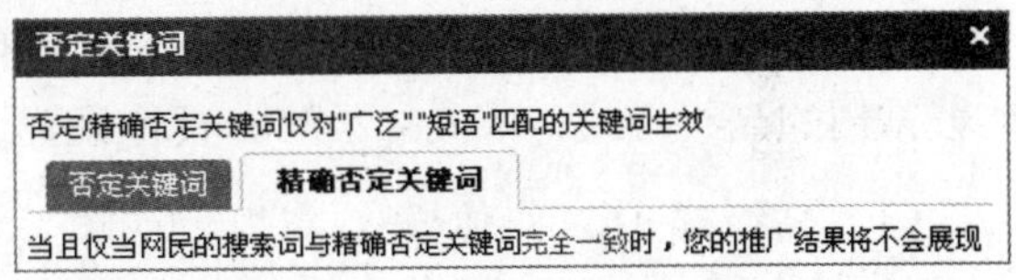

图 2.13 精确否定关键词图

否定关键词的使用一般会结合搜索词报告进行，尤其是新账户，每天都需要查看搜索词报告，将不相关的搜索词进行过滤。层级设置上，虽然单元层级也可以设置，但更多的还是在计划层级做短语否定，这样设置更为方便，等于计划内的所有单元都已设置过滤。

2.3 眼花缭乱的广告创意

制定竞价规则的企业，基本都是上市公司，要想保持股票持续上涨，必须不断挖掘盈利点，出于竞价按点击付费的特性，平台对点击率的引导从未停止。百度、360、搜狗和神马等都是如此，其中百度的样式最为复杂，PC 端和移动端的样式累计达到 100 种左右，实际投放中常见的样式只有 10 种左右，本节重点介绍百度的各种广告创意，供大家学习参考。

由于书籍整理及出版需要时间，所以有些样式也许会消失，同时也有新的样式可能出现。无论广告样式如何变化，大家把握住两个点：（1）功能上是否有需求，有利于转化；（2）样式上是否够炫，有利于点击率。

2.3.1 普通创意

普通创意是最基础的广告样式，由标题、描述、URL 和配图 4 个部分构成。标题及描述的字符数不用死记硬背，在真正投放的时候，按平台的字符数要求进行撰写即可，如图 2.14 所示。

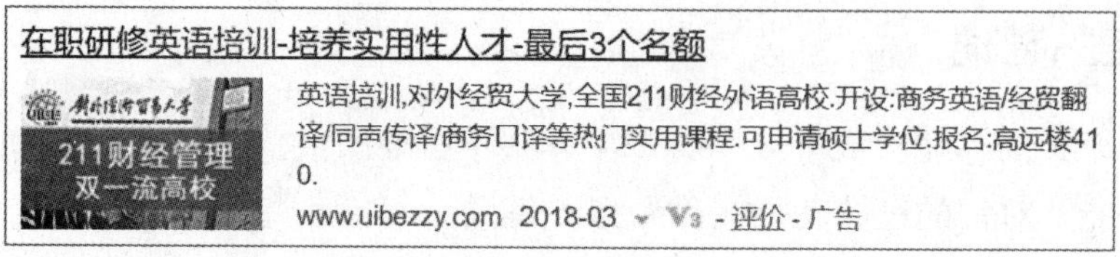

图 2.14　百度竞价普通创意图

2.3.2　高级样式

高级样式有很多，但从实战角度看，很多样式出场率其实很低，所以这里我们呈现一些比较常用的高级样式，供大家了解。具体设置过程很简单，按后台要求一步一步操作即可。

（1）高级样式-富媒体样式-新凤巢视频，如图 2.15 所示。

图 2.15　高级样式-富媒体样式-新凤巢视频图

（2）高级样式-品牌定制-竞秀样式-无线端，如图 2.16 所示。

图 2.16　高级样式-品牌定制-竞秀样式-无线端图

（3）高级样式-品牌定制-泛品牌样式-无线端，如图 2.17 所示。

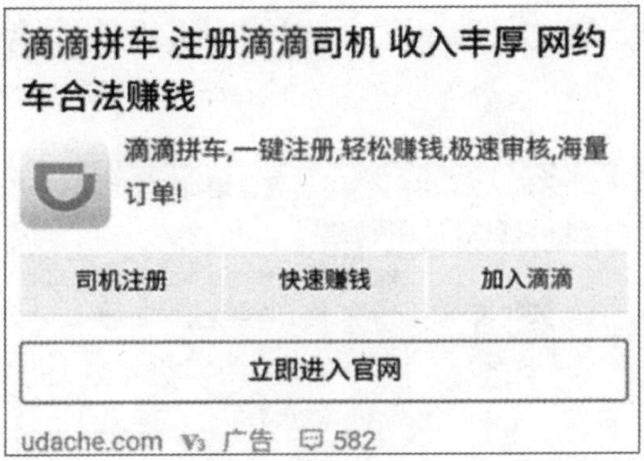

图 2.17　高级样式-品牌定制-泛品牌样式-无线端图

（4）高级样式-应用-APP 下载样式，如图 2.18 所示。

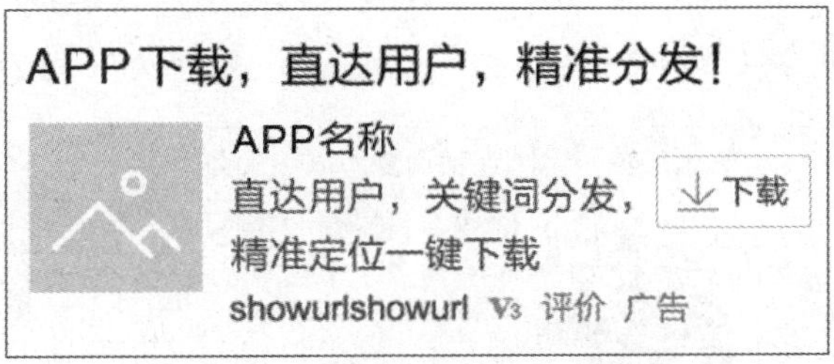

图 2.18　高级样式-应用-APP 下载样式图

2.3.3　组件样式

组件样式并不多，分为本地推广样式和线索通样式，其中线索通样式又细分为电话组件、咨询组件和表单组件。

（1）本地推广样式为门店推广客户提供解决方案，覆盖门店附近 5km～30km 精准流量，如图 2.19 所示。

图 2.19　组件样式-本地推广样式图

（2）线索通电话样式，在搜索结果页上直接显示电话号码按钮，点击拨打电话，沟通快速直接，如图 2.20 所示。

图 2.20　组件样式-线索通-电话组件图

（3）线索通咨询样式，提供全行业在线咨询解决方案，一键直达咨询，显著提高全行业客户转化效率，如图 2.21 所示。

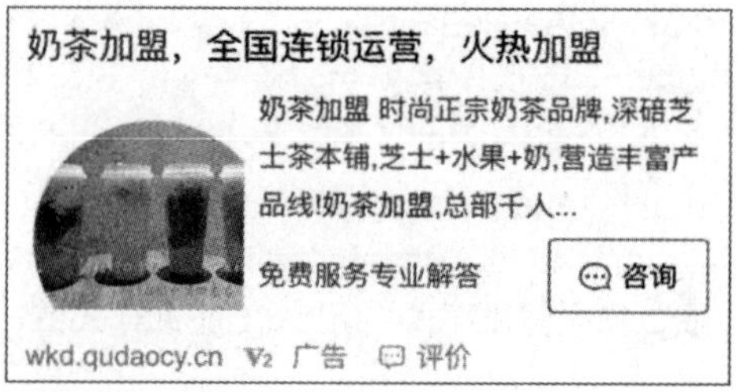

图 2.21　组件样式-线索通-咨询组件图

（4）线索通表单样式，在广告中增加自定义表单，收集用户信息和需求，形成销售线索。让广告主能与这些最有价值的客户直接沟通，也让客户得到一对一的实时服务，直接促进成单，如图 2.22 所示。

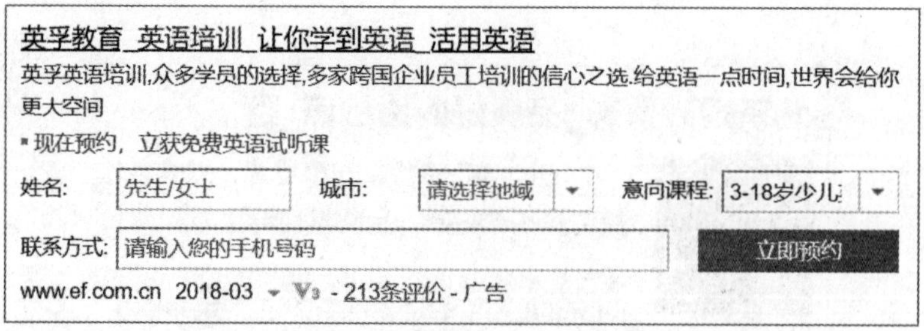

图 2.22　组件样式-线索通-表单组件图

2.3.4　闪投广告

闪投广告主要分为 5 大类：橱窗、全息、图文、导航和列表。每一类里也有很多细分，同理，我们依然只是做部分常见样式的截图，供大家了解。

（1）闪投创意-橱窗-热点橱窗样式，如图 2.23 所示。

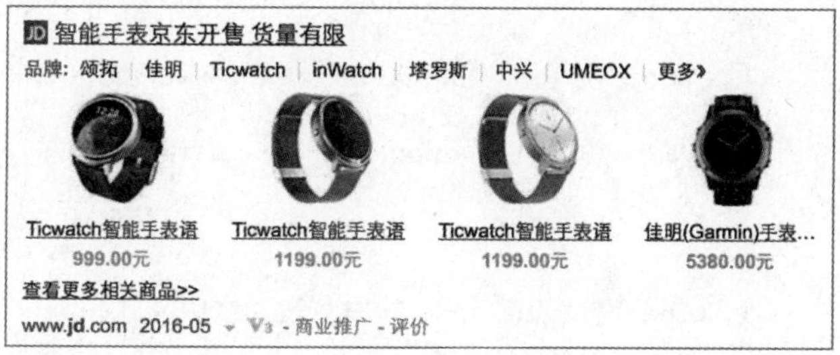

图 2.23　闪投创意-橱窗-热点橱窗样式图

（2）闪投创意-橱窗-商品橱窗样式，如图 2.24 所示。

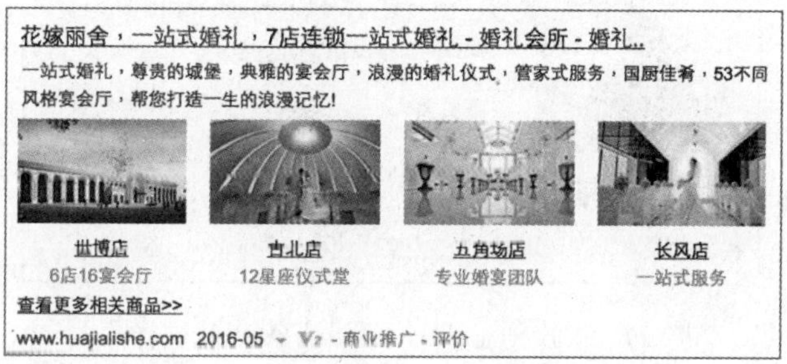

图 2.24　闪投创意-橱窗-商品橱窗样式图

（3）闪投创意-全息-无线端样式，如图 2.25 所示。

图 2.25　闪投创意-全息-无线端样式图

（4）闪投创意-导航-站内直达高级版样式，如图 2.26 所示。

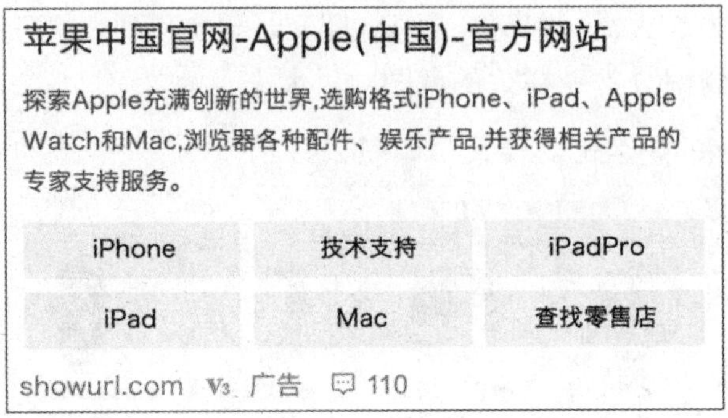

图 2.26　闪投创意-导航-站内直达高级版样式图

（5）闪投创意-导航-凤巢头条-无线端样式，如图 2.27 所示。

图 2.27　闪投创意-导航-凤巢头条-无线端样式图

（6）闪投创意-图文闪购-无线端样式，如图 2.28 所示。

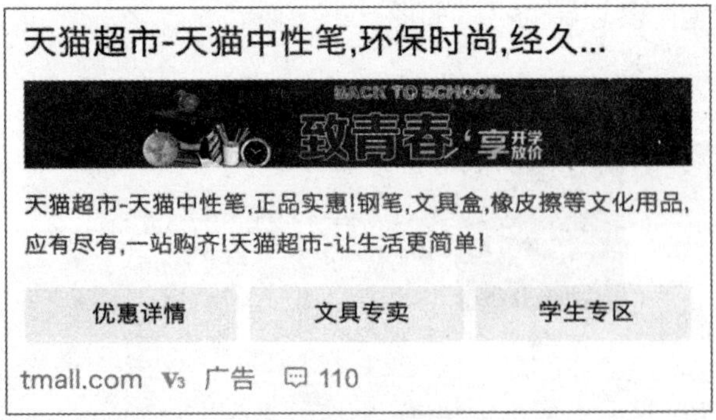

图 2.28　闪投创意-图文闪购-无限端样式图

（7）闪投创意-图文列表-无线端样式，如图 2.29 所示。

图 2.29　闪投创意-图文列表-无线端样式图

2.4　如何设计竞价账户

在了解竞价规则之后，接下来需要思考账户设计的问题。建议思考三点：（1）目标受众在哪里；（2）目标受众为什么选择你；（3）广告预算具体怎么花。

2.4.1　结构设计

结构设计，实际上就是思考目标受众在哪里。其实这是一个非常简单的问题，即使是新手，思考的结果估计和多年从业经验的人也大同小异。

结构设计主要是想清楚用户一般搜索哪些类别的词，之后在搭建账户的过程中，这些都是拓词的方向。一般可以把词分为三类：品牌词、项目词和竞品词。其中品牌词和竞品词非常直接，几乎不用思考，所以主要思考项目词。

例如以职业教育的网络营销培训项目为例，网络营销培训一般可以从课程模块的角度进行细分，例如：网络营销、SEO、SEM、新媒体和电商等。确定好项目词之后，账户结构的计划就基本确定了，结构设计也基本完成了。

A1-品牌计划

B1-网络营销；B2-SEO；B3-SEM；B4-新媒体；B5-电商

C1-竞品计划

在 ABC 结构设计的基础上，可以做一些调整变化，例如区分 PC 端和移动端；

PC.A1-品牌计划

PC.B1-网络营销；PC.B2-SEO；PC.B3-SEM；PC.B4-新媒体；PC.B5-电商

PC.C1-竞品计划

YD.A1-品牌计划

YD.B1-网络营销；YD.B2-SEO；YD.B3-SEM；YD.B4-新媒体；YD.B5-电商

YD.C1-竞品计划

例如区分地域：北京和上海

BJ.A1-品牌计划

BJ.B1-网络营销；BJ.B2-SEO；BJ.B3-SEM；BJ.B4-新媒体；BJ.B5-电商

BJ.C1-竞品计划

SH.A1-品牌计划

SH.B1-网络营销；SH.B2-SEO；SH.B3-SEM；SH.B4-新媒体；SH.B5-电商

SH.C1-竞品计划

当然也可以开两个账户，一个账户专门投放北京，一个账户专门投放上海。项目多的时候，可以用一个账户推广，也可以用多个账户推广。

总体而言，结构设计就是思考目标受众在哪里，重点是将项目从计划的角度分解出来，定出拓词的方向，为后续搭建账户做准备。账户结构的具体搭建是细节问题，后续会详细讲解，已搭建部分效果如图 2.30 所示。

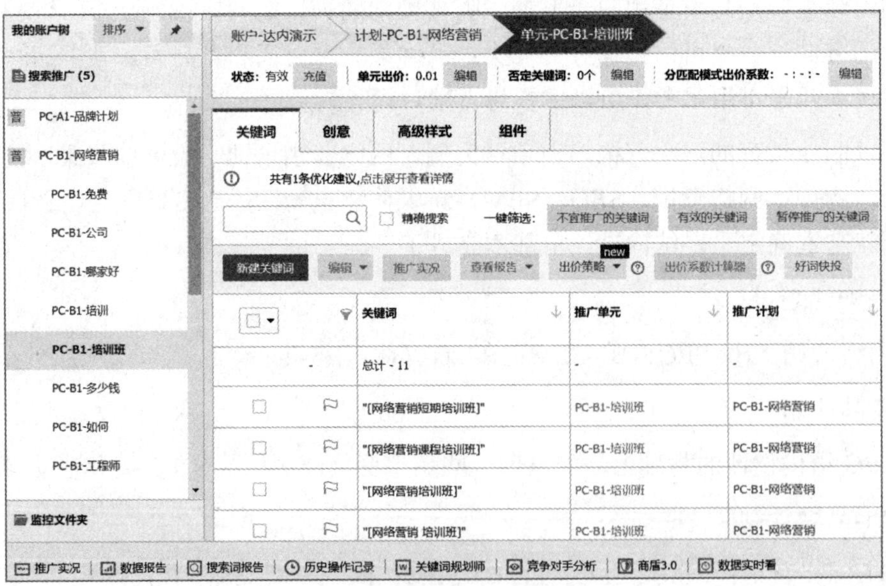

图 2.30　账户结构示意图

2.4.2　核心卖点

关于核心卖点，主要思考受众为什么会选择你。卖点的提炼一般有几个办法：官网浏览、网络查询、同事交流，其中同事交流是最重要的方法，尤其是跟客服或销售的同事交流。很多时候必须承认，你没有客服或销售人员了解客户，所以多跟同事交流，其实相当于快速搞定了难度极大的调研工作。切记，客户的想法最重要，应该用客户接受的方式进行呈现，切勿自我陶醉。

继续沿用网络营销培训项目的例子，核心卖点的提炼很简单，主要围绕两个点：企业品牌实力和学员就业保障，卖点细分如下。

- 品牌实力：上市公司、15 年历史、50 万名学员、BAT 指定合作企业等；
- 就业保障：高薪就业、总监讲师、项目实战、TMOOC 系统等。

确定了核心卖点，文案就已基本确定了，后续撰写及制作创意就相对轻松了。创意撰写基本上是文字组合，针对不同的关键词适当调整语句。创意标题撰写如下。

- 网络营销培训：××{网络营销培训},，美国上市公司，高薪就业有保障！
- 网络营销：××{网络营销}学院，美国上市公司，高薪就业有保障！
- 网络营销培训哪家好：{网络营销培训哪家好}？××教育，上市公司，高薪就业有保障！

2.4.3　投放策略

关于投放策略，主要思考广告预算具体怎么花，如表 2.1 所示，可以从预算分配、投放地域、时段、设备、排名、匹配、落地页等方面考虑。从操作层面看，基本是各个层级的一些细节设置。继续以网络营销培训项目为例，投放策略可以做如下考虑。

- 预算：品牌词充分保障，项目词预算最多，竞品词预算最少；
- 地域：业务区域，如果预算有限，重点区域试点优先；
- 时段：总体按淡旺季分配，品牌及竞品全天候投放，项目词按客服排班时间投放；
- 设备：职业教育行业，虽然移动流量很多都已超过 PC 端，但 PC 端总体转化更理想，所以优先保障 PC 端，合理控制 YD 端预算，按效果再进行调整；
- 排名：品牌词第 1，项目词前 3，竞品词能展现即可，也可不做；
- 匹配：总体都选精确匹配或短语-精确包含，其他匹配越来越乱，一般不考虑。

- 落地页：全部使用精心策划的专题页承接流量，PC 端和 YD 端都需要专门的专题页。

表 2.1　竞价广告投放策略表

计　　划	投放地域	设　　备	预算分配	时　　段	排　　名	匹　　配	落 地 页
PC 品牌计划	业务区域	PC 端	10%	24H	第一	短语-精确	PC 品牌专题
PC 项目计划	业务区域	PC 端	35%	客服时间	前三	短语-精确	PC 产品专题
PC 竞品计划	业务区域	PC 端	5%	24H	前五	短语-精确	PC 综合专题
YD 品牌计划	业务区域	YD 端	10%	24H	第一	短语-精确	YD 品牌专题
YD 项目计划	业务区域	YD 端	35%	客服时间	前三	短语-精确	YD 产品专题
YD 竞品计划	业务区域	YD 端	5%	24H	前三	短语-精确	YD 综合专题

到这里，我们以网络营销培训项目为例，基本清楚了整个账户设计的构思，后续开始具体的账户搭建执行工作。

2.5　如何搭建竞价账户

账户搭建是一件比较烦琐的工作，可以说是竞价员的基本功，大致步骤可以分为：拓词及分词、客户端导入及调整、广告创意撰写及制作、数据追踪标记和层级设置。

2.5.1　拓词及分词

账户构思完毕之后，接下来的工作从拓词开始，一般使用百度关键词规划师，当然市面上还有许多拓词工具，有的也称为泛词工具，其实熟悉掌握百度关键词规划师就已足够了，如图 2.31 所示。词不需太多，一般账户的词量在几千到几万个之间，如果打算搭建 2 万个词的账户，建议拓展 4 万个左右的词，因为在后续处理过程中会损失很多。

关键词规划师的使用很简单，只需要不断输入种子词，就可以批量扩展出很多相关词。可以通过对整体日均搜索量做降序排列，找出搜索量大的相关词，不断作为种子词进行持续拓展。

分词是个非常复杂的过程，基本分词原则是意义相同、结构相近，如表 2.2 所示。SEO 的词是一个计划，竞价的词是另一个计划，先分出大的计划，再细分计划内的各个单元。以培训做结尾的词整理为培训单元；以费用、价格等做结尾的词整理为费用单元；以费用疑问词做结尾的词整理为多少钱单元。这里虽然只有 12 个词，但依然需要细分，在实际工作中都是几千到几万个甚至更多词，也需要严格按照意义相同、结构相近的原则进行细分。

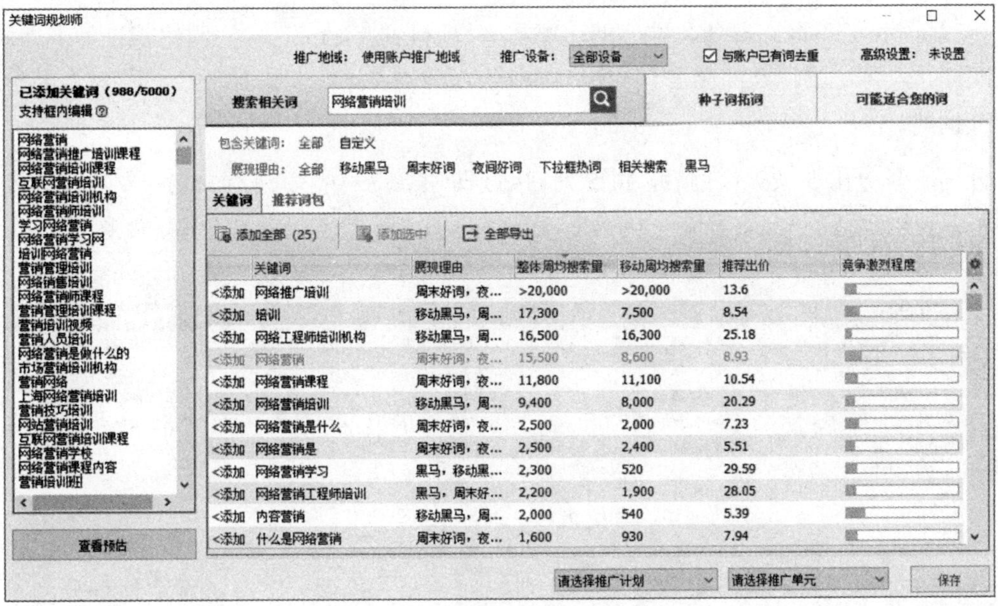

图 2.31　关键词规划师后台界面图

表 2.2　关键词分词原理示意表

SEO 计划	竞价计划
SEO 培训、SEO 优化培训	竞价培训、竞价推广培训
Seo 培训费用、Seo 培训价格	竞价培训费用、竞价培训价格
Seo 培训多少钱、Seo 培训要多少钱	竞价培训多少钱、竞价培训要多少钱

接下来以一个 800 多词的网络营销培训的例子进行演示，供大家理解分词的过程。先将拓好的关键词汇总并进行去重，然后再分为大的计划类别，如图 2.32 所示。

图 2.32　分词工具细分计划图

将需要分的 800 多词放置在 A 列，然后在第二行填写分词的词根，分别是品牌词（达内），竞品词（亿玛客、青鸟、推一把、黑马），项目词（sem、seo、网络营销等），注意填写的顺序，先将比较特殊的品牌词和竞品词写前面，Excel 分词工具是按从左向右的优先级进行分词的。

分词工具分出 5 大类计划后，将 5 列粘贴到一张新表中，并进行命名，要养成这个好习惯，不要使用默认的 Sheet 命名，因为后续表格稍微多一些就很容易混淆，如图 2.33 所示。

	A	B	C	D	E
1	达内	亿玛客&青鸟&推一把&黑马	sem	seo	网络营销
2	达内网络营销课程	黑马网络营销培训	sem培训 哪家好	seo培训 哪家好	网络营销培训哪家强
3	达内网络营销 课程	黑马seo培训	sem哪个培训好	seo哪个培训好	学网络营销哪里好
4	达内外贸网络营销培训课程	黑马sem培训	哪家sem培训好	哪家seo培训好	网络营销师培训哪家好
5	达内网络营销基础课程	网络营销推一把	sem培训哪里最好	seo培训哪里最好	网络营销培训学校哪家好
6	达内网络营销精品课程	网络营销培训学院选推一把	sem培训哪里比较好	seo培训哪里比较好	网络营销培训那家好

模糊筛选表 5大计划 Sheet2

图 2.33　计划整理图

分出大类计划后，接下来就是逐个计划细分单元（强调一下，是逐个计划分，不是一次性都分掉），先分出疑问结构的词，再将剩下的名词按后缀细分，如图 2.34 所示。

	A	B	C	D	E	F	G
1	清空首列 清空内容	快速分组	待分关键词239个 已成功分组81个 未完成分组158个				
2	关键词（复制关键词到下列）	未分组词	哪&那	多	吗	如	费&钱&价
3	seo培训 哪家好	seo高级培训	seo培训 哪家好	seo师培训多少钱	seo需要培训吗	如何学seo	seo培训费用
4	seo哪个培训好	seo高端培训	seo哪个培训好	学seo要多少钱	seo培训班有用吗	如何学习seo	seo课程学费
5	哪家seo培训好	seo的培训	哪家seo培训好	学习seo多少钱	seo培训靠谱吗	如何做好seo	seo培训班费用
6	seo培训哪里最好	seo短期培训	seo培训哪里最好	seo多少钱	seo培训有用吗		seo师培训费用
7	seo培训哪里比较好	seo带薪培训	seo培训哪里比较好	seo课程多少钱	seo培训好吗		seo培训学费
8	seo培训哪家好	seo策划师培训	seo培训哪家好	seo培训学费多少	seo好学吗		seo师考试费用
9	seo培训哪家比较好	seo就业培训	seo培训哪家比较好	seo培训班多少钱			seo费用
10	seo培训哪家强	seo技能培训	seo培训哪家强	seo培训课程多少钱			seo课程的价格

图 2.34　计划细分单元图

如需下载 Excel 分词工具，可以扫描本书封面勒口的二维码，关注公众账号进行获取。

2.5.2　客户端导入及调整

5 个计划（品牌计划、网络营销计划、SEO 计划、SEM 计划、竞品计划）都细分完之后，接下来需要做出账户。新手一般都采用常规步骤，添加计划，添加单元，添加关键词等，这里不做太多介绍。老手一般都批量做法，将分出来的表格整理为特定的三列格式：计划-单元-关键词，然后将 Excel 表格直接导入账户后台，如图 2.35 所示。

说明一下，竞价的管理一般有两种方法：网页版后台管理和客户端后台管理。在工作中管理竞价一般都是在客户端后台进行管理的，网页版对网速要求太高，同时批量操作功能有限，而这两点恰好是客户端优势所在，所以熟练的竞价员大多使用客户端工具进行竞价管理。百度推广客户端下载地址：http://editor.baidu.com。

导入完毕之后，需在客户端调整账户，主要是命名规范和词的细节处理。在命名规范上，将计划分为 A/B/C 等若干个等级，相同等级如有多个计划，就再加上 1/2/3 等。单元命名上，单元名称都加上计划序号作为前缀。词的细节处理，主要是删除、转移、合并、拆分几个操作，毕竟 Excel 分词能力有限，通过人工手动调整，可以将结构做得更合理。

做好的效果，结构一定要清晰，严格按照意义相同、结构相近的要求细分，从而使即使是没有接触过竞价的人，也能大致看懂，如图 2.36 所示。

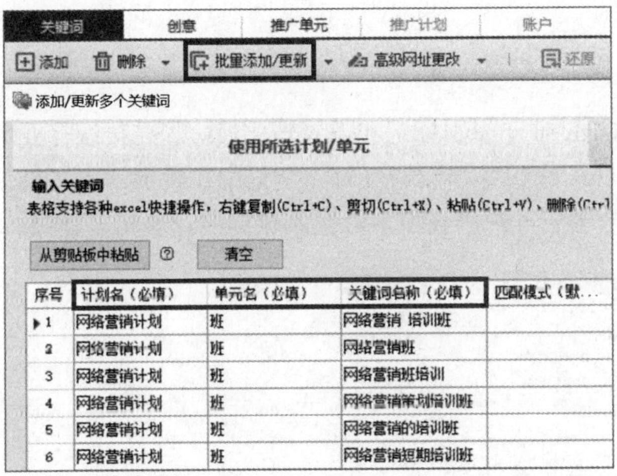

图 2.35　百度推广客户端三列格式导入图

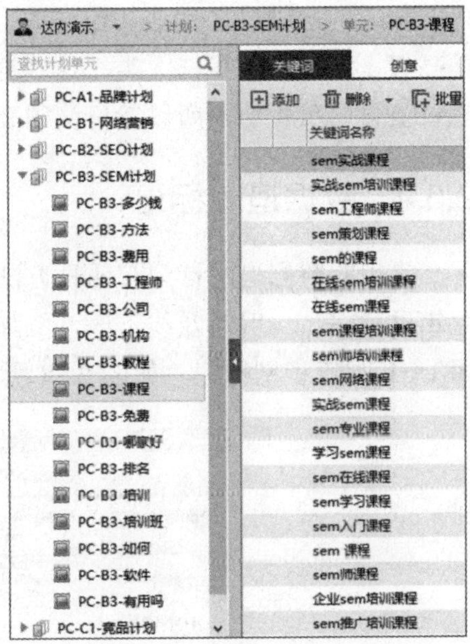

图 2.36　竞价账户结构图

2.5.3　广告创意撰写及制作

一般最低要求每个单元至少 3 条普通创意，建议大家至少做 5 条，开优选模式，通配符建议每条创意合理使用 2～4 次（竞品词或部分涉及未授权的商标词，不需要使用通配符）。工作量太大的时候，也可以批量导入创意，如图 2.37 所示。当然批量的创意一般比较粗糙，投放前和投放后可以对重点单元的创意进行单独撰写及优化。

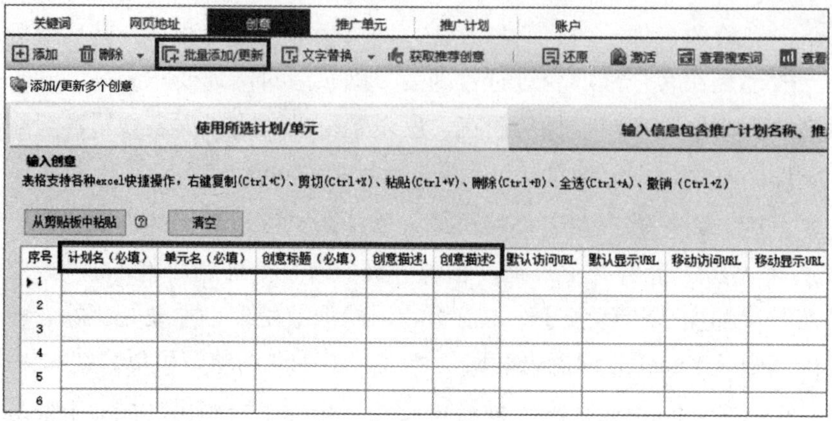

图 2.37　创意批量导入图

普通创意做好之后，其他样式也需要设置一些，以百度竞价为例，目前其他样式主要是高级、组件、闪投三大类。这些样式中很多都涉及图片处理工作，这些工作一般也是由竞价员自己负责的，所以竞价员需要有一些设计能力，并掌握一些 PS 技能。

2.5.4　数据追踪标记

常用的数据追踪标记有两种方法：URL 唯一识别标记和设置转化目标。在传统行业的营销过程中，一般涉及线下时，例如邀约、来访等，数据没有完全集中在线上，更多地采用 URL 唯一识别标记，如图 2.38 所示，然后再对接到线下数据，数据的管理相对复杂。

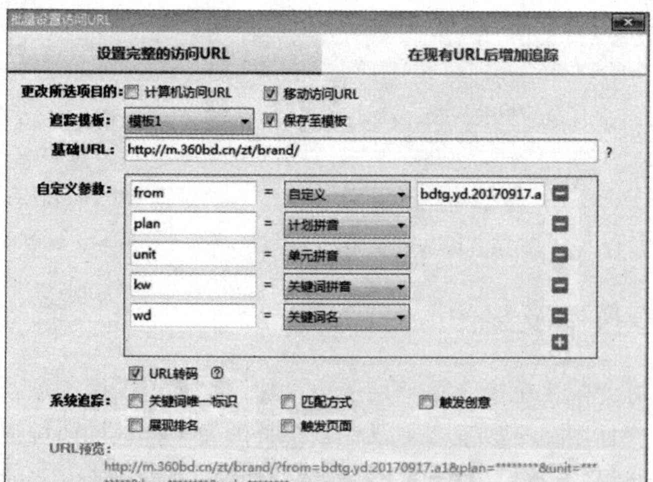

图 2.38　关键词访问 URL 效果追踪设置图

非传统行业，例如电商/游戏/社交软件等，数据大都集中在线上，一般网站上安装统计代码或通过 SDK 埋点的方式，然后设置页面或事件转化目标，基本可以实现数据自动化。这部分内容，在 7.2 节“SEM 数据获取”部分再详细介绍。

2.5.5　层级设置

层级设置，主要是将各个层级浏览一遍，按之前定的投放策略进行相应设置，例如预算、地域、时段、设备、排名出价、匹配、落地页等。

设置的重点就是将钱尽可能花得更有效率。大多数设置都是按常理进行的，例如重点投放核心地域，将预算集中在项目词上，时段主要选择客服上班时段，合理分配 PC 端和移动端预算，核心词靠前排名，匹配方式相对精准一些，落地页优先用精心策划的专题页等。

另外一些常见工具，商盾、否词、排名策略、看排名等也可以设置一下。商盾的作用主要是过滤无效展现，在一定程度上解决无效点击问题。排名策略是百度推出的免费调价工具，能够自动调价进行投放调整，可以指定关键词的排名，还可以指定压制同行，排在其前面。

看排名工具主要是自动查询重点词的排名情况，省去了大量手动查询时间。具体的功能介绍及设置，大家可以登录后台详细查看，入口在推广后台的工具中心里，如图 2.39 所示。

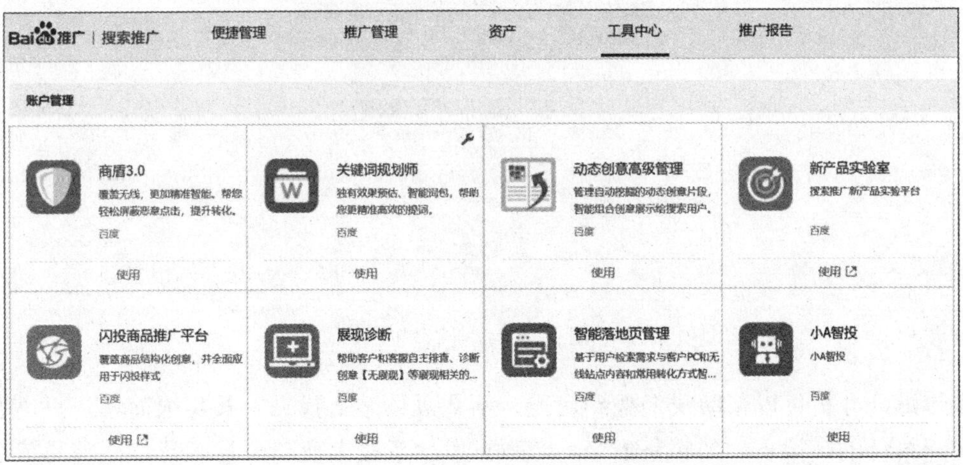

图 2.39　百度推广工具中心后台界面图

最后，毕竟是付费类的推广渠道，公司广告预算主要集中在这里。账户搭建完毕后，花些时间检查几遍，确保没有大的问题（错误链接、出价手抖多写个 0、匹配方式太宽、统计代码未部署等）。在投放过程中，毕竟有预算的管控及日常监控，一般不会出现大问题。

强调一下，账户搭建确实是一件比较烦琐的执行工作，但这是竞价员经常需要做好的基本功，拓词及分词、客户端导入及调整、广告创意撰写及制作、数据追踪标记、层级设置等，由于图文载体的限制，并没有写得非常详细，希望读者能够实际动手，在客户端进行实际操作，多多体会搭建过程。

2.6 如何优化竞价效果

在掌握竞价的账户搭建及广告投放之后，接下来需要进行效果优化，优化主要分发现问题和解决问题两个部分。

2.6.1 营销漏斗分析

如何发现问题？企业一般通过观察漏斗营销模型的数据变化，进行问题的锁定，如图 2.40 所示。漏斗可以细分为：展现→点击→抵达→浏览→接入→对话→线索→邀约→来访→成交→口碑。如果某个环节或某几个环节的数据发生了较大的波动，问题很可能出现在这些地方。

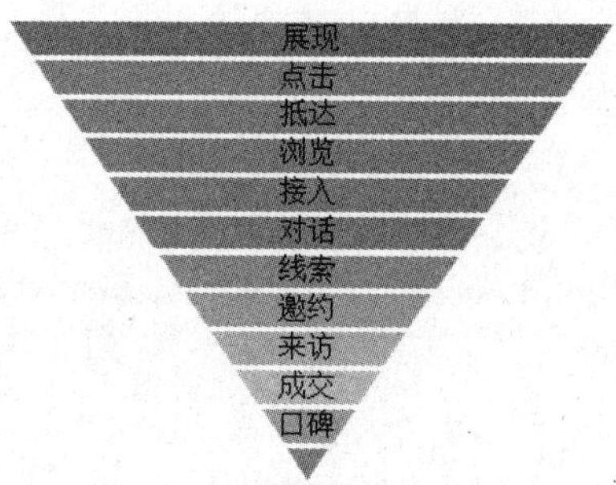

图 2.40 漏斗营销图

通过漏斗分析可以帮助我们找到问题，那么具体怎么找呢？其实很简单，只需要查看公司每天统计的日报表，到底是哪个环节数据发生了较大变动一目了然，很容易就可定位出营销漏斗的问题环节。

举个例子：最近公司的成交量下降了一半，该怎么办呢？通过观察最近几天的日报表，发现成交量的下降，主要是因为抵达量下降了，与客服、销售等人员没有关系。那么为什么会出现抵达量下降的情况呢？仔细一查，原来是最近更换了着陆页，其打开速度太慢，导致抵达量大幅下降。怎么办呢？只需将以前用的页面重新换回去。新的专题页暂时不用，待优化其打开速度后，再考虑投放进行效果对比。

2.6.2　竞价效果不好怎么办

在工作中，难免碰到竞价效果不好的时候，那该怎么办呢？一般可以考虑从三个层面进行优化：基础优化、数据分析、营销策划。

- 基础优化：主要是将账户的基本设置执行到位，减少不必要的损失。例如进行结构优化、点击率提升、过滤设置等。
- 数据分析：这是做好 SEM 的一个关键，听起来很难，其实并非如此。最简单的部分，主要就是识别广告投放的好和坏，将好的地方找到，多投入一些，将差的地方挑出来，少投入甚至不投入。
- 营销策划：这是 SEM 最核心也最难的部分，主要体现在高质量的广告创意、优质的专题页面、成功的市场活动、强大的咨询转化等。

优化的前提是先发现问题，当我们自己并不清楚哪里出了问题时，除了用营销漏斗分析外，也可以采用如图 2.41 所示的方式去查找。当你能够找到具体问题时，解决问题就不那么困难了。

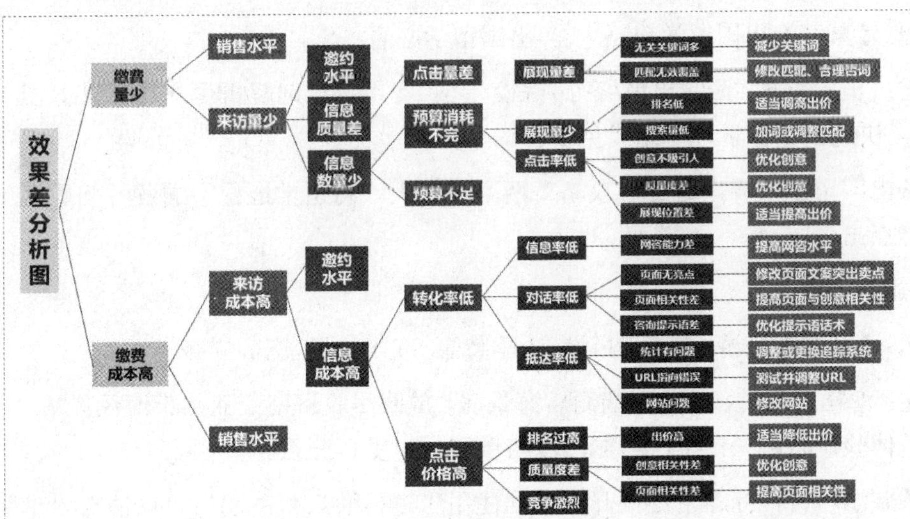

图 2.41　SEM 效果分析图

这里我们以优化创意为例带大家浏览一遍。优化创意是很多新手容易忽视，或者懒得做的部分，却是老手非常在意的部分。

官方说，好创意需要做到 4 点：通顺、飘红、相关和吸引力。官方又说，好创意就是点击率高的创意。很多官方客户案例，都强调其高点击率，论证其产品的强大，对客户的效果提升等。

那么到底什么是好创意呢？我的理解是：有效点击率高的创意。何为“有效”呢？就是点击广告的人或多或少有些意向，不是被“标题党”欺骗过来的。竞价广告真的很贵，很多词已经贵到单次点击价格高达几十元甚至几百元，所以我们对单纯的点击率高低其实没有太大兴趣，我们需要更多的能够实现转化的人点击进来。接下来列举一些创意文案，供大家理解如何写创意。

1. 英语培训创意文案

标题：【某某】英语培训——姚明推荐的在线英语品牌

描述：某某英语培训，姚明推荐，专注在线英语 20 年，服务人数超过 1.8 亿。汇集全球 20,000 多名英美外教，高端在线英语培训，365 天 24 小时随时随地轻松学英语！

这条英语培训广告，将品牌实力充分展示出来，标题通过品牌代言人切入，描述时再将产品优势具体呈现。

2. 出国留学创意文案

标题：【某某】出国留学攻略大全-出国留学必看

描述：出国留学?条件/申请/签证/院校/专业/费用等详细解析尽在【某某】留学，顺利拿 Offer。快速出国留学，一站式免费咨询服务。

这条出国留学广告，通过“攻略”两字吸引人，将留学过程中的各种问题抛出，吸引意向人群点击。

3. 旅游创意文案

标题：【某某】旅游 海南三日游 当季特惠 双飞往返 满额立减

描述：海南三日游，入住高端酒店海景房，放眼尽收海南三亚热带海风风情，享受 VIP 般的舒适体验，海南三日游，彰显浪漫与激情，享受百分百。

这条旅游广告，标题用促销开头，描述用“三日游”、“高端”、“风情”、“享受”、“浪漫”等字眼，将旅游的感觉渲染出来，吸引目标人群。

4．整形美容

标题：【某某】整形专业塑美整形 20 载-美容更专业

描述：某某整形医院，20 年品牌历史沉淀，中国 28 城医院连锁，尊享个性化定制塑美方案，舒适的环境，温馨的呵护体系，给求美者不一样的医美体验！

这条整形美容广告，将品牌实力不断强化，并通过“尊享”、“舒适”、“呵护”等字眼让人放松、放心、相信。

5．装修

标题：【某某】装饰新房装修 898/㎡ 一口价 无增项

描述：某某装饰，装修 0 增项，免费上门验房量房，免费出装修效果图。装修选择置青春装修更放心，装修省时，省心，省事，点击了解装修详情。

这条装修广告，好在直接上，将敏感的价格信息直接说明，没有绕来绕去，大多数有装修需求者应该会点击看看。

6．餐饮加盟

标题：【某某】餐饮加盟-2018 人气品牌-小本创业-免费加盟

描述：加盟中式特色快餐，实力餐饮加盟品牌，天天热销。万元开店，操作简单，整店输出，传授核心技术，上门带店指导。

这条餐饮加盟广告，将创业描述成一种并不复杂的感觉，对很多创业新手应该会有一定吸引力。

7．贷款

标题：信用贷款来【某某】贷款-线上即可申请 30 万元

描述：信用贷款找某某贷款，贷款额度最高 30 万元，放款最快 30 分钟，无须上门，21～55 岁，有过信用卡、本地居住或工作 6 个月以上即可申请。

这条贷款广告，充分考虑到人的惰性，反复强调“线上申请”，“无须上门”，为了点击的有效性，将一些基本条件也做了说明。

8．车平台

标题：【某某】新车网-0-1 成首付-开走新车-送 1 年保险

描述：某某新车网，0～1 成首付，3 年还款，包购置税，送 1 年保险，负责新车上牌，免费预约试驾！厂商直供热销车型，全部厂家品质车源！

这条车平台广告，将“低首付”这一核心卖点充分展现，同时还附带一系列配套服务，估计会吸引很多传统 4S 店购车的客户转化为车平台购车。

上述这些创意，都有一个共性，就是通过传达有效信息，吸引潜在客户点击，而不是靠自吹自擂的广告语去忽悠潜在客户，写广告语，要尽可能务实。

想把竞价的效果做起来，其实就是将一个个的细节都做好，其中基础优化最简单，数据分析稍复杂，营销策划最难，后面还会进一步探讨数据分析和营销策划。

第 3 章

信息流广告

很多 SEM 新手学会了竞价，但很尴尬的是不懂信息流，其实不用担心，有了竞价的基础，学会信息流广告并不难。

如果是零基础的新手，阅读本章之前，请到今日头条广告后台 http://ad.toutiao.com 免费注册一个账号进行练习，百度、腾讯等信息流平台暂时不能免费注册进行操作练习。

3.1 信息流广告的三个常识

信息流广告，国内这几年非常热，在竞价广告之外，成为非常核心的增量渠道。同时，信息流广告对品牌传播也发挥着巨大作用。接下来，我们从什么是信息流广告、信息流账户层级和信息流游戏规则三个方面详细介绍信息流广告。

3.1.1 什么是信息流广告

简单地说，在信息流里穿插出现的广告，就是信息流广告。国内常见的信息流渠道有今日头条、微信朋友圈、腾讯广点通、百度信息流和微博粉丝通等。需要注意的是，并不是所有移动端广告都是信息流广告，如图 3.1 所示，信息流广告的前提是信息流，广告是穿插在中间出现的，上方有资讯，下方也有资讯。

信息流广告主要有以下一些特点。

- 移动碎片化：这是其非常显著的特点，主要集中在移动端的各种场景中，对潜在受众进行持续影响。

图 3.1　信息流广告样式图

- 原生易混淆：样式上与资讯内容融合在一起，难以识别，点击率与搜索广告基本持平。
- 互动特性强：用户可以参与点赞、评论和分享等，使得信息流广告可以更好地进行传播。
- 定向方式多：通过兴趣点、号码包、再营销、媒体、人群属性、网络环境、手机设备等多维度锁定潜在人群。
- 效果评估准：毕竟是数字化营销渠道，数据追踪部分已经非常成熟，每一分钱花在哪里，效果如何，基本上都可以统计。

3.1.2　信息流账户层级

为了对广告投放进行管理，各类信息流广告后台都对账户层级进行了设定，复杂程度也不尽相同。例如微信朋友圈广告就是两层结构：账户-广告，如图 3.2 所示，账户下直接管理广告，没有其他层级。

今日头条就是 4 层结构：账户-广告组-广告计划-创意，如图 3.3 所示。无论层级如何，最终主要是分类，将广告能够按不同类别分别进行投放。

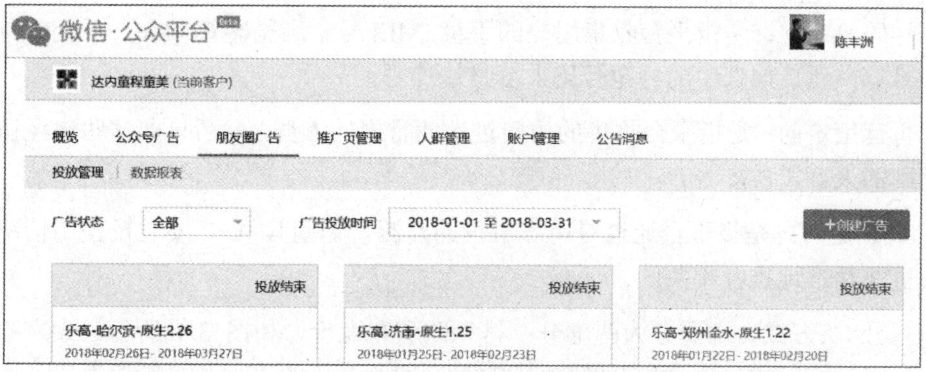

图 3.2　微信朋友圈广告后台图

图 3.3　今日头条广告后台图

3.1.3　信息流游戏规则

关于信息流广告的游戏规则，主要从触发机制、展现规则、计费方式三个方面进行介绍。

首先是触发机制，信息流广告主要通过各种定向方式进行触发，最主要的定向是兴趣点、号码包、再营销和 APP 定向等，其他还有很多辅助定向，例如性别年龄、网络环境、手机设备等。这里将介绍兴趣定向、号码包定向、再营销定向、APP 定向，供大家理解。

- 兴趣定向：平台通过对用户的信息收集，识别其兴趣所在，从而在广告推送的过程中，推荐更为合理的广告。

- 号码包定向：是指平台收集用户的手机 IMEI 号、浏览器 Cookie、社交账号和手机号等，然后向选中的特定号码人群推送广告。
- 再营销定向：是指平台收集的访问过企业官网的人群，然后只向这些曾经访问过官网的人群投放广告。
- APP 定向：是指平台通过对用户手机的监测，识别其 APP 安装及使用情况，从而更为精准地推荐相关广告。

接着是购买方式，主要分为两部分：排期购买和竞价，如图 3.4 所示。大客户一般按排期购买，优先获取曝光；剩下的曝光库存量，留给竞价购买方式，按千次展现盈利能力（ECPM=预估点击率×预估点击价格×1000）高低进行展现。

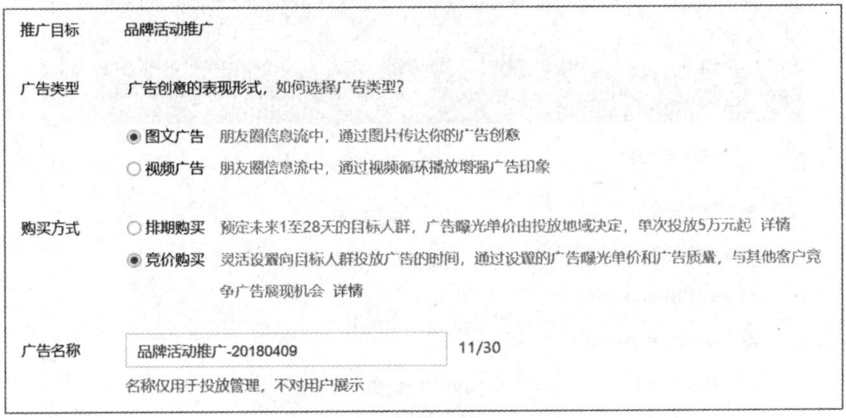

图 3.4　朋友圈广告后台界面图

然后是计费方式，排期购买一般直接按 CPT 或 CPM 购买；竞价购买一般按 CPC 或 CPM 进行购买（CPT 是 Cost Per Time，按时间包断购买；CPM 是 Cost Per Mille，按千次曝光展现购买；CPC 是 Cost Per Click，按点击量进行购买）。

3.2　百度信息流广告

2016 年第四季度，百度上线信息流广告产品，在国内原生广告市场突飞猛进。本节主要介绍百度信息流广告。

3.2.1　百度信息流广告介绍

百度信息流广告，是在百度信息流中穿插出现的广告。百度信息流的广告资源主要有百度首页、百度贴吧和百度浏览器，利用百度强大的定向技术，为广告主进行精准的广告推送。

百度信息流广告，分为竞价广告与合约广告两类，如图 3.5 所示。

图 3.5　百度信息流广告分类图

竞价广告：CPC 竞价广告，即按点击量计费的广告。多维度定向，实时竞价，精准捕捉潜在人群。后台操作灵活，可以随时控制广告的投放，优化得当，可以获得理想回报。

合约广告：GD 广告，也称为保量广告，即按照提前约定的曝光量进行售卖的广告。GD 广告可以帮助广告主按照约定的曝光量进行投放，适合追求曝光的品牌客户。

百度信息流广告创意主要有单图、三图、视频和大图等样式，如图 3.6 所示。

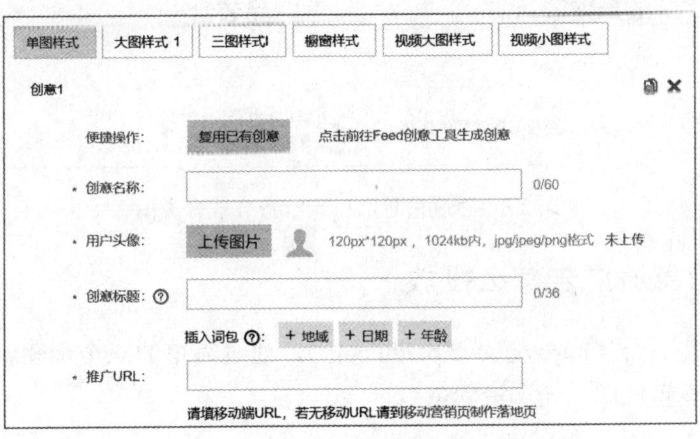

图 3.6　百度信息流广告创意样式图

可以通过 http://www2.baidu.com 登录后台进行管理，如图 3.7 所示。

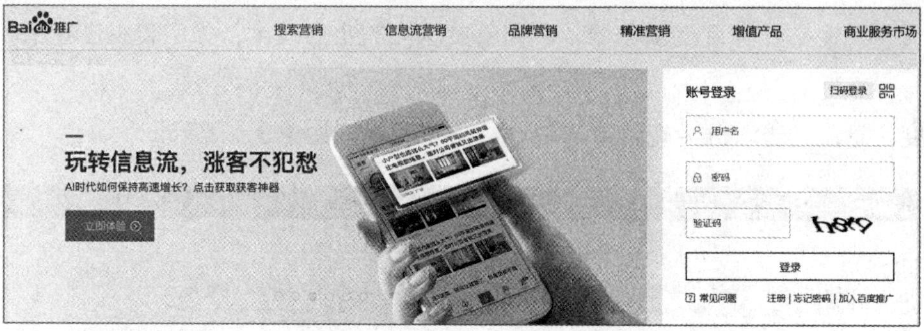

图 3.7　百度信息流广告登录界面图

3.2.2　百度信息流广告怎么收费

百度信息流广告支持 CPT、CPM 和 CPC 三种购买方式，总体而言 CPT 和 CPM 偏品牌传播，CPC 偏效果营销，如图 3.8 所示。

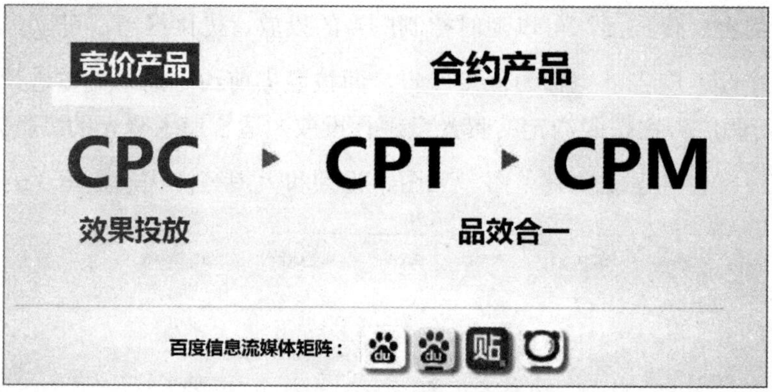

图 3.8　百度信息流广告收费方式分类图

3.2.3　百度信息流广告怎么投放

登录百度推广后台（http://www2.baidu.com），通过简单的三个步骤就可以进行投放：设置推广计划、设置推广单元和设置创意。

设置推广计划即设置流量类型、推广对象、预算、时段等，如图 3.9 所示。

选择流量类型：手机百度、百度贴吧和百度浏览器。

选择推广对象：网站链接、APP 下载（iOS）和 APP 下载（Android）。

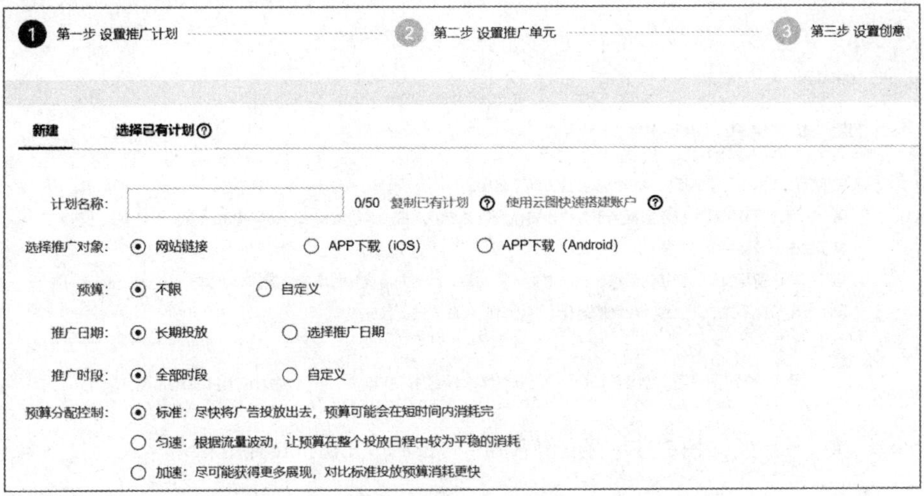

图 3.9　百度信息流广告推广计划设置图

设置推广单元（定向方式、投放出价等）定向方式主要对推广受众进行筛选，有基本信息定向、用户意图定向、用户环境定向和 APP 行为定向等，如图 3.10 所示。

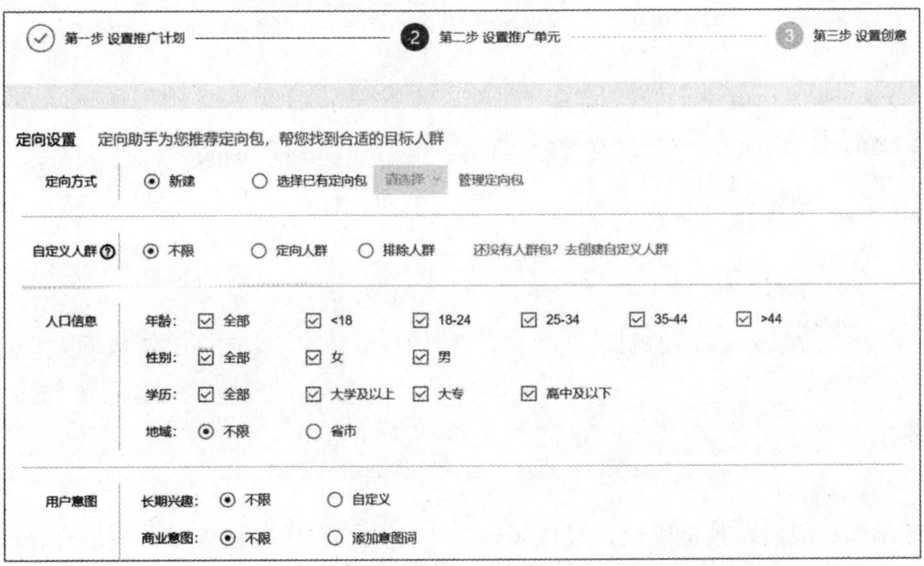

图 3.10　百度信息流广告推广单元定向设置图

信息流广告：一般提供多种出价方式，常见的有 CPC 点击出价和 OCPC 优化点击出价，如图 3.11 所示。

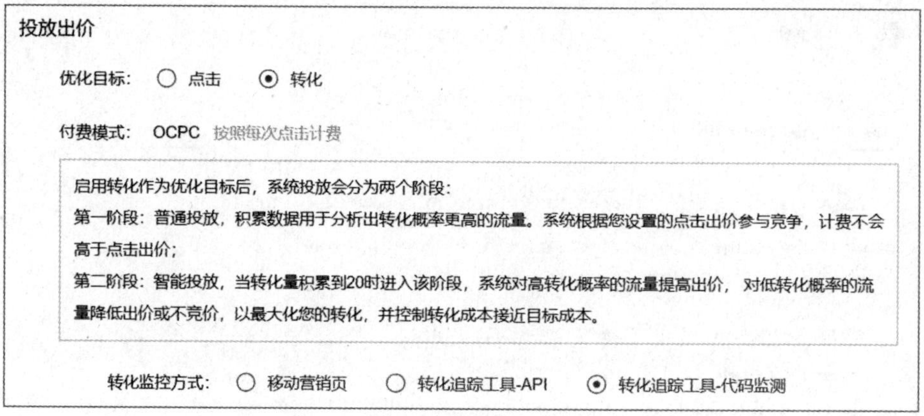

图 3.11 百度信息流广告推广单元出价设置图

3.2.4 设置创意

设置创意包含创意样式、创意撰写及制作，如图 3.12 所示。创意根据投放需求进行制作，主要有单图、大图、三图、橱窗和视频等样式。

图 3.12 百度信息流广告创意设置图

创意制作完成后，预览确认，投放操作基本完成。在实战投放中，我们会花较多的时间构思账户，然后再进行具体的搭建投放设置。

3.2.5 广告账户设计

上一节对百度信息流广告进行了基本介绍，本节主要介绍百度信息流广告是如何设计账户的。

百度信息流广告的账户层级一共是 4 层：账户-推广计划-推广单元-创意，层级的逻辑关系如图 3.13 所示。

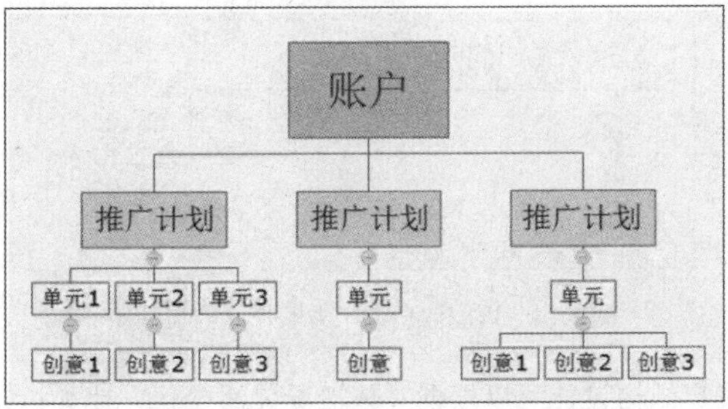

图 3.13　百度信息流广告层级结构图

百度信息流广告的结构，主要可以按照 5 个维度进行设计：推广对象、流量类型、操作系统、定向方式和广告形式。

- 推广对象：分为网站链接、APP 下载（iOS）和 APP 下载（Android）；
- 流量类型：分为手机百度信息流、百度贴吧信息流、百度浏览器信息流，相对而言，手机百度信息流资源更优质；
- 投放设备操作系统：分为 iOS、安卓和其他，信息流广告主要投放 iOS 或安卓，其他相对而言不重要；
- 定向方式：主要有基本信息、用户意图、用户环境和 APP 行为等，其中使用较多的是长期兴趣定向和意图词定向等；
- 广告形式：主要有单图、三图、视频小图、视频大图和大图。

广告内容，主要根据卖点进行设计，可以按文案及素材进行不同搭配尝试。

以推广一款社交软件为例，推广对象选择 iOS 下载和安卓下载；广告流量资源选择手机百度和百度贴吧；定向方式根据流量资源选择（手机百度有兴趣定向；百度贴吧有兴趣定向和主题定向等）；广告样式手机百度选择大图、三图、橱窗和视频，百度贴吧选择大图和三图；结构设计可以参考图 3.14。

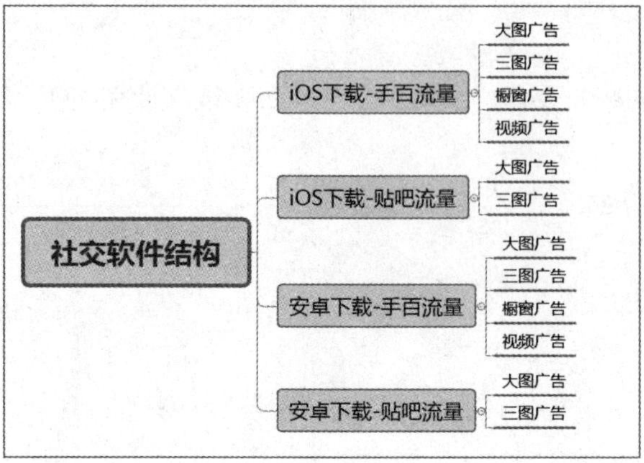

图 3.14　百度信息流广告账户结构设计图

在此基础上，账户结构设计可以根据具体情况灵活变化，比如：

- 如果一线城市和其他地域分开投放，只需将结构复制为两份，一份投放于一线城市，一份投放于其他地区。
- 如果广告素材有多套，只需在推广计划内创建多份单元，命名按素材区分即可。
- 如果同时推广多款 APP，同理只需将结构进行复制，修改相应设置即可。

3.3　游戏广告案例

本节以《贪玩传奇》手游为例，具体介绍如何投放百度信息流广告。

3.3.1　投放背景

贪玩，是一个年轻的品牌，自 2015 年 4 月成立至今走过 30 多个月，公司规模已经发展至 500 多人，全平台流水破 5 亿元，并已在筹备 IPO 上市。旗下运营的《贪玩传奇世界》《贪玩蓝月传奇》等产品都是受到业内外好评的长周期精品游戏。

在代言人方面，贪玩游戏先后邀请了许多影视明星担任品牌代言人，开启了游戏代言人的全新时代。

3.3.2　构思及具体投放

关于账户结构，手游推广一般结构分为三部分：iOS 下载、安卓下载和 URL 落地页，定向方式上主要选择兴趣定向为主，其他定向为辅，流量资源上以手机百度为例，如图 3.15 所示。

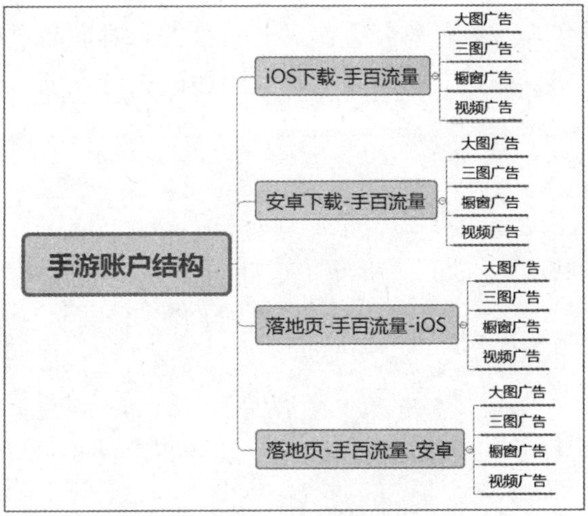

图 3.15　百度信息流手游账户结构图

推广后台的具体操作，只需勾选对应的流量类型和推广对象，其他相关操作按提示选择即可，如图 3.16 所示。

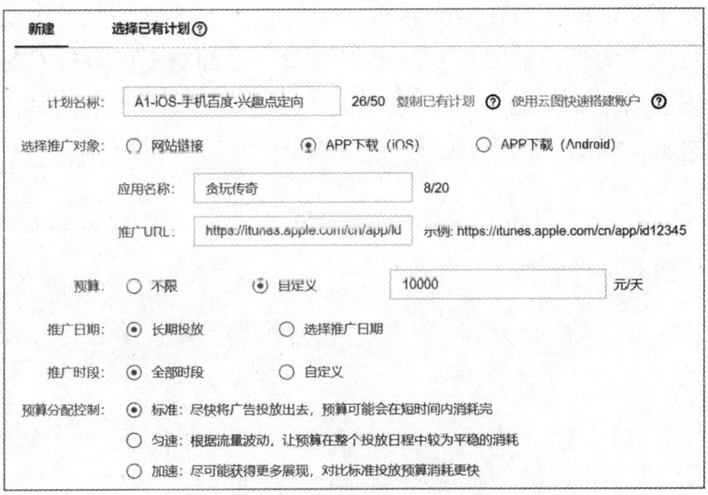

图 3.16　百度信息流广告后台操作图

在受众人群方面，主要通过定向方式进行精准投放。与现在大家熟知的《绝地求生》《王者荣耀》不同，传奇题材的游戏，本身是一款很老的游戏，国内最早是从 2001 年开始的，所以目标玩家主要是“80 后”、“70 后”人群，“90 后”或“00 后”玩家相对较少，现在依然玩传奇题材的玩家，更多的是为怀旧，消费能力相对比较强。

游戏的玩法非常简单，主要是打怪升级、打群架等，画面品质相对较低，男性玩家比例远远高于女性玩家。所以在定向的设置上，大致如图 3.17 所示。

图 3.17　百度信息流广告定向设置图

广告创意十分重要，即使能够定向精准，但能否吸引受众仍然是个重要问题。所以对受众的诉求把握及卖点的呈现需要反复琢磨。游戏一般都是无聊时打发时间玩耍，传奇游戏更是怀旧的情感占据主要因素。前面提到过，贪玩请了很多明星代言，考虑到这些，广告创意就基本确定了，如图 3.18 所示。

图 3.18　百度信息流广告创意设置图

广告创意更多的是为了吸引目标受众，接下来更重要的是承接转化，主要是应用下载页或专题页的策划及制作。我们以专题页为例，页面的目的很明确，就是进行下载转化，页面本身与创意高度配合，反复强调下载的同时，也暗示激活（开始、登录、创建）。

另外页面中也将游戏卖点进行强调：免费试玩、套装好爆和元宝回收等。移动端页面不宜太长，如果有很多内容想呈现，务必抑制冲动，不妨多做几版专题页进行对比，优中选优。

接下来呈现的是一个移动端三屏的专题页。首屏大图将品牌代言人以及酷炫装备进行呈现，文案很简洁：传奇的世界，由你来发现，免费试玩。同时顶部漂浮下载按钮，引导语为：万人同屏，注册即送超酷炫装备。整体效果如图 3.19 所示。

图 3.19 贪玩手游移动专题首屏效果图

第二屏同样很简洁，呈现 4 套顶级装备效果图，文案为：极品套装好爆好卖，如图 3.20 所示。

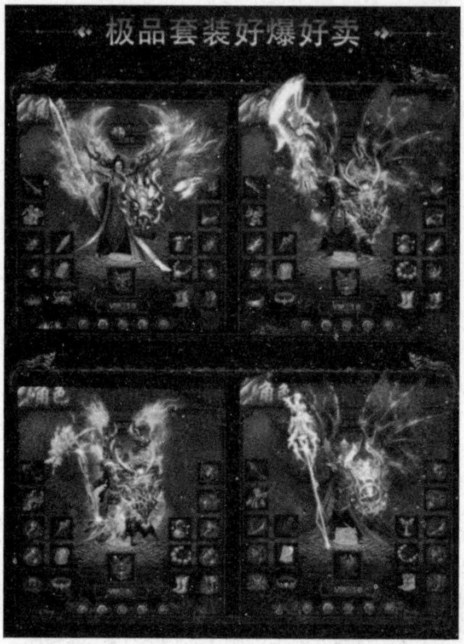

图 3.20　贪玩手游移动专题第二屏效果图

最后结尾很重要，用玩游戏还能赚钱，吸引玩家下载，如图 3.21 所示。

图 3.21　贪玩手游移动专题第三屏效果图

信息流广告的效果，在极大程度上取决于广告创意和页面设计，所以案例的重点需放在这两处，其实也是在告诉读者，不要在操作层面浪费太多时间，而应该多思考如何提高广告投放效果。

3.4　职业教育广告案例

本节以职业教育培训项目为案例，具体介绍如何投放百度信息流广告。

3.4.1　投放背景

达内，创办于 2002 年，专注于 IT 职业教育 16 年，美国上市公司，高薪聘请名师授课，采用“先学习，就业后付款”的模式，已帮助 60 万名学员成功就业。目前，已开设 22 大课程方向，在全国 60 个城市建立了 200 家培训中心，一地学习全国就业。达内综合介绍如图 3.22 所示。

图 3.22　达内综合介绍图

3.4.2　构思及具体投放

关于账户结构，主要从流量类型、推广目标和定向方式进行考虑。例如流量类型我们选择手机百度、百度贴吧；推广目标选择网站链接；定向方式主要选择兴趣定向，结构上按操作系统 iOS 和安卓细分，如图 3.23 所示。

推广后台具体操作，只需勾选对应的流量类型、推广对象，其他相关操作按提示选择即可，如图 3.24 所示。

在受众人群方面，主要通过定向方式进行精准投放。网络营销培训的潜在受众，主要为刚毕业大学生、改行以及创业人群，男性比例略高于女性，年龄段主要集中在 18～34 岁，兴趣特征主要是对 IT 培训、技能培训、职业教育和求职创业等感兴趣。所以在定向的设置上如图 3.25 所示。

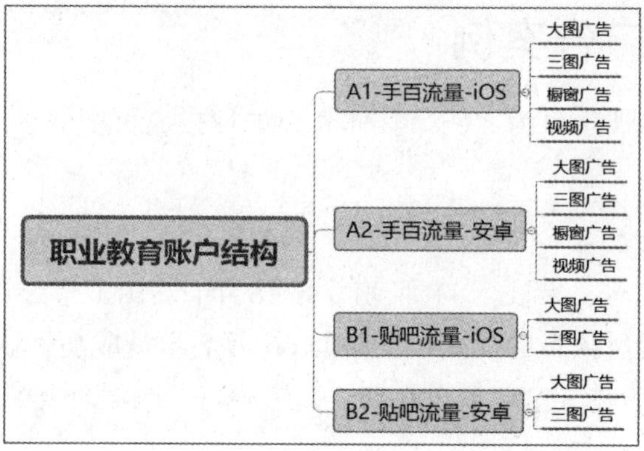

图 3.23　百度信息流广告职业教育账户结构图

图 3.24　百度信息流广告计划设置图

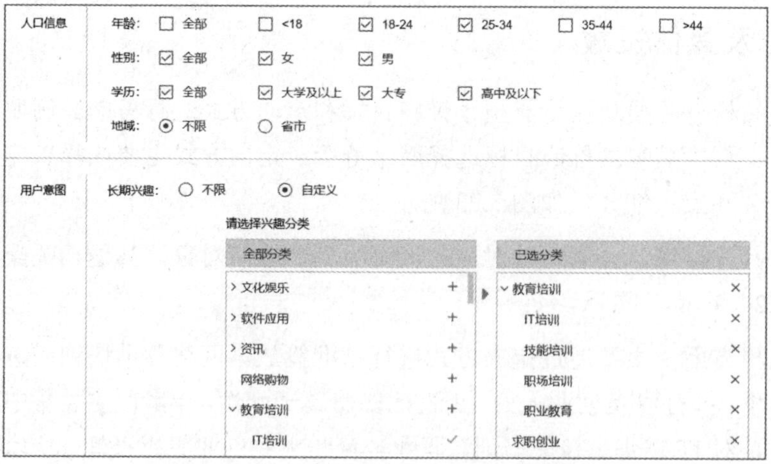

图 3.25　百度信息流广告职业教育定向图

广告创意十分重要，即使能够定向精准，但能否转化受众仍然是个重要问题。所以对受众的诉求把握及卖点的呈现需要反复琢磨。

信息流广告的场景，是浏览者比较无聊的时候，为打发时间看看资讯文章、视频等。网络营销培训项目最主要的卖点是：品牌实力、高薪就业，考虑到这些，广告创意就基本确定了，如图 3.26 所示。

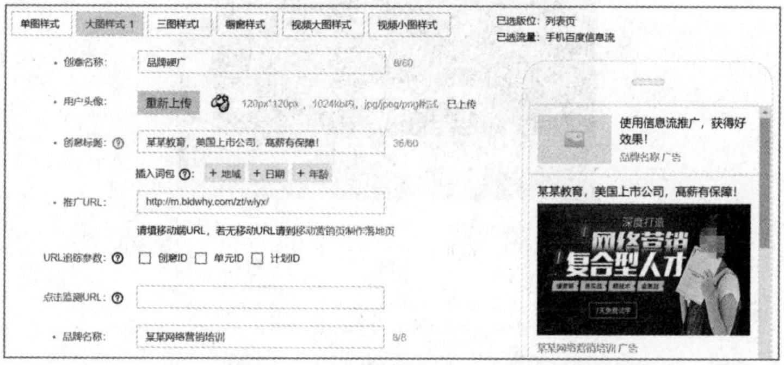

图 3.26　百度信息流广告创意设置图

例如：达内网络营销，美国上市公司，高薪有保障！这条创意更多的是从公司角度出发的，直接点明产品卖点，偏向品牌广告，当然也可以尝试各种不同风格的创意，如图 3.27 所示。值得注意的是，信息流广告适当“标题党”没问题，但不能过度优化标题及素材，信息流广告虽然相对搜索广告便宜，但依然需要对点击受众进行把控，尽可能吸引有一定兴趣的浏览者。

图 3.27　百度信息流广告创意效果图

广告创意更多的是为了吸引目标受众，接下来更重要的是承接转化，主要是专题页的策划及制作。在页面逻辑上，有引入-行业-课程-师资-保障-案例-咨询按钮，移动端页面不宜太长，大幅压缩 PC 端的长专题，尝试多做几版，通过不断地进行 A/B 测试，逐步提高专题页面的质量（转化率）。

第一屏主要吸引浏览者，让其产生兴趣，同时尽可能让其对品牌有个初步认识，如图 3.28 所示。

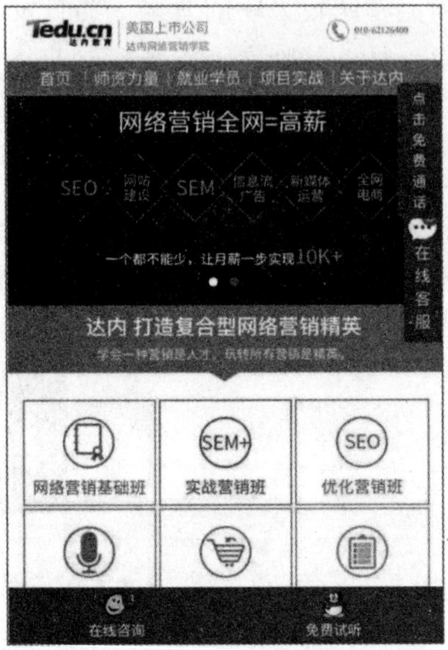

图 3.28　网络营销培训移动专题首屏效果图

第二屏主要介绍行业，由于是职业教育培训，所以重点介绍了职业发展的薪资部分，如图 3.29 所示。

图 3.29　网络营销培训移动专题第二屏效果图

第三屏主要介绍课程内容，从模块和技能的角度展开，另外还介绍了一部分学员案例，如图 3.30 所示。

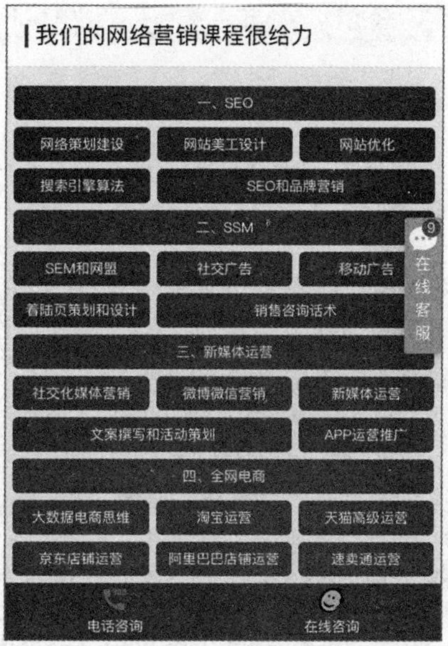

图 3.30　网络营销培训移动专题第三屏效果图

第四屏主要介绍教学保障体系，进一步建立信赖感，让学员对品牌更加放心，如图 3.31 所示。

图 3.31　网络营销培训移动专题第四屏效果图

最后一屏，主要鼓励浏览者发起咨询，是为了拿到意向流量的联系方式，如图 3.32 所示。

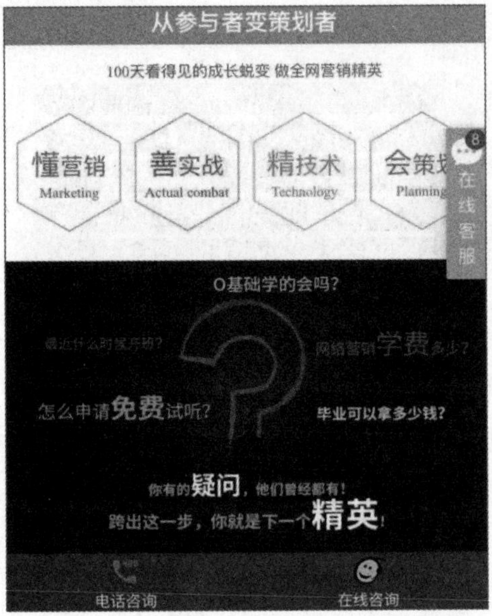

图 3.32　网络营销培训移动专题第四屏效果图

教育行业是竞争非常激烈的行业，专题页对整体投放效果的影响非常大，所以这个案例不仅介绍了基本操作，也反复强调了专题页的重要性。希望读者能够像高手一样，在工作中多分配一些时间策划制作专题页。

第 4 章

微信朋友圈广告

大家经常被朋友圈各种广告信息刷屏，其样式看起来十分酷炫，那么朋友圈广告具体是如何投放的？这一章就为大家揭开其神秘的面纱。

4.1 微信朋友圈广告介绍

微信朋友圈广告是基于微信公众号生态体系，以类似朋友的原创内容形式，在用户朋友圈进行展示的原生广告，如图 4.1 所示。通过整合亿级优质用户流量，为广告主提供了一个优质的社交推广营销平台。

图 4.1 微信朋友圈广告常见样式图

朋友圈广告当前已开放 32 个一级行业类目，如表 4.1 所示，只要符合朋友圈广告准入行业要求，即可投放朋友圈广告。

表 4.1　微信广告开放行业分类及资质

综合电商	服饰鞋包	钟表首饰	护肤彩妆	运动户外用品
食品	母婴儿童	日用百货	数码家电	餐饮美食
零售百货	虚拟	家具家装	自媒体	网站门户
汽车	交通运输	结婚服务	金融	教育培训
政府机关	房地产	旅游	游戏	软件应用
生活服务	商务服务	法律服务	文化娱乐	安全安保
节能环保	工农业			

4.1.1　朋友圈广告竞价购买

朋友圈广告支持排期购买和竞价购买两种购买方式，按展现曝光进行计费。竞价购买方式最为常见，适合需要灵活调整广告设置、不断优化广告投放效果的广告主。确定投放人群及日预算后，广告主可以对广告曝光进行出价，通过实时竞价的方式与其他广告主竞争，从而获取广告曝光。

竞价购买的出价范围按投放地域分成三档：核心城市、重点城市和普通城市，各档城市所对应的出价范围如下所示。

- 核心城市：广告主对曝光次数进行出价，出价范围 100～300 元/千次曝光，包含北京和上海；
- 重点城市：广告主对曝光次数进行出价，出价范围 60～200 元/千次曝光，包含广州、成都、深圳、杭州、武汉、苏州、重庆、南京、天津、西安、沈阳、长沙、青岛、宁波、郑州、大连、厦门、济南、哈尔滨、福州 20 个高活跃城市；
- 普通城市：广告主自由设置出价，最低出价为 30 元/千次曝光，包含除以上 22 个城市之外的其他城市。

4.1.2　朋友圈广告排期购买

排期购买的特点是可提前 1～28 天锁定曝光量，同时提前冻结账户里所预定排期的账户金额，是一种保价、保量的合约购买方式。通过排期购买的朋友圈图文广告，单次投放最低预算为 5 万元，曝光单价由广告投放地域决定。投放地域目前主要分成三档：核心城市、重点城市和普通城市，下面介绍各档所包含的具体城市及对应的曝光单价。

1．核心城市

核心城市 150 元/千次曝光，包含北京和上海。

例如：某广告主定向向北京市投放朋友圈图文广告，预算为 30 万元，则该广告主的广告至少可获得 200 万次曝光。

2．重点城市

重点城市 100 元/千次曝光，包含广州、成都、深圳、杭州、武汉、苏州、重庆、南京、天津、西安、沈阳、长沙、青岛、宁波、郑州、大连、厦门、济南、哈尔滨、福州 20 个活跃度较高的城市。

例如：某广告主定向向广州、深圳两个城市投放朋友圈图文广告，预算为 30 万元，则该广告主的广告至少在两个城市总共可获得 300 万次曝光。

3．普通城市

普通城市 50 元/千次曝光，包含除以上 22 个城市之外的其他城市。例如：某广告主定向向东莞、漳州两个城市投放朋友圈图文广告，预算为 30 万元，则该广告主的广告至少在两个城市总共可获得 600 万次曝光。

注意：广告类型有图文和视频两种，其中视频广告是上面介绍的图文广告报价的 1.2 倍，核心城市 180 元/千次曝光、重点城市 120 元/千次曝光、普通城市 60 元/千次曝光。

4.2　微信朋友圈广告投放操作

登陆 http://mp.weixin.qq.com 后台，通过四步就可以进行广告投放，分别是广告计划设置、投放设置、创意设置和预览提交。

广告计划设置，设置推广目标、广告类型、购买方式，如图 4.2 所示，一般建议选择竞价购买方式，投放管理更加灵活。

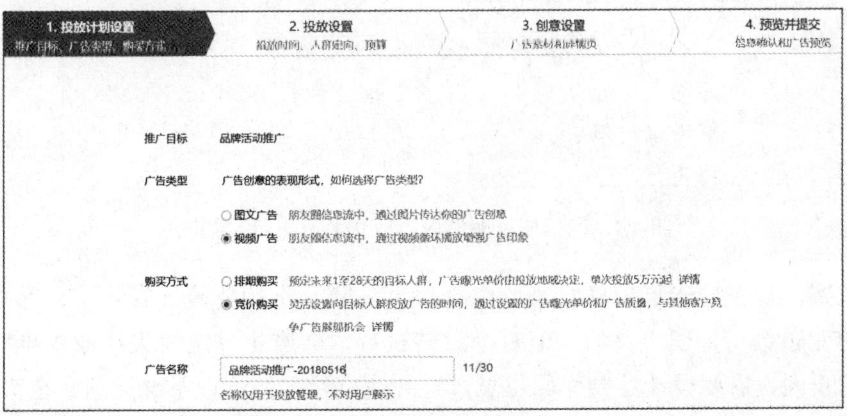

图 4.2　微信朋友圈广告计划设置图

投放设置，设置投放时间和人群定向，如图 4.3 所示。

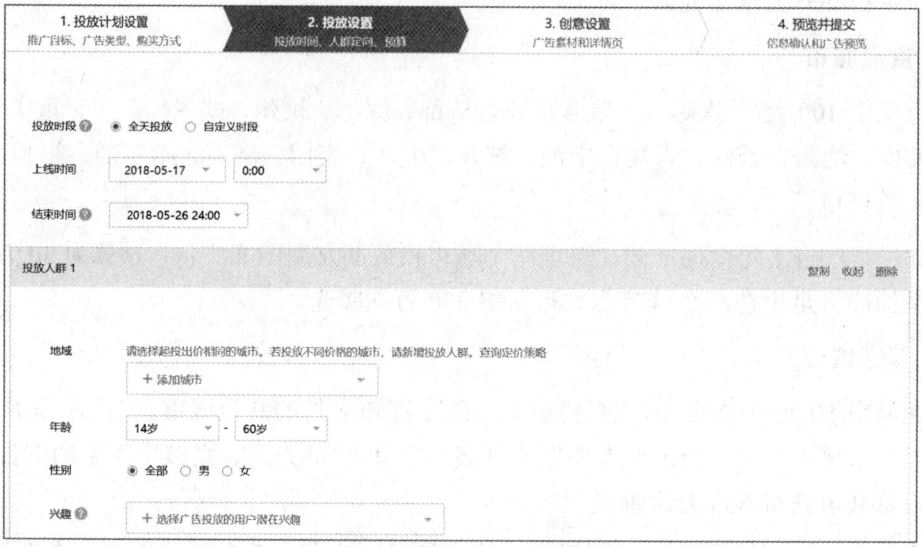

图 4.3　微信朋友圈广告投放时间及人群设置图

设置预算及出价，如图 4.4 所示，CPM 指按千次曝光展现进行收费。

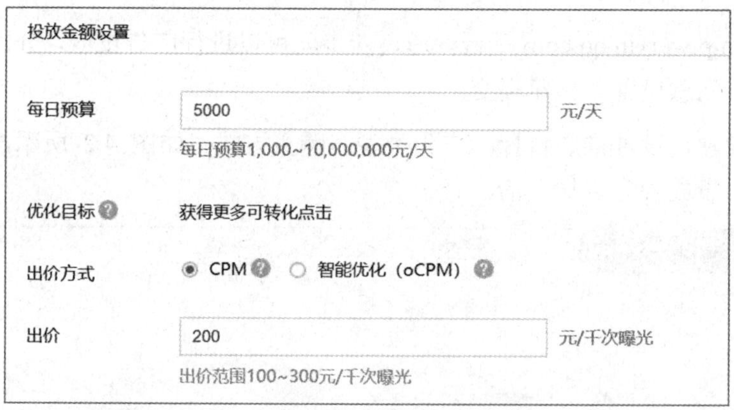

图 4.4　微信朋友圈广告投放预算及出价设置图

创意设置，设置广告展现样式，原生推广页体验和常规体验各有优劣。常规体验是跳转到企业的专题页，管理更灵活，但有个跳转过程，会产生一定流失；原生推广页体验是微信自身的页面，需要设计并制作原生页，打开速度快，但管理不够灵活。在实际工作中，两者都可以尝试，最后通过 A/B 对比测试择优，如图 4.5 所示。

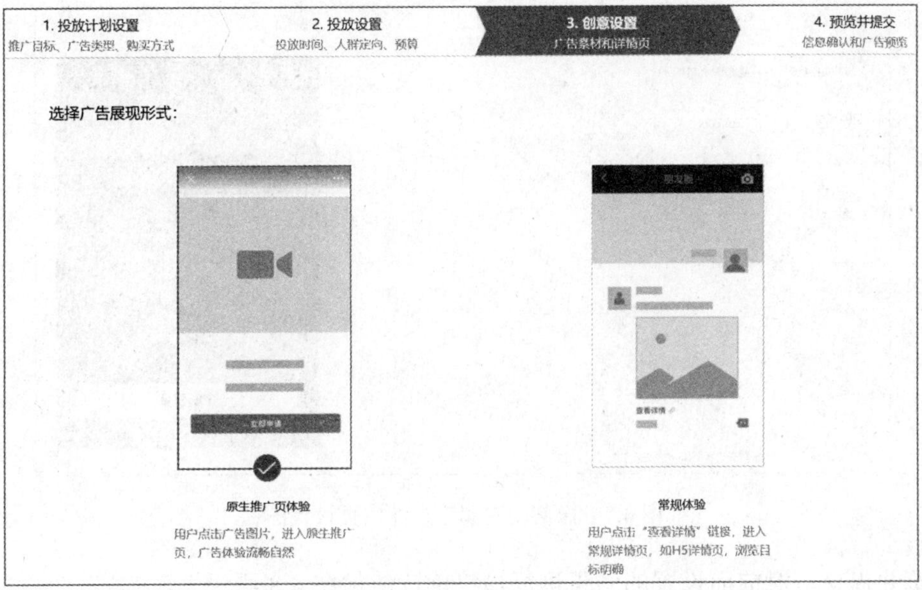

图 4.5　微信朋友圈广告展现样式选择图

设置广告外层页面，由广告文案、缩略视频、点击文案、链接类型 4 部分构成，在设置过程中，可在右侧进行预览，便于把握整体效果，如图 4.6 所示。

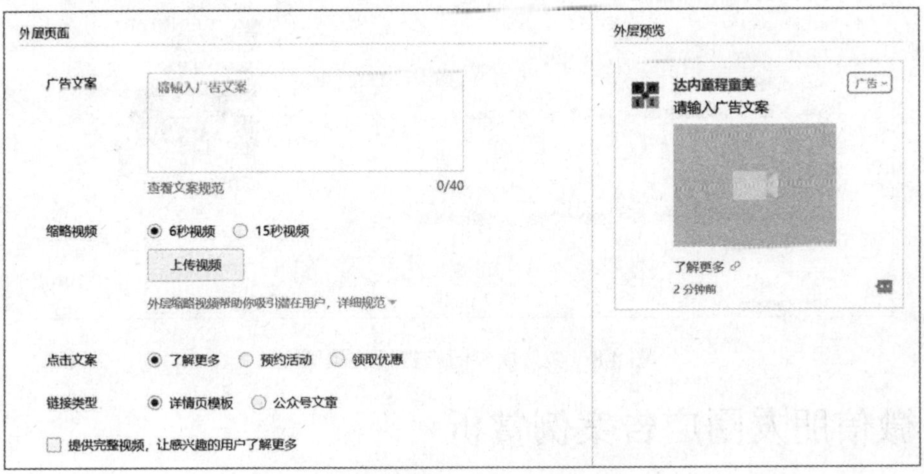

图 4.6　微信朋友圈广告外层页面设置图

详情页设置，如图 4.7 所示，这里演示的是视频详情页的模板，对 SEM 从业者提出了更高的要求，不仅要熟悉 Photoshop，还要掌握一些视频编辑的技巧。

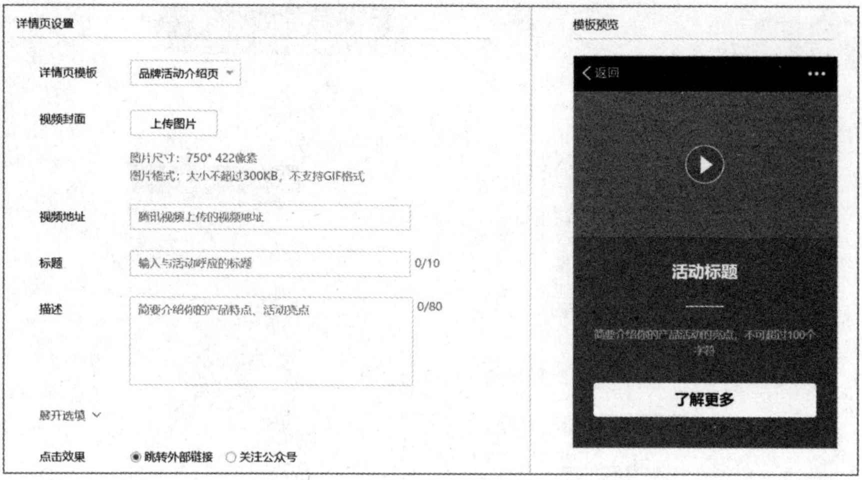

图 4.7　微信朋友圈广告详情页设置图

预览并提交，对前面设置的结果进行最终确认，如图 4.8 所示。

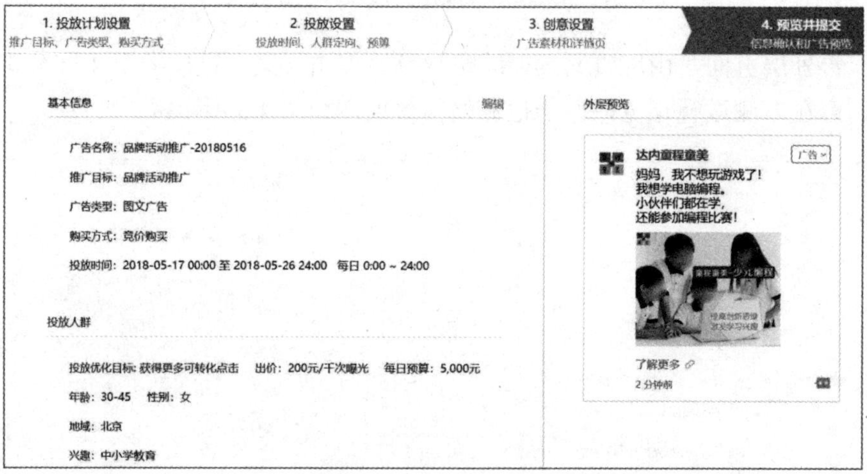

图 4.8　微信朋友圈广告投放预览图

4.3　微信朋友圈广告案例赏析

本节鉴赏并分析几个朋友圈广告案例。

4.3.1　金融案例

案例如图 4.9 所示。

图 4.9　微信朋友圈广告金融案例图

“决胜欧洲，百秒定胜负”，这个广告文案，让人困惑，什么意思，看球？但素材却吸引了我，犹豫了 2 秒，还是点击了“查看详情”，然后就没有然后了。

总体上，这则广告很吸引人，但真正有意向的点击应该有限，很好地诠释了什么是“标题党”。建议信息流广告在追求点击率时，一定要把握住有效性，至少清楚地说明产品业务，有效点击率比“标题党”的点击率更重要。

4.3.2　日化用品案例

案例如图 4.10 所示。

图 4.10　微信朋友圈广告日化用品案例图

“也许，这是一个最遗憾的童年...”犀利的文案，通过小细节，直达内心，身为家长，我被这则广告深深触动。

童年应该无忧无虑，放心去玩，其他的交给奥妙就行。这条广告通过小孩子的玩耍与衣服的清洗激发冲突，画面感很强，同时也充分展现了奥妙的产品特征。

4.3.3 游戏案例

案例如图 4.11 所示。

文案很风趣，但素材有些单薄、乏力，只在游戏场景上加个 LOGO，很难激起下载欲望，可以考虑在场景上，突显主 KV 人物，增强一些层次和代入感，如图 4.12 所示。当然游戏类型不同，策略类游戏不确定是否适合此类风格。

图 4.11　微信朋友圈广告游戏案例图

图 4.12　游戏广告设计图

4.3.4 婚纱摄影案例

案例如图 4.13 所示。

图 4.13　微信朋友圈广告婚纱摄影案例图

文案很朴实，通过一个简单的问题引入，随着浏览，令人眼前突然一亮，爱美之心人皆有之，对少女们的视觉冲击力估计更强——不拍婚纱照拍个写真也行，朋友圈广告的图片设计特别重要。

4.3.5　运动鞋案例

案例如图 4.14 所示。

图 4.14　微信朋友圈广告运动鞋案例图

“突破极致，为跑而生！”，文案，比的是想象力，视频里其他选手，看到李宁跑鞋出现后，纷纷表示不公平，并开始对自己的跑鞋进行剪裁，希望也能减轻重量。该案例通过夸张的表现方式，对受众的心智进行冲击，应该能够在品牌位次上有所贡献。

4.3.6　护肤品案例

案例如图 4.15 所示。

图 4.15　微信朋友圈广告护肤品案例图

“遇见你，就是最美的时间。”神仙水 SK-II，优美的语句，再加上明星倾情代言，又将俘获万千少女心。

有实力，更有魅力，这则广告无可挑剔。

4.3.7 招聘案例

案例如图 4.16 所示。

图 4.16 微信朋友圈广告招聘案例图

“10 万互联网公司，50 万工作机会！无需简历，即刻挑工作！”有没有 BOSS 直聘的感觉？换工作就是换老板。

整体不错，文案让人感觉简简单单可以找份工作，图片设计也有一定的视觉冲击力。

4.3.8 车媒体案例

案例如图 4.17 所示。

图 4.17 微信朋友圈广告车媒体案例图

“4S 店买车有哪些‘话术’陷阱？找‘有车以后’告诉你！”

一个汽车新媒体，如何让购车人群感兴趣？例如“揭秘 4S 店的话术陷阱”。这则文案比较朴实，相信比较管用，营销不一定要新奇，很久以来大家都在沿用的方法，也许就是最好的方法。

4.3.9 水果生鲜案例

案例如图 4.18 所示。

图 4.18　微信朋友圈广告水果生鲜案例图

“超市买水果太贵了！自从我下载了这个 APP，已经省下不少钱了！赞！”

又是一个朴实的案例，指出一个小小的痛点，同时给出一些利益吸引，再搭配上新鲜水果图，完美。

4.3.10 旅游案例

案例如图 4.19 所示。

图 4.19　微信朋友圈广告旅游案例图

“……探索魅力澳大利亚……仅需 2180 元起！”

新马泰好像有点俗了。澳大利亚？令人眼前一亮。墨尔本、悉尼、大堡礁、黄金海岸，素材配上海底景色，自动脑补画面，头像用袋鼠也很有趣。花 2180 元到澳大利亚玩一趟，动心不？

4.3.11 计生用品案例

案例如图 4.20 所示。

图 4.20 微信朋友圈广告计生用品案例图

文案虽然能看懂，但还是比较迷惑，豹子这比喻好像并不多。这是冈本做的一次系列活动，设计了令人惊艳的 4 只豹子，以游戏的方式，将猛兽的形象，在朋友圈进行刷屏。站在这种互动的角度，冈本选择了一句极简的文案：你的豹子有多猛？

4.3.12 腾讯游戏案例

案例如图 4.21 所示。

图 4.21 微信朋友圈广告腾讯游戏案例图

“嘿，兄弟！枪已上膛，不服来战！”

文案很常规，使用常见的挑衅语，引导浏览者点击观看短视频。视频剪辑十分精彩，将高难度动作混剪，观看起来让人热血沸腾，有下载游戏体验的冲动。

4.4　梅赛德斯奔驰朋友圈广告投放全过程解析

偶然在朋友圈里看到了奔驰的广告。如果你是此次活动的负责人，你打算如何投放微信朋友圈广告呢？让我们来推演一下整个投放过程吧。

4.4.1　投放背景

梅赛德斯-AMG 的 50 周年盛典活动，如图 4.22 所示，在华发布旗下顶级超跑 AMG GTR，同时带来 4 款全新的 AMG 43 系列车型（GLC 43 四驱版、GLC 43 四驱轿跑、SUV 特别版、E 43 四驱特别版、C 43 四驱特别版），整体定位较为高端，43 系列 68 万元起，GTR 更是百万元以上，全新车型目前在华陆续推出，本次在朋友圈投放广告，为了继续提升梅赛德斯在潜在受众中的品牌位次。

图 4.22　梅赛德斯-AMG 的 50 周年盛典活动现场图

4.4.2　构思及具体投放

基于微信广告后台，本次的推广目标是品牌活动推广，旨在扩大品牌影响力，如图 4.23 所示。

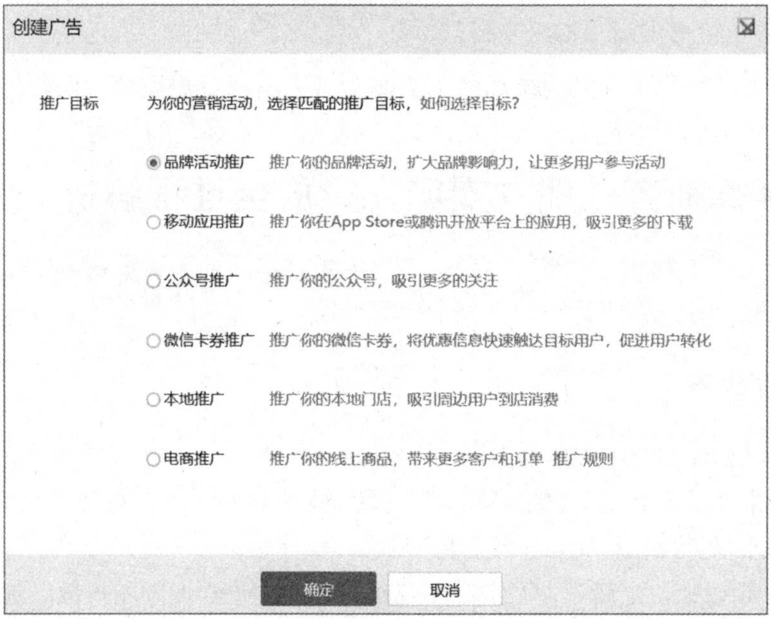

图 4.23 微信朋友圈广告推广目标设置图

在广告类型方面，考虑到动感呈现的需求，我们选择更为合适的视频表达方式，如图 4.24 所示。

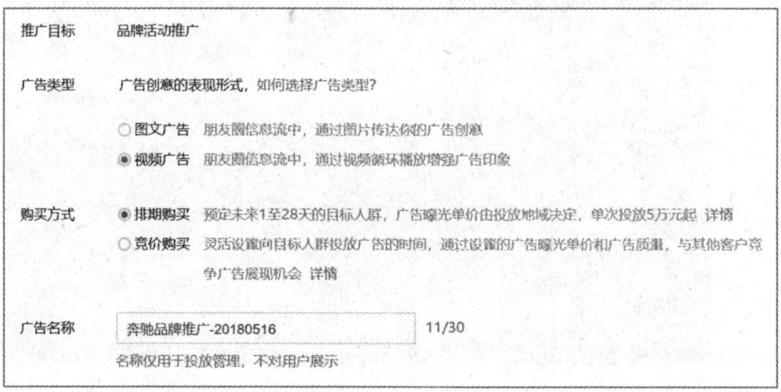

图 4.24 微信朋友圈广告类型及购买方式设置图

在投放方面，考虑到整体的高端定位，地域主要选择核心城市和重点城市，选择 27～50 岁之间具备一定消费能力、对汽车感兴趣的受众人群，如图 4.25 所示。

图 4.25　微信朋友圈广告定向设置图

在预算分配上，由于是排期广告，目前核心城市的存量有限，大约给 12 万元预算，重点城市由于数量较多，存量较为充足，设置 38 万元预算，总体 50 万元预算，期望获得 400 万次左右的优质曝光，如图 4.26 所示。

图 4.26　微信朋友圈广告城市预算分配图

页面我们选择微信原生推广页，可以更为自然地加载出梅赛德斯奔驰的视觉盛宴，如图 4.27 所示。

文案方面，基于对汽车高端人群的把握，文字尽可能让潜在受众感受到身份的尊贵、驾驶的激情、权力的掌控。所以文案主要体现这种感觉：驾驭猛兽、纵横都市、操控梦想、风驰电掣、睥睨群雄和无限激情。

图 4.27　微信朋友圈广告原生推广页设计图

4.4.3　广告效果呈现

“盛宴即将开始，请系好安全带，坐稳欣赏。”首先是朋友圈界面的外层广告图，如图 4.28 所示，“快来驾驭你的猛兽！AMG 旗舰车型 GT R 出征极品飞车 OL，全新 43 系列纵横都市”。

图 4.28　梅赛德斯奔驰微信朋友圈外层广告图

点击外层广告后，加载进入原生推广页，首屏上方是动感酷炫的视频，新款车型系列震撼登场，如图 4.29 所示。

图 4.29　梅赛德斯奔驰朋友圈广告原生推广页首屏视频图

视频正下方，是精心设计的大图，如图 4.30 所示。

“操控梦想，追逐绿色猛兽，AMG 家族最快的猛兽 AMG GT R 驶入‘极品飞车 OL’，不论现实世界还是虚拟赛道，都让对手心惊胆战！握住方向盘，梦想便被你执掌，咆哮疾行，如同开挂。虚拟世界，等你来肆虐！”

图 4.30　梅赛德斯奔驰朋友圈广告原生推广页首屏大图

第二屏是左右滑动的 4 帧全景大图，如图 4.31 所示。

“顶级转向系统，风驰电掣，在弯道超越，冲破终点线前的最后一个关卡，绝不轻易掉线！”

最后一屏用导流按钮收尾，引入到梅赛德斯奔驰官网，如图 4.32 所示。

“它是 AMG 家族最快的车，它的到来让现有世界的竞争对手心惊胆战，飞驰电掣般的气势与势能，震撼宣告，它来了，一睹猛兽全貌。”

图 4.31　梅赛德斯奔驰朋友圈广告原生推广页第二屏第四帧全景大图

图 4.32　梅赛德斯奔驰朋友圈广告原生推广页第三屏全景大图

外层广告精美，三屏的落地页也很紧凑，实现品牌曝光的同时，大量导流到了官网，应能实现一定程度的效果营销价值。

4.5　少儿编程培训投放全过程解析

本节通过少儿编程培训案例，具体介绍如何投放微信朋友圈广告。

4.5.1　广告投放设计

关于广告投放设计，我们主要思考三个问题：受众在哪里、为什么选择我们、广告怎么投放。

以少儿编程培训为例，受众主要是更为关注孩子成长的母亲。选择培训时，考虑较多的是接送是否方便、品牌是否有实力、孩子能否玩得开心等。弄清这些问题后，接下来需要考虑怎么投放。

投放主要通过对精准人群的锁定，根据平台的定向方式来设置。例如我们可以考虑按地域的整体投放，也可以考虑按校区进行 LBS 的周边投放。时段上，从早到晚都可以考虑覆盖。人群选择 27～45 岁之间的女性，最好是对教育感兴趣的群体。对于曾经对我们的公众号广告感兴趣的群体，也可以考虑重新覆盖投放。

在广告物料的设计上，可以将孩子们开心学习的场景进行呈现，文案上可以适当地进行一些利益点的体现，例如“不玩游戏玩编程”、“少儿编程大赛有利于将来升学”、“锻炼思维开阔视野”等，具体转化承接可以考虑用表单页进行线索搜集。

4.5.2　广告投放设置

广告设计确定之后，接下来需要考虑具体的广告投放设置。如果当地校区少，可以优先考虑校区附近的本地投放；如果校区多，可以直接做当地的品牌活动推广，如图 4.33 所示。

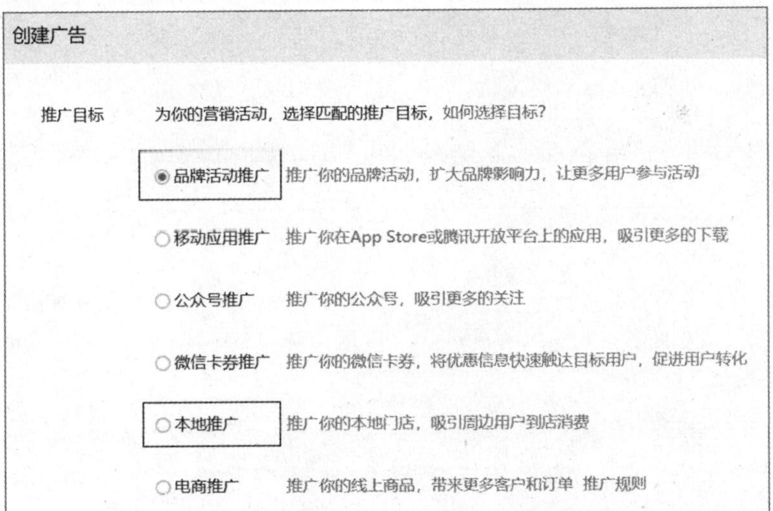

图 4.33　少儿编程朋友圈广告推广目标选择图

我们以本地推广为例，实际设置操作一遍，供大家参考，如图 4.34 所示。

投放时间从早上 6 点到晚上 23 点，如图 4.35 所示。

由于是 K12 教育少儿编程培训，地域锁定校区周边 3 公里范围，如图 4.36 所示。

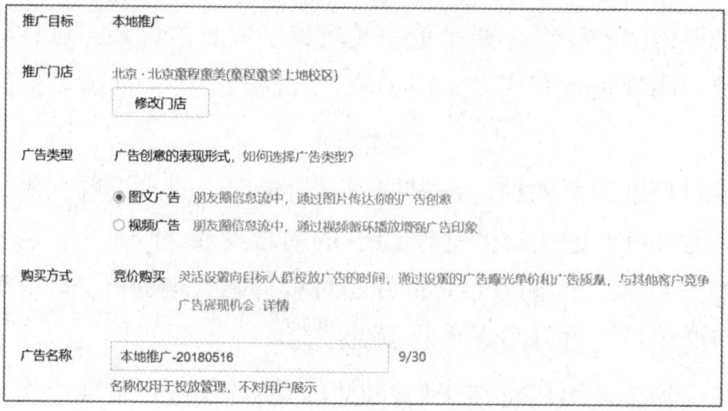

图 4.34 少儿编程朋友圈广告本地推广设置图

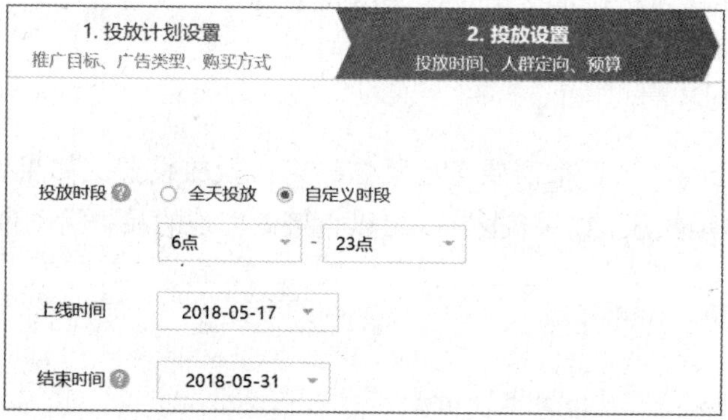

图 4.35 少儿编程朋友圈广告投放时间设置图

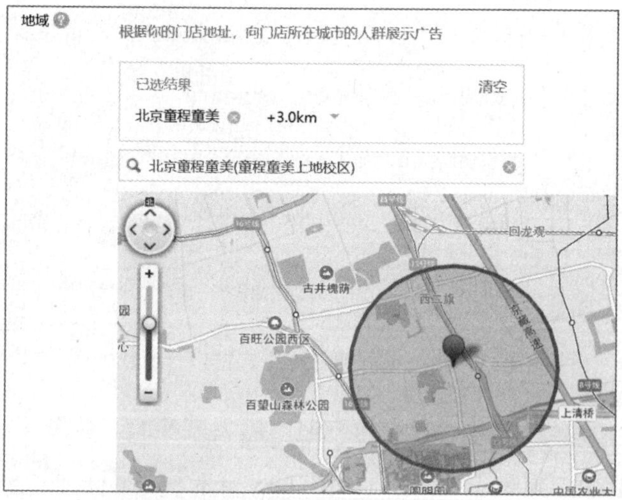

图 4.36 少儿编程朋友圈广告 LBS 地域设置图

人群选择 27～45 岁、对中小学教育感兴趣的女性群体，如图 4.37 所示。

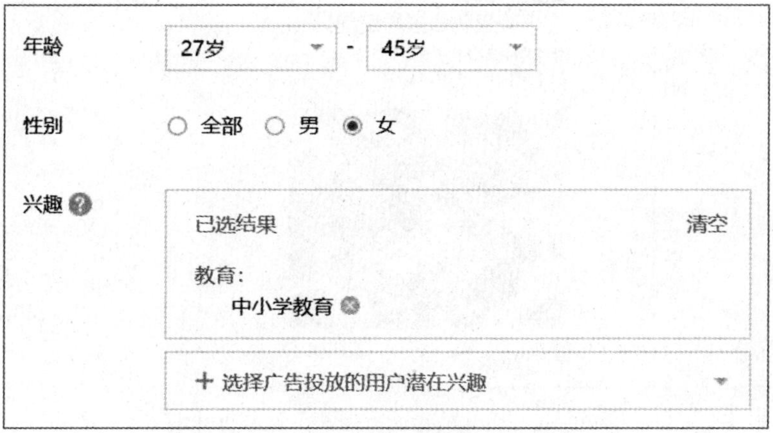

图 4.37　少儿编程朋友圈广告定向设置图

另外还通过再营销，对曾对我们感兴趣的人群进行再次覆盖，为节省预算，可以将关注我们公众号的受众排除投放，如图 4.38 所示。

图 4.38　少儿编程朋友圈广告再营销及排除营销设置图

广告文案以小朋友的口吻撰写，并提到“比赛”这个点，配图放上小朋友享受编程乐趣的开心场景，如图 4.39 所示。

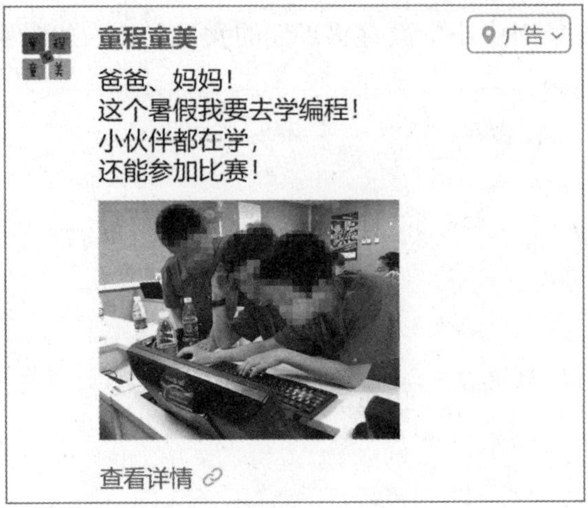

图 4.39　少儿编程朋友圈广告外层设计图

点击“查看详情”，首屏通过学习场景聚焦眼球，文案强调少儿编程的意义，如图 4.40 所示。

图 4.40　少儿编程朋友圈广告原生页首屏效果图

第二屏，用表单搜集线索收尾，简单直接未尝不是一种选择，如图 4.41 所示。

图 4.41 少儿编程朋友圈广告原生页表单设计图

通过案例学习，可以看出微信朋友圈广告投放并不难，主要有两点：广告投放设计和广告具体投放。在设计上主要思考三个问题：受众在哪里、为什么选择我们、广告怎么投放。在具体投放上，重点是设计出高质量的广告创意及落地页面。

第 5 章

今日头条广告

今日头条广告大家都不陌生，其旗下不仅有今日头条 APP，还有其他海量资源，聚集了数量庞大的活跃用户，已经成为企业不可忽视的重要网络营销渠道。

5.1 今日头条广告介绍

抖音玩过没？想在抖音打广告吗？偷偷告诉你，今日头条广告后台可以直接投放抖音资源，有兴趣的话可以在 http://ad.toutiao.com 注册一个账号看看。本节为大家详细介绍什么是今日头条广告、今日头条广告怎么收费、怎么投放。

5.1.1 什么是今日头条广告

今日头条广告基于其强大的人工智能算法，整合今日头条、西瓜视频、火山小视频、抖音和知名厂商及媒体资源，为广告主提供了一个优质的营销平台，如图 5.1 所示。

图 5.1 今日头条广告资源示意图

今日头条广告主要以信息流的形式呈现，广告的上面和下面有其他资讯，广告穿插出现于信息流中间，如图 5.2 所示。

图 5.2　今日头条广告样式示意图

今日头条广告的定向方式非常丰富，支持 6 大维度，15 种精准定向，如图 5.3 所示。

图 5.3　今日头条广告定向方式示意图

今日头条广告的计费方法非常灵活，支持主流的 CPM、oCPM、CPC、oCPC、CPA 和 CPV 等方式，如图 5.4 所示。

创意的物料形式主要有小图、大图、组图、视频和动图 5 种形式，如图 5.5 所示。

可以通过 http://ad.toutiao.com 登录后台进行管理，有兴趣的读者可以免费注册一个账号熟悉一下后台操作。

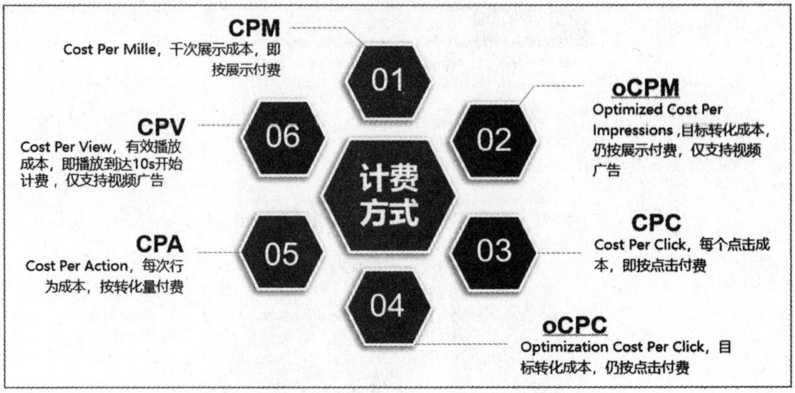

图 5.4　今日头条广告计费方式示意图

图 5.5　今日头条广告物料类型图

5.1.2　今日头条广告怎么收费

今日头条广告支持 CPT、GD 和竞价三种购买方式，CPT 和 GD 偏品牌传播，竞价偏效果营销，如图 5.6 所示。

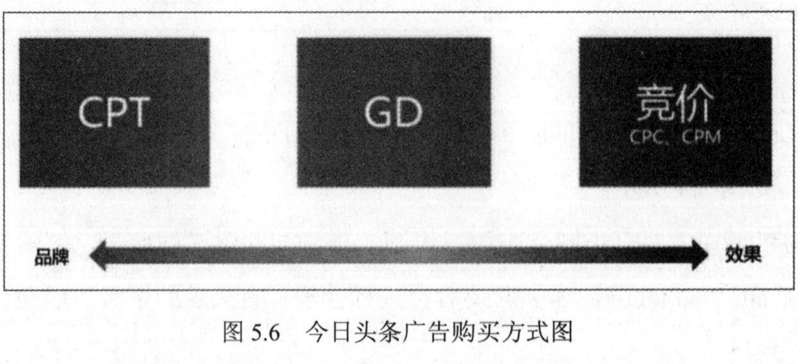

图 5.6　今日头条广告购买方式图

对其中的名词再解释一下。

- CPT：Cost Per Time，即按时长计费，是包时段包位置投放的一种形式；
- GD：Guarentee Delivery，保证递送量的广告，即保量广告，按展示量定价；
- CPM：Cost Per Mille，千次展示成本，即按千次展示付费；
- CPC：Cost Per Click，每个点击成本，即按点击付费。

5.1.3　今日头条广告怎么投放

登录推广后台（http://ad.toutiao.com），通过三个步骤就可进行投放：创建广告组、创建广告计划、创建广告创意。

1．创建广告组（推广目的）

推广目的主要分为四种：应用下载、落地页、文章推广和店铺推广，如图 5.7 所示，其中应用下载和落地页使用得更多。

图 5.7　今日头条广告推广目的示意图

2．创建广告计划（计划详情、广告受众、预算及出价）

以落地页推广目的为例，链接地址设置为广告点击后实际抵达的页面，如图 5.8 所示。

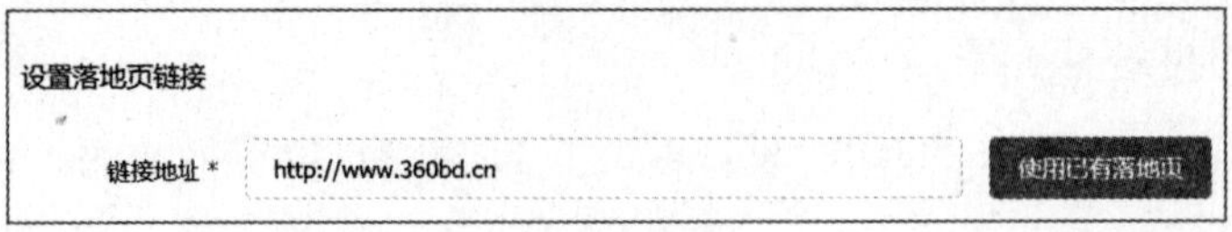

图 5.8　今日头条广告落地页链接设置图

通过地域、性别、年龄、兴趣等定向，可以选择广告投放的受众范围，如图 5.9 所示。

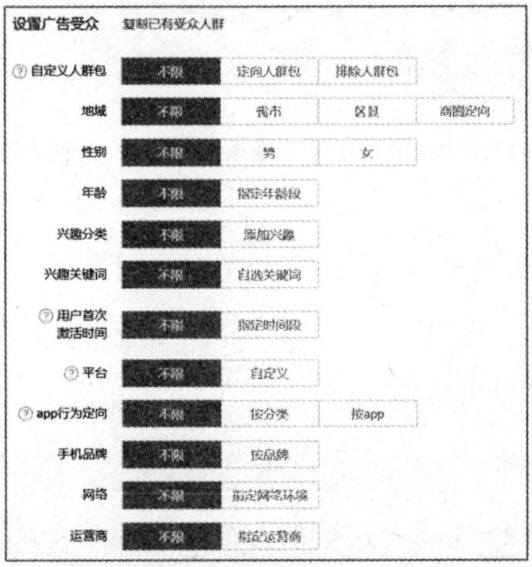

图 5.9　今日头条广告受众设置图

在设置上，一个广告组的最低日预算为 1000 元，但实际消耗每日可以低于 1000 元，如图 5.10 所示。

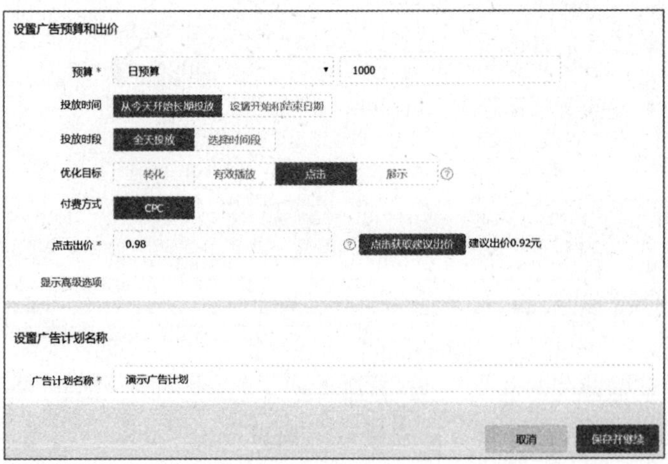

图 5.10　今日头条广告预算及出价设置图

3. 创建广告创意（投放位置、创意素材、创意分类及标签、广告监测）

今日头条的资源包括今日头条系、西瓜视频、火山小视频和抖音 4 部分，如图 5.11 所示。

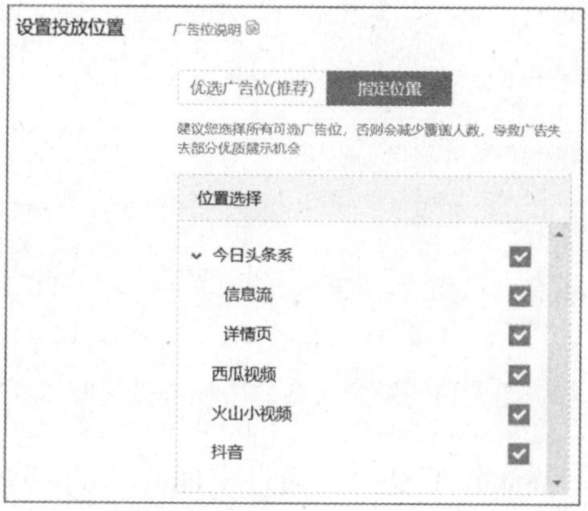

图 5.11　今日头条广告投放位置设置图

素材根据投放需求进行制作，主要有小图、大图、组图、视频和动图 5 种形式，如图 5.12 所示。

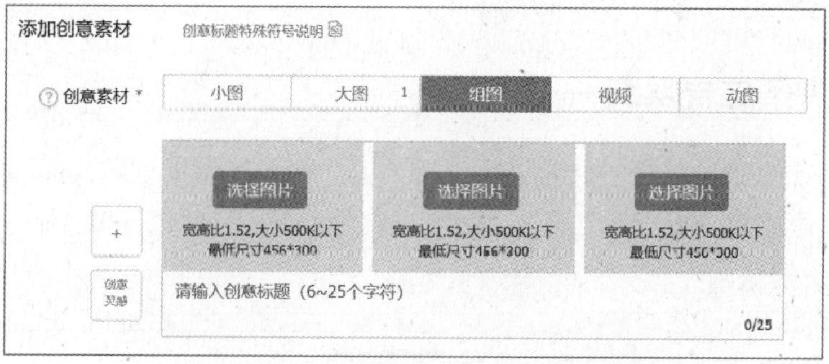

图 5.12　今日头条广告创意素材类型图

创意分类与标签设置越精准，越有助于平台对广告进行理解，如图 5.13 所示。

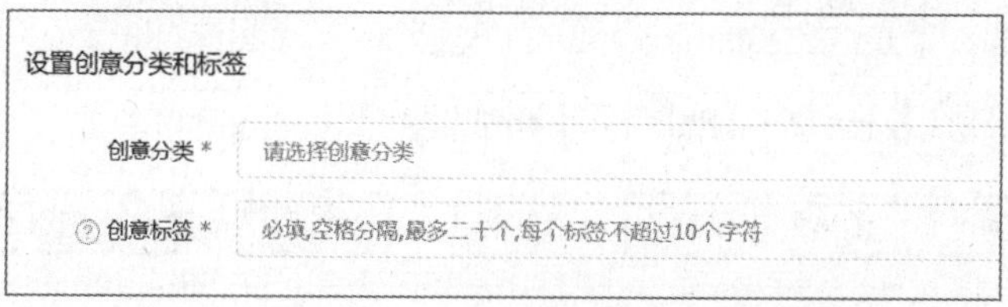

图 5.13　今日头条广告创意分类及标签设置图

通过填写第三方监测链接，例如友盟监测，有助于核实今日头条广告数据的真实性，如图 5.14 所示。

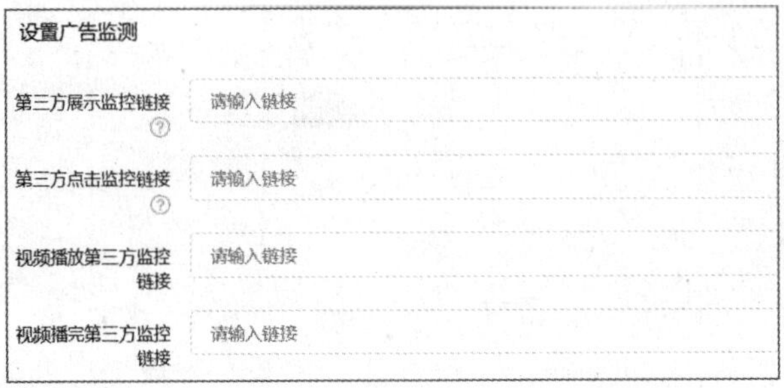

图 5.14　今日头条广告检测设置图

今日头条的广告投放，整体并不复杂，通过上面介绍的三个步骤就可进行投放：创建广告组、创建广告计划和创建广告创意。如果感兴趣，可以登录 http://ad.toutiao.com 具体操作试试看。

5.2　今日头条账户设计

本节主要介绍今日头条广告如何设计账户。

5.2.1　今日头条广告层级

今日头条广告的账户层级一共是 4 层：账户-广告组-广告计划-创意，如图 5.15 所示。每个账户里最多可创建 500 个广告组，每个广告组里最多可创建 500 个计划，每个计划里最多可创建 30 条创意。

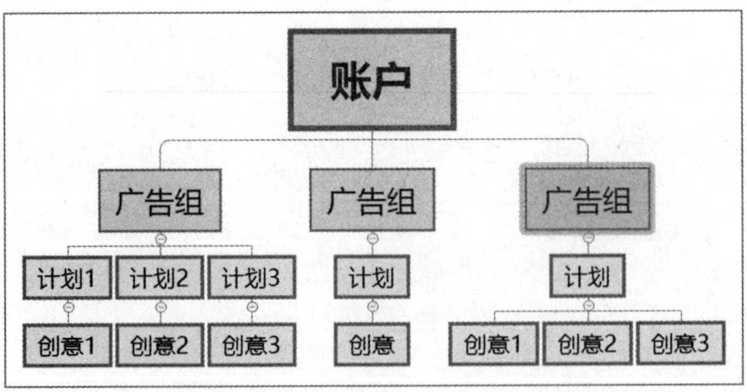

图 5.15　今日头条广告层级结构图

5.2.2　结构设计要素

广告账户的结构设计，本质上是分类，无论搜索广告还是信息流广告，都是如此。今日头条的广告结构，主要可以按推广目的、广告资源、投放平台、定向方式、广告规格和广告内容进行账户结构设计。

- 推广目的：分为应用下载、落地页、文章推广、店铺推广，其中应用下载和落地页比较常用；
- 广告资源：分为今日头条、西瓜视频、火山小视频和抖音。
- 投放平台：分为 iOS、安卓和 PC 端，其中主要是投放 iOS 或安卓，PC 端相对而言不重要；
- 定向方式：主要有兴趣点、兴趣词、号码包等，其中兴趣点、兴趣词常用，号码包获取相对复杂；
- 广告规格：主要有单图、三图、大图、视频和动图；
- 广告内容：主要根据卖点进行设计，可以按文案及素材进行不同搭配尝试。

5.2.3　账户设计示例

以推广一款手游为例，推广目的选择应用下载，广告资源选择今日头条，投放平台选择 iOS 和安卓，定向方式选择兴趣点，广告规格选择三图、大图和视频，结构设计参考图 5.16。

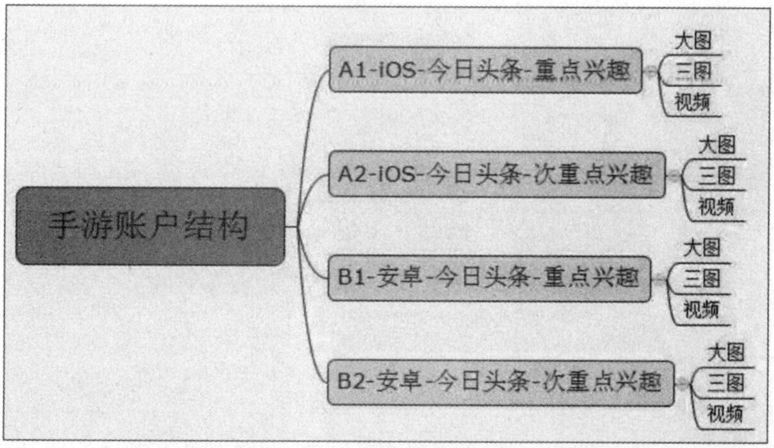

图 5.16　今日头条广告手游账户结构设计图

在此基础上，根据实际投放需求，灵活进行账户设计，具体如下：

- 如果扩大广告资源到西瓜视频、火山小视频和抖音等，需将结构复制 4 份，推广资源分别修改为西瓜视频、火山小视频和抖音等。当然也可以简化处理，在原有结构里，将所有资源同时勾选。
- 如果北京上海和其他地域分开投放，需将结构复制为两份，一份投放北京上海，一份投放其他区域。
- 如果广告素材有多套，需在广告组内创建多份计划，命名上按素材区分即可。也可以将结构整体进行复制，对应不同素材内容。
- 如果同时推广多款手游，同理需将结构进行复制，修改相应设置即可。

账户结构的设计，一般而言是广告投放比较基础的问题，只要搞清楚分类这个本质，问题就迎刃而解了。

5.3 今日头条广告图片设计

SEM 工作越来越多地使用 PhotoShop ，本节和大家一起了解一下今日头条广告是如何设计图片的。

5.3.1 今日头条图片广告

关于今日头条广告，前面已有介绍，创意素材除了文字部分之外，还涉及 PS 作图甚至剪辑视频，如图 5.17 所示，这就对 SEM 从业人员提出了更高的要求。

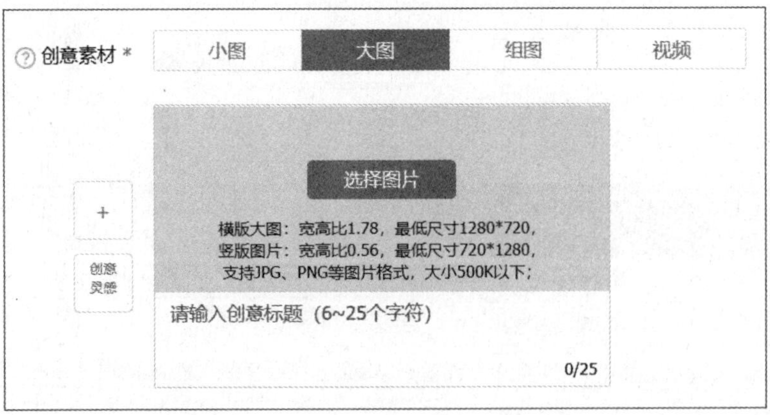

图 5.17　今日头条广告创意素材类型图

头条的创意灵感工具，可以给我们一些启发，很多时候借鉴他人的创意，不失为一种高效解决问题的方法，如图 5.18 所示。

图 5.18　今日头条广告创意灵感工具界面图

今天和大家一起完成设计图片的完整过程，效果如图 5.19 所示。我们主要把思路及 PhotoShop 的常见操作演示清楚，非专业设计人士掌握这些技能之后，基本可以满足 SEM 工作中的作图需求。

图 5.19　今日头条广告 1280×720px 大图

5.3.2　如何设计图片

本例以头条广告的大图广告位进行演示，规格是 1280×720px，产品为 Benq（明基）投影仪设备，文案给定为“高清耐用，品牌保障，爆款品质”。

构图设计为上下结构，为了让图片醒目，采用黑白底色大开大合，左上角强调 LOGO，右上角点出爆款品质，底部大号字强调卖点：高清耐用，品牌保障。

构图完成，接下来需要具体作图。首先进行抠图，将投影仪处理好，用魔棒工具（W）将白色区域选中，然后反向选择（Ctrl+Shift+I），并用羽化（Shift+F6）对边缘进行处理，如图 5.20 所示。

图 5.20　投影仪产品抠图

然后，用同样的方法对品牌 LOGO 进行抠图，如图 5.21 所示。

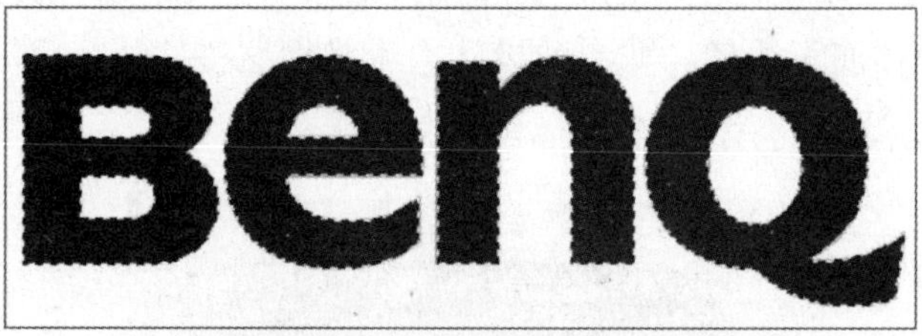

图 5.21　品牌 LOGO 抠图

新建画布（Ctrl+N），并将投影仪和 LOGO 置入，LOGO 填充为白色（Alt+Delete：前景色填充或 Ctrl+Delete：背景色填充），如图 5.22 所示。

图 5.22　产品及 LOGO 素材排版图

新建图层（Ctrl+Shift+Alt+N），通过选区工具（M）将底部框选，填充为白色（Alt+Delte 或 Ctrl+Delete）；并用文字工具（T）撰写文案，适当设置字体效果，例如描边、阴影等，如图 5.23 所示。

图 5.23　产品、Logo、文案排版图

用套索工具（L）框选形状，填充颜色（Alt+Delte 或 Ctrl+Delete），文字工具（T）写上文案，用形状变换（Ctrl+T）将文字进行旋转，得到最终效果，如图 5.24 所示。

图 5.24　设计效果图

作图没有想象中那么复杂，但如果要达到专业设计师水平，还有很长的路。

给大家列出一些 PS 常用快捷键备用，新建画布（Ctrl+N）、选区工具（M）、取消选区（Ctrl+D）、魔棒工具（W）、反向选择（Ctrl+Shift+I）、羽化（Shift+F6）、前景色/背景色填充（Alt+Delte 或 Ctrl+Delete）、新建图层（Ctrl+Shift+Alt+N）、复制图层（Ctrl+J）、文字工具（T）、移动工具（V）、套索工具（L）、形状变换（Ctrl+T）、撤销（Ctrl+Z）、多步撤销（Ctrl+Alt+Z）等。

5.4 GIF 动图制作

上一节介绍了如何在今日头条中设计大图，本节介绍如何设计 GIF 动图，上传位置如图 5.25 所示。

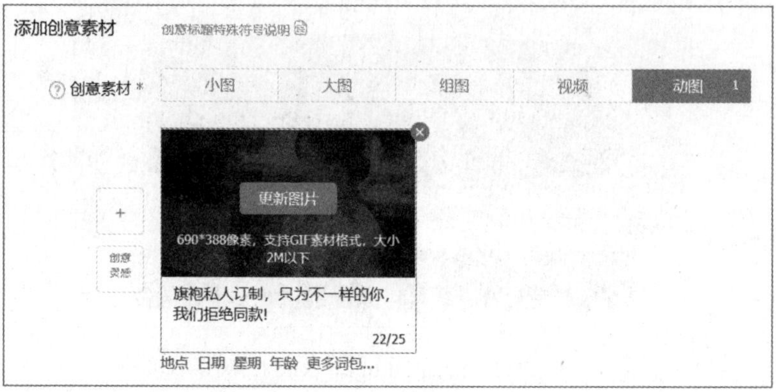

图 5.25　今日头条 GIF 广告动图

5.4.1 今日头条动图广告

如图 5.26 所示，本节将通过一个示例，和大家一起学习一下设计 GIF 动图的完整过程，主要把思路及 PhotoShop 的常见操作演示清楚，非专业设计人士掌握这些技能，基本可以满足 SEM 工作中的作图需求。

图 5.26　今日头条 GIF 广告 PS 界面制作图

5.4.2　如何设计动图

本例以头条广告的动图广告位进行演示，规格是 690×388px，产品为 SEM 教程，文案给定为“SEM 实战，第一视角，实操解说”。

构图设计为上下结构，背景图使用讲师授课场景，右上写“SEM 实战”，底部用蓝色横幅，强调卖点：第一视角，实操解说。

构图完成，然后是具体作图，首先在窗口里启用时间轴功能，以 3 秒倒计时过程中变淡为例，将第一帧复制一份出来，并设置为不显示或 0%不透明。

显示到不显示，需要一个过渡过程，点击图 5.17 所示矩形框框选区域的过渡选项，默认为 5 帧过渡，数值越大，过渡越平滑，当然文件也越大。

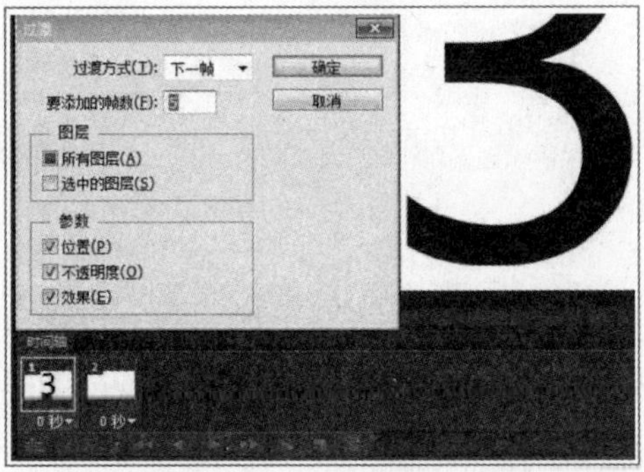

图 5.27　PhotoShop 时间轴过渡帧设置图

点击过渡确认后，显示到不显示之间自动补充了 5 帧，可以将时间间隔设置为 0.1 秒，播放方式设置为永久，如图 5.28 所示。

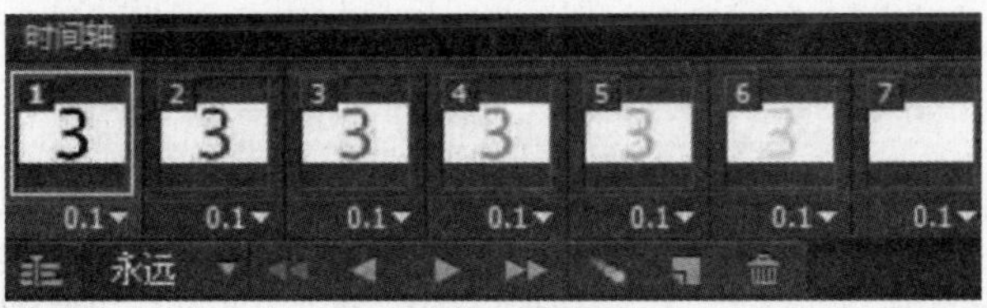

图 5.28　PhotoShop 时间轴循环设置图

理解了倒计时的消失过程，后续就是重复的工作量，将 3、2、1 都设置好，可以用黑白交替的方式进行切换，最后将素材及文案，按照之前的构图放置好，稍微注意一下动画衔接过程。看到这里，如果感觉图文讲解不够清晰，那就打开 PhotoShop 试试效果吧。

5.5 视频广告制作

SEM 的广告样式要求越来越高，已经不局限于文字和图片，今天我们以今日头条为例，一起分解一段视频广告的制作过程。

5.5.1 今日头条视频广告

今日头条广告主要有小图、大图、组图、视频和动图 5 种素材类型，其中视频广告的制作难度最大，如图 5.29 所示，能够独立完成的 SEM 人员也较少。

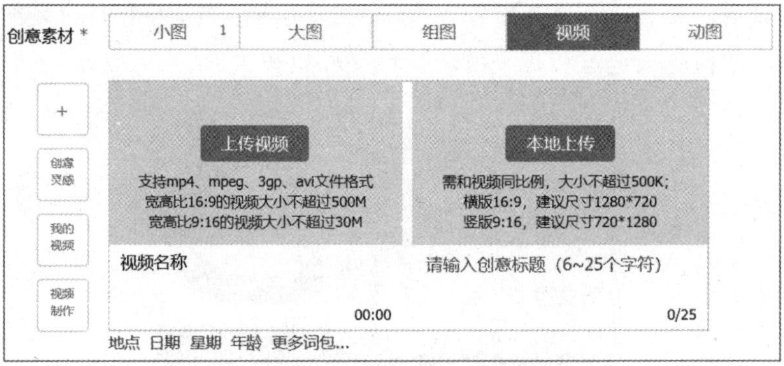

图 5.29　今日头条视频广告界面图

头条后台本身也提供了制作工具及 APP，如图 5.30 所示，主要对图片做一些转场特效或视频剪辑，针对之前很火的快闪风格，头条也提供了简单的模板供套用，但灵活程度都不高，很难将一段内容按照你的构思进行呈现。

图 5.30　今日头条视频制作界面图

今天我们介绍一种方法，在视频内容上可以有较大的发挥空间，通过 PPT 进行编排，然后借助 AE、Vegas、Camtasia 等工具录制并做后期处理。这里做了一个 28 秒的视频 Demo，供大家参考，风格仿照苹果手机发布会的快闪视频，这种形式是时下比较流行的快闪风格。

5.5.2　视频制作过程

在制作视频前需要先构思，这里设定为已经构思完毕，我们通过 PPT 将内容安排好，28 秒的视频按快闪风格写了 21 页 PPT，如图 5.31 所示。

图 5.31　快闪风格 PPT 制作图

内容安排好后，在 PPT 里进行一些动作的设计，常见的动作有进入、退出、强调、路径 4 大类，如图 5.32 所示。音乐本身在 PPT 里也可以插入，当然更精确的控制可以放在稍后的视频剪辑里进行，声效同步会处理得更好。

图 5.32　快闪风格 PPT 动作设计图

视频编辑是个很费时的过程，尤其是声效同步的控制，我以前喜欢用 Camtasia Studio 这款软件，最近接触到另外一款软件 Vegas，也很好用，两个软件界面差别不大，但 Vegas 确实强大很多。另外大家熟知的还有 AE、Premiere 等。

Vegas 的界面如图 5.33 所示。

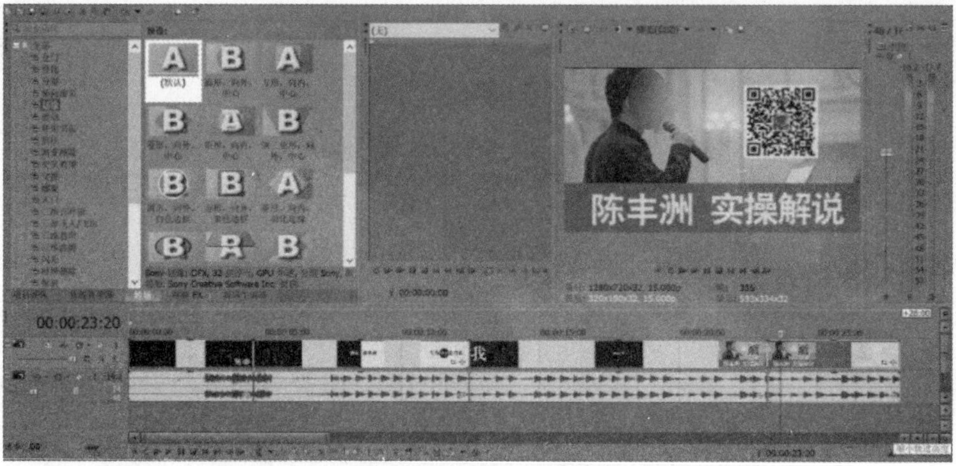

图 5.33　Vegas 界面图

Camtasia Studio 的界面如图 5.34 所示。

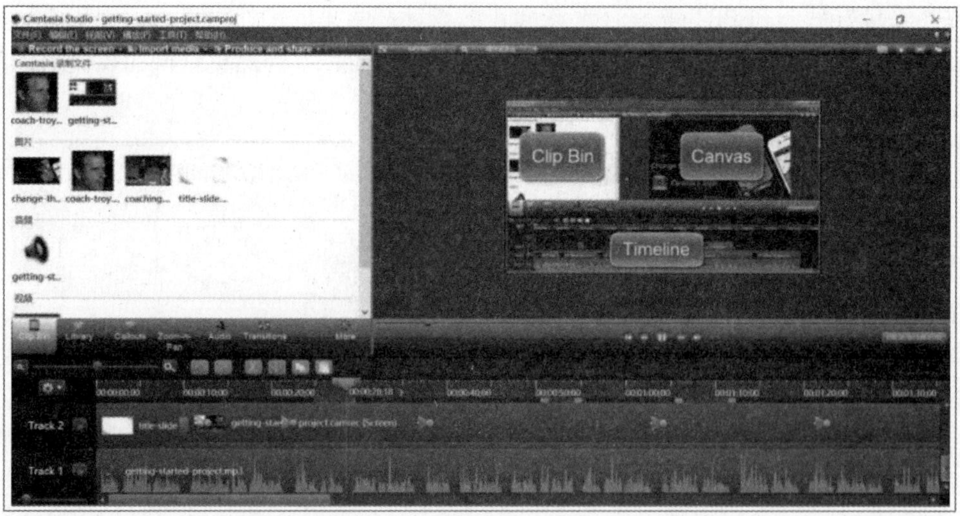

图 5.34　Camtasia Studio 界面图

内容反复调整，剪辑完毕后，最后将视频渲染生成为指定格式，今日头条支持.mp4、.mpeg、.3gp 和.avi 文件格式，宽高比为 16:9，大小不超过 500MB，如图 5.35 所示。

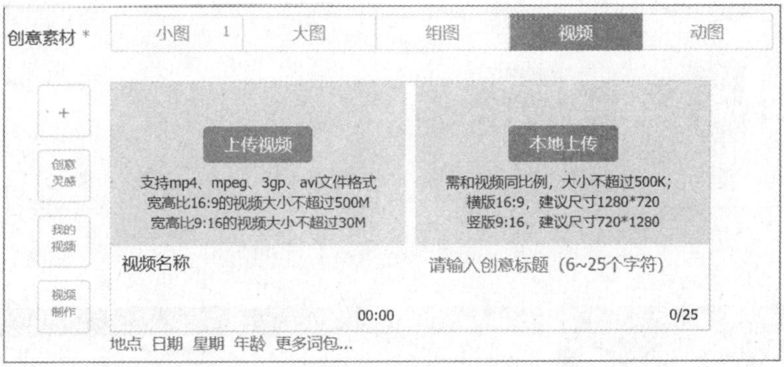

图 5.35　今日头条视频广告规格图

大家可以尝试一下，整个过程确实比较复杂，刚开始预计需要用 1 整天的时间，才能完成一段几十秒的视频制作，如对我们制作的视频效果感兴趣，可以关注本书勒口位置的二维码，里面发布了大量关于 SEM 的内容，包括本节所提到的 28 秒快闪视频。

5.6　建站工具制作专题页

着陆页面对于转化效果至关重要，SEM 高手基本会花费大量的时间在专题页面上，本节主要介绍今日头条移动建站工具制作专题页的过程。

5.6.1　今日头条移动建站工具

关于今日头条移动建站工具，如图 5.36 所示，主要特点如下：

- 专享今日头条服务器，全面加速，提高用户访问的速度和成功率，解决访问延迟等问题；
- 丰富组件任意搭配，类似 PPT 拖曳式建站，轻松搭建抽奖、表单、应用下载、头条号文章等，更原生；
- 海量模板，适当编辑调整，快速轻松建站，所见即所得。

下面我们以今日头条移动建站工具制作移动专题页的过程为例进行展示，制作效果如图 5.37 所示。

图 5.36　今日头条建站工具界面图

图 5.37　今日头条建站工具页面效果图

5.6.2　专题页制作过程

在制作专题前，需要先构思，这里假定已经构思完毕，主要是演示头条建站工具的专题制作过程，文案给出如下。

第 1 段：升职加薪 SEM 实战课程

正文：2 亿元广告费，8 年 SEM，3 年教学，全套课程仅 99 元，学完少走 2 年弯路。

按钮：查看课程介绍 观看课程视频。

第 2 段：其实，每个时代，都悄悄犒赏会学习的人

正文：为了让你更好地学习，我们将 20 天的面授课程反复提炼，录制成了 16 个小时的

视频教程，从账户操作、数据分析、专题策划、营销方案等全方面呈现，头痛问题全部解决。

课程小标题：搜索推广账户操作、信息流广告投放、广告数据报表分析、专题页策划及制作、企业营销方案设计、更多精彩课程内容。

第 3 段：教程/师资/平台介绍

SEM 实战教程介绍，9800 元的面授课程，浓缩为 16 个小时的线上教程，整体内容由浅入深，新手或老手都适合学习，每个视频可以试看 3 分钟。

陈丰洲老师介绍：本科毕业于南京大学，拥有 SEM 工作经验，累计投放 2 亿元广告，百度授权讲师，达内教育 SEM 主讲老师，比达网络 CEO。

百度传课介绍，我们录制的教程，全都发布在百度传课，一个非常好的线上学习平台，建议大家下载百度传课的 APP，可以更好地进行学习。

第 4 段：好好学习，升职加薪

正文：学习并不容易，但提升自己的机会并不多，千万别错过这一次。

按钮：免费试学教程

进入操作界面，按构思进行页面布局，首先是一张全屏大图，接下来是小段文字，然后使用组图，紧接着为大段文字，最后是按钮、二维码以及底部文字。操作很简单，直接拖曳左侧边栏的控件就行，如图 5.38 所示。

图 5.38　今日头条建站工具后台界面图

按照图 5.38 所示构思，填充各个版块内容，适当进行排版，可以利用将第一张大图换成 3 张小图的小技巧，这样更有利于加载，提升打开速度，如图 5.39 所示，是后台预览效果，实际访问时 3 张小图之间没有缝隙。

大图、组图、段落文字、按钮、二维码等整理好后，效果预览如图 5.40 所示。

头条建站工具的使用比较简单，最终页面能否满意，关键还在于策划上，当然文案、设计也非常重要。就制作而言，在已提供素材的情况下，如果操作比较熟练，大概需要 15 分钟完成。有兴趣的读者可以长按下方右侧二维码，再欣赏一下做好的专题效果，如图 5.40 所示。

图 5.39　大图切片示意图

图 5.40　今日头条专题页二维码预览图

今日头条广告的投放效果，在很大程度上取决于专题页的质量，所以本节内容详细介绍了头条建站工具的用法，后续章节会重点介绍专题页策划及文案，希望能够激起读者对专题页的兴趣。

第 6 章

品牌广告

建立品牌是很多企业期望实现的重要目标，企业对品牌营销的尝试也在不断摸索之中。本章将介绍一些大家听过但是不太熟悉的品牌产品，使大家对品牌营销渠道的认识更为完整。

6.1 百度品牌专区

品牌渠道知道的人并不多，但百度品牌专区这款产品，估计大家都早有耳闻，本节将重点为大家介绍到底什么是白度品牌专区。

6.1.1 什么是百度品牌专区

百度品牌专区，是在百度 PC 搜索、移动搜索以及部分 NS 频道的最上方，为知名品牌量身定制的品牌广告。首屏首位，荣享大展示面积，支持文字、图片、视频等多种形式。

百度品牌专区 PC 搜索频道样式如图 6.1 所示。

百度品牌专区移动搜索频道样式如图 6.2 所示。

支持品牌专区的 NS 频道主要有 5 个：新闻频道、知道频道、百科频道、图片频道和百度视频频道。

百度品牌专区新闻频道样式如图 6.3 所示。

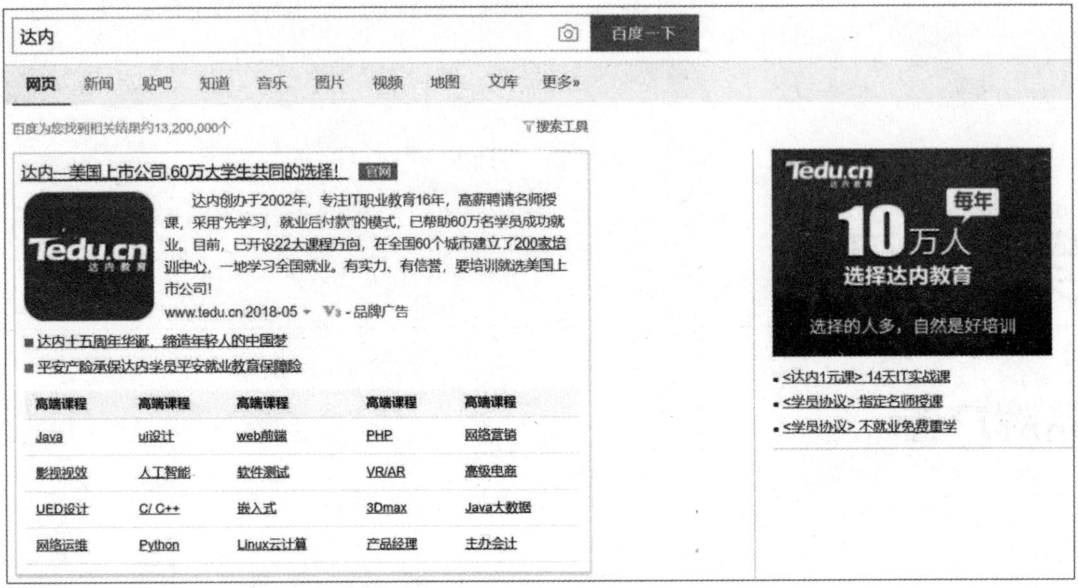

图 6.1　百度品牌专区 PC 搜索频道样式图

图 6.2　百度品牌专区移动搜索频道样式图

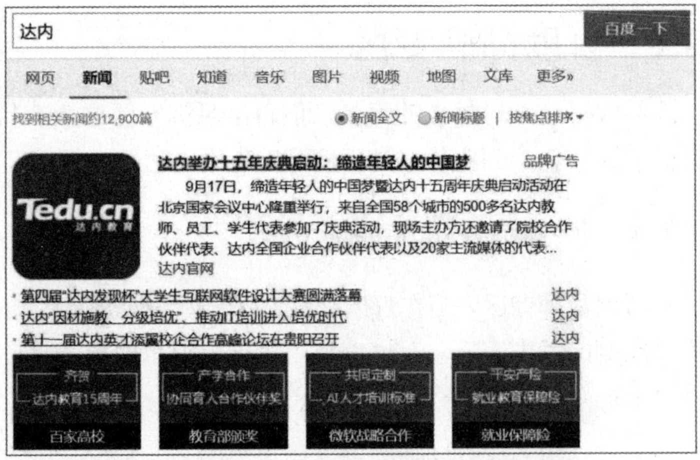

图 6.3　百度品牌专区新闻频道样式图

百度品牌专区知道频道样式如图 6.4 所示。

百度品牌专区百科频道样式如图 6.5 所示。

百度品牌专区图片频道样式如图 6.6 所示。

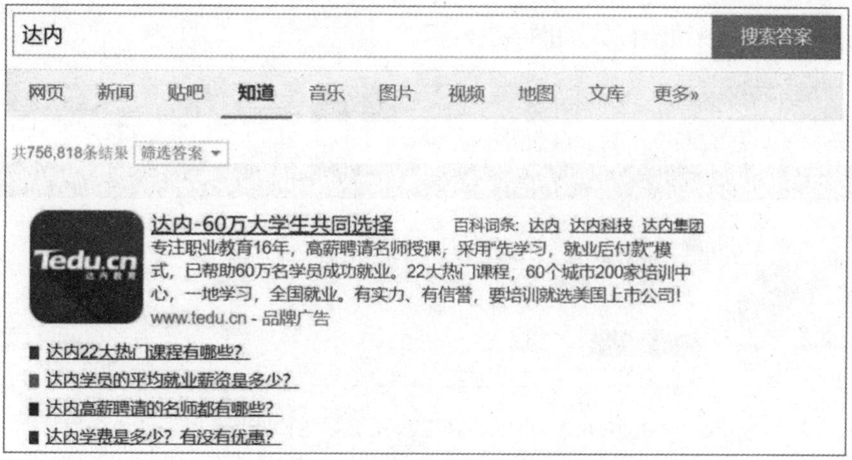

图 6.4　百度品牌专区知道频道样式图

图 6.5　百度品牌专区百科频道样式图

图 6.6　百度品牌专区图片频道样式图

百度品牌专区视频频道样式如图 6.7 所示。

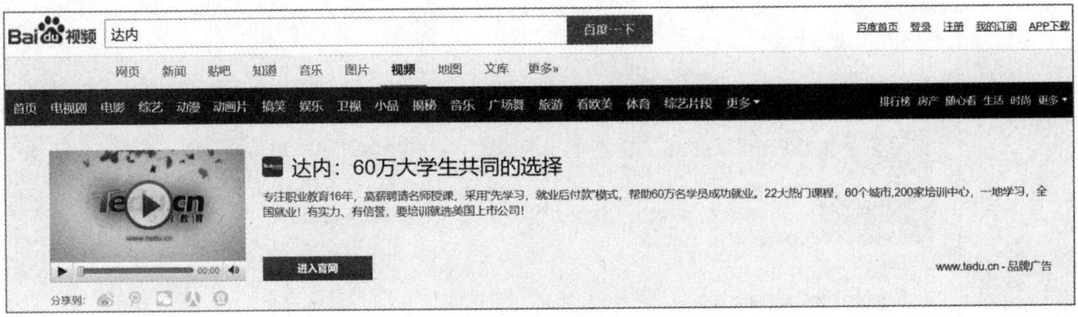

图 6.7　百度品牌专区视频频道样式图

6.1.2　品牌专区常见问题

这里将品牌专区常见的问题进行了整理，主要有 9 个问题，如图 6.8 所示。

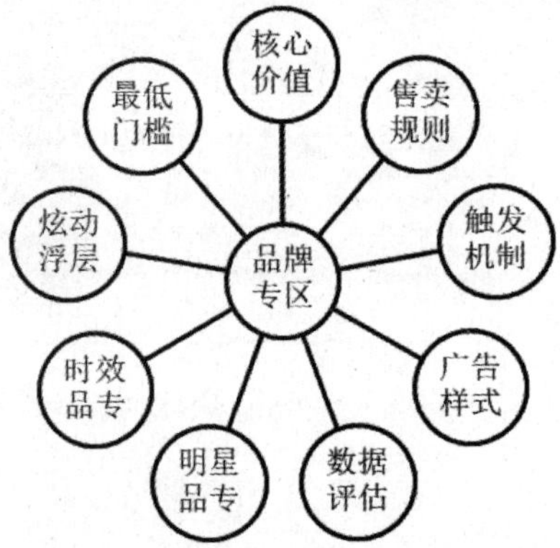

图 6.8　百度品牌专区常见问题示意图

核心价值：首屏位置大面积展示，减少用户搜索流失；树立企业品牌形象，增强网民信任感；浓缩官网的精华内容，提供便捷的销售通道；企业重要沟通渠道，危机公关信息发布渠道。

售卖规则：CPT 形式按月购买，广告价格依照关键词的预估流量和行业 CPM 计算，投放地域为全国展示，不可分地域投放，每次投放时长最短 1 个月，最长 12 个月，大多数企业包年购买。

触发机制：按关键词触发，企业可以自己设置词包，可以购买品牌词（达内）、子品牌

（童程童美）、品牌产品词（达内网络营销培训）、品牌+地域（北京达内）、品牌+行业（达内教育）、品牌+网站（达内官网），不可以购买竞品词。

广告样式：有标准样式、高级样式和定制样式三类。每类样式里都有多种模板供选择，标准样式相对便宜，定制样式最贵。广告上线后都可以进行修改，大多数时候，是按百度官方提供物料模板进行提交，由百度优化师进行具体操作，也可以登录锦囊后台 http://jn.baidu.com 自己进行操作。

数据评估：百度针对每个词、每条广告都有详细的数据，结合自身统计的转化数据，可以很清晰地评估，从而进行后续的优化调整。

明星品专：是百度品牌专区一款比较特殊的产品，如图 6.9 所示，关键词仅为明星的无歧义的中英文名称，不可是明星名字与其他词语的组合。明星可购买自己的明星品牌专区。如果是明星代言品牌购买，需提供明星代言合同。非明星代言品牌，不能直接购买明星品牌专区，需通过明星和其经纪公司购买。

时效品专：配合客户短期营销或推广活动，如倒计时、直播，如图 6.10 所示。

图 6.9　百度明星品专样式图

图 6.10　百度时效品专样式图

炫动浮层：是土豪加强版，搜索后展现 5 秒全屏炫酷动画，如图 6.11 所示。

最低门槛：百度品牌专区真的很贵，至少得 100 万元/年的预算，才有可能达到最低门槛，很多品牌专区甚至更贵，大多数企业根本不会考虑。

图 6.11　百度炫动浮层样式图

6.2　百度品牌起跑线

上一节介绍了很昂贵的品牌专区，本节介绍一款大部分企业都可以考虑的品牌产品——品牌起跑线。

6.2.1　什么是品牌起跑线

品牌起跑线针对中小企业主，可同时在搜索、知道、新闻等频道，通过品牌词或产品词触发的品牌综合展示广告。在百度推广后台 http://www2.baidu.com，可以直接申请开通，如图 6.12 所示。

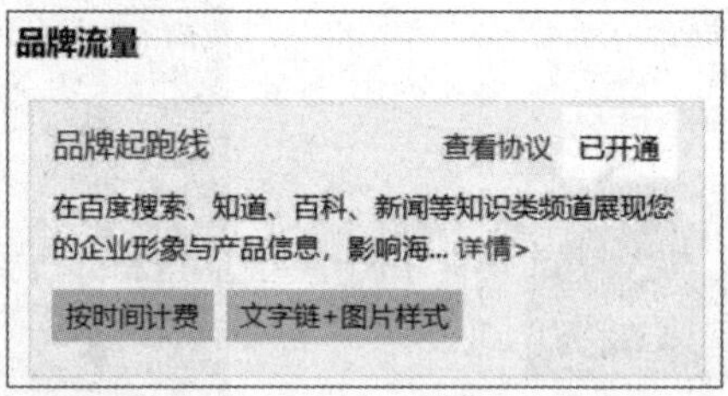

图 6.12　百度品牌起跑线申请开通图

百度品牌起跑线搜索频道样式如图 6.13 所示。

百度品牌起跑线知道频道样式如图 6.14 所示。

除了常规样式之外，百度对部分行业开放了尊享样式，由于模板非常接近品牌专区，所以有时也将品牌起跑线称为小品牌专区。

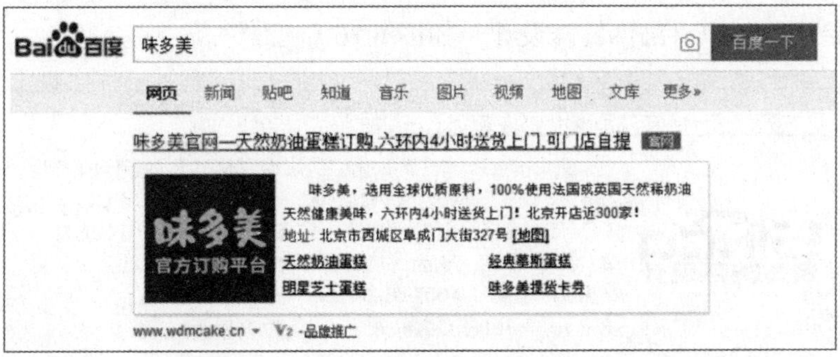

图 6.13　百度品牌起跑线搜索频道样式图

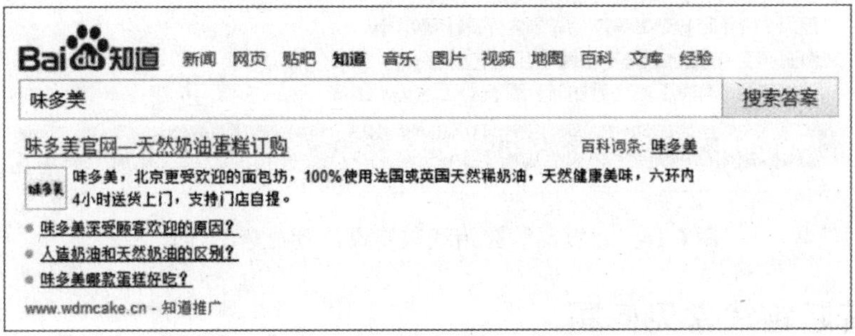

图 6.14　百度品牌起跑线知道频道样式图

品牌起跑线行业尊享样式-驾校，如图 6.15 所示。

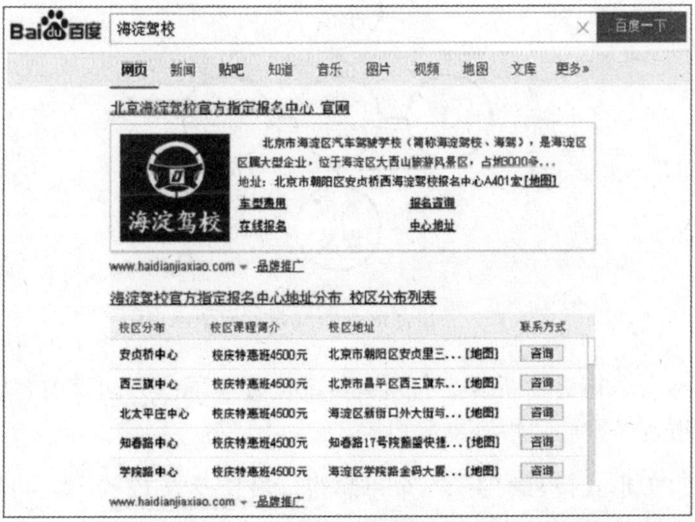

图 6.15　百度品牌起跑线驾校行业尊享样式图

品牌起跑线行业尊享样式-装修设计，如图 6.16 所示。

图 6.16　百度品牌起跑线装修设计行业尊享样式图

6.2.2　品牌起跑线常见问题

品牌起跑线主要有 4 个常见问题，如图 6.17 所示。

图 6.17　百度品牌起跑线常见问题示意图

核心价值：网页、知道、新闻三大频道黄金位置展现；大面积内容展示，提升品牌权威形象；百度知道页面推广，提升良好口碑。

售卖规则：CPT 形式按月购买，1 个月起售，最长投放 12 个月，可投放地域为 1-5 省或直市。每个推广单元可购买的地域数为 5 个，地域粒度精确到省或直辖市，如果用户需要更多的推广地域，可通过新建多个推广单元来实现。

数据评估：百度针对每个词、每条广告都有详细的数据，结合自身统计的转化数据，可以很清晰地评估，从而进行后续的优化调整。

产品价格：百度起跑线并不贵，竞争不激烈的行业甚至只需要几千元就可以做。

百度品牌起跑线素有“小品专”的称号，但价格只是品牌专区的零头；如果企业觉得品牌起跑线依然比较贵，可以多花些时间包装竞价广告的闪投样式。

6.3　百度其他品牌广告

关于百度的品牌广告产品，可以登录 http://yingxiao.baidu.com 详细查看，本节主要再介绍三款百度品牌产品：百度品牌华表、百度百意和百度商业阿拉丁。

6.3.1　百度品牌华表

百度品牌华表广告，通过关键词精准匹配展现在网页右侧的图文品牌展示类推广。产品主要针对客户的品牌推广营销策略，将通用词（如“智能手机”“三国杀”“欧洲自由行”“英语培训”等）、节日词（如“国庆节”“圣诞节”）等关键词占为己有，在网页搜索结果页右侧将品牌信息前置，树立和强化企业的品牌影响力。

品牌华表提供了 9 款标准样式（标准样式、大图轮播、大图浮层、视频样式、多图样式、Banner 样式、右侧宽版擎天柱、右侧视频样式、右侧拓展浮层样式）和 1 款高级样式（大视频样式），共计两大类 10 款样式，帮助用户把握品牌建设的关键时刻。

百度品牌华表标准样式如图 6.18 所示。

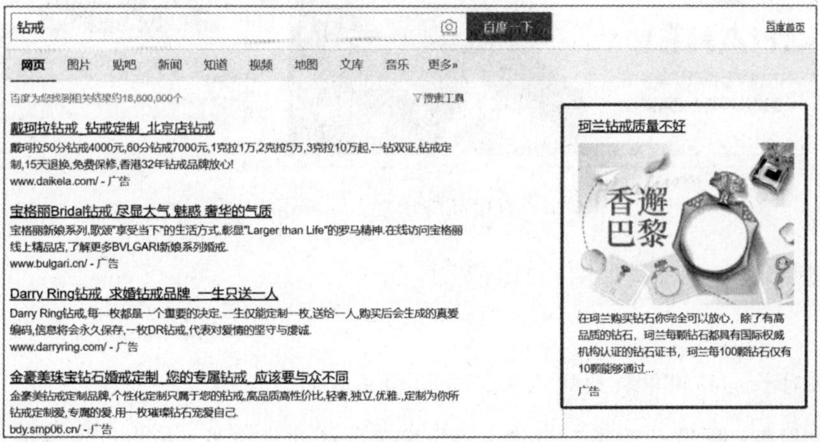

图 6.18　百度品牌华表标准样式图

百度品牌华表大图轮播样式如图 6.19 所示。

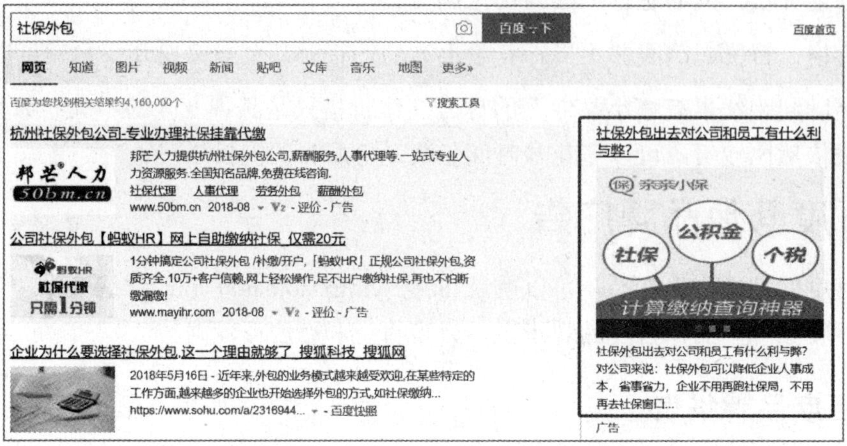

图 6.19　百度品牌华表大图轮播样式图

百度品牌华表大图浮层样式：点击右侧小图后，展示浮层大图，如图 6.20 所示。

图 6.20　百度品牌华表大图浮层样式图

百度品牌华表视频样式如图 6.21 所示。

注意：

- 购买时长：品牌华表按周购买，最短购买时间为 1 周，最长为 13 周。
- 竞价周期：每周一至周三出价，周三显示最终竞价结果。在物料审核通过的情况下，广告将在广告主竞价成功的时段内上线。

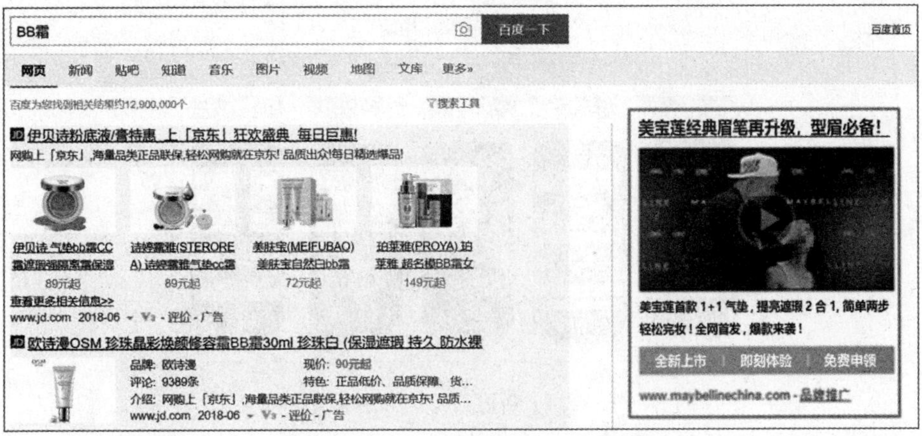

图 6.21　百度品牌华表视频样式图

6.3.2　百度百意

百度百意提供品效合一的跨屏、全能、程序化投放服务，囊括 60 万家网站、APP 联盟资源，横跨 PC、移动、交通、电视多屏呈现，整合多维精准定向能力，在千人千面时代，目标客户咫尺触达。

百度百意衍变于百度 DSP，而百度 DSP 由百度网盟升级而来。总体而言，百度百意是一款非常适合做品牌曝光的产品，百度百意几乎可以覆盖互联网的任何角落，如图 6.22 所示。

图 6.22　百度百意产品资源图

百度百意的广告样式主要有 5 大类：信息流、视频、开屏、插屏和横幅，如图 6.23 所示。

图 6.23　百度百意广告样式图

在定向方式上，百度百意支持多种定向，与前面章节介绍的信息流广告的定向方式非常相似，主要包括人群定向、意图定向、到访定向、位置定向和场景定向等，如图 6.24 所示。

图 6.24　百度百意广告定向方式图

售卖规则，大客户可以考虑 CPT 包断，传说中的“一夜成名”产品，这是土豪专属区，如图 6.25 所示。中等规模客户可以考虑 CPM 包断，一般客户建议仍然使用 RTB 的竞价模式进行购买投放，如图 6.26 所示。

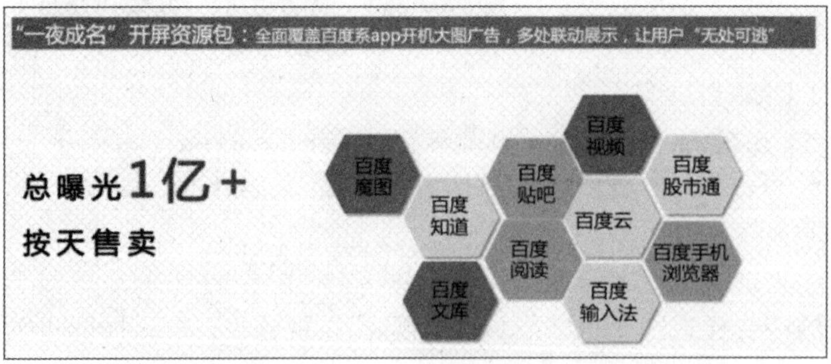

图 6.25　百度“一夜成名”产品介绍图

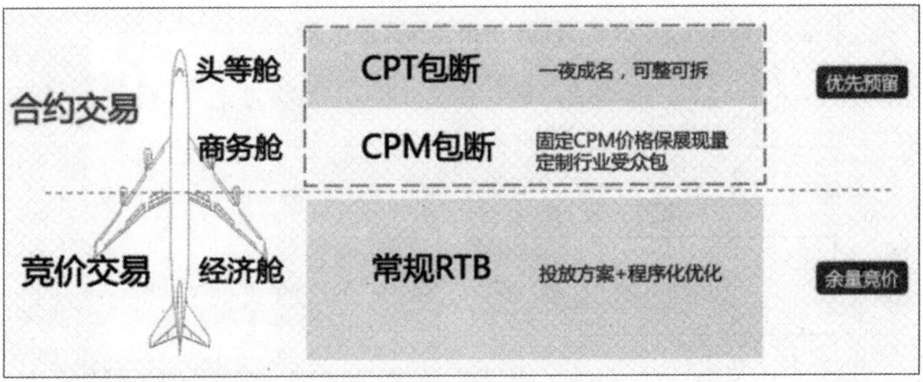

图 6.26　百度百意广告售卖规则图

百度百意，在百度推广后台（http://www2.baidu.com）的商业产品里开通，如图 6.27 所示。

图 6.27　百度百意广告申请开通图

百度百意的账户层级，一共分为四层：账户层级、计划层级、单元层级和创意层级，跟百度信息流广告相同，如图 6.28 所示。

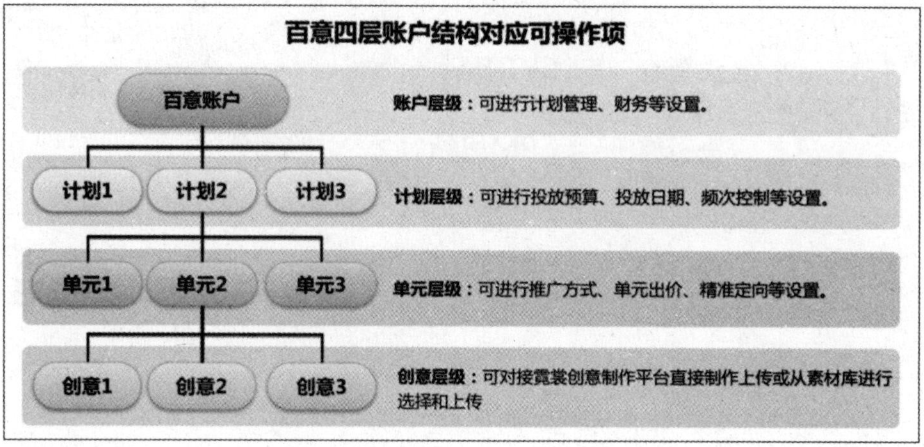

图 6.28　百度百意广告层级结构图

整体操作百度百意与百度信息流广告非常相似，主要是设置计划、设置单元、设置定向、制作创意，如图 6.29 所示。

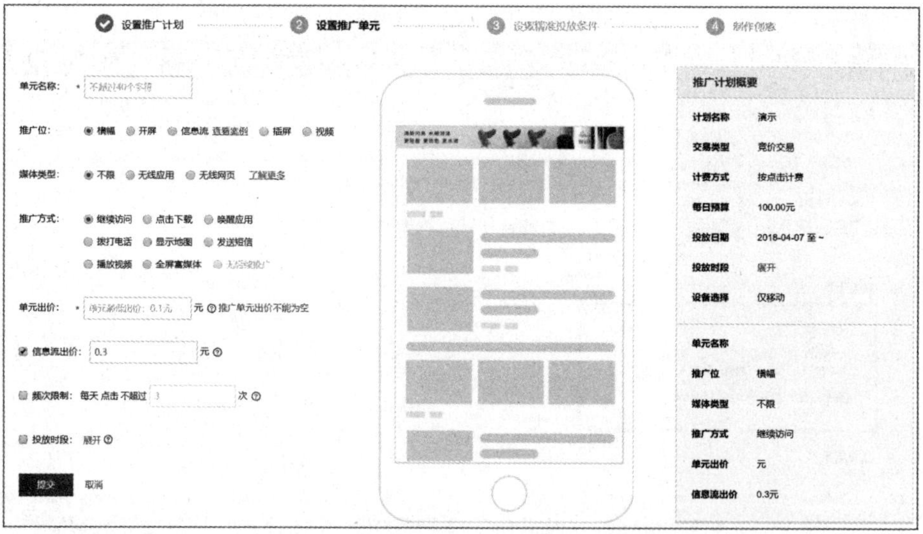

图 6.29　百度百意广告后台操作图

6.3.3　百度商业阿拉丁

商业阿拉丁产品，是在百度自然搜索结果中展现的高定制化图文特型结果，能够精准满足百度搜索用户体验，是对特定行业流量触发的高定制化技术合作升级服务。

当用户在百度搜索某个行业关键词时，若百度搜索的智能需求识别出该资源方内容和落地页可以满足用户搜索意图，则该资源方的阿拉丁图文特型结果，将以最优的形式展现于自然搜索结果中，更接近于用户搜索内容，更容易引导用户阅读、点击。

高定制化的图文特型结果非常醒目，可以彰显行业地位，所以只有经过严格审核的行业头部客户才能合作此资源。

易车网商业阿拉丁样式如图 6.30 所示。

图 6.30　百度商业阿拉丁易车网效果图

中关村在线商业阿拉丁样式如图 6.31 所示。

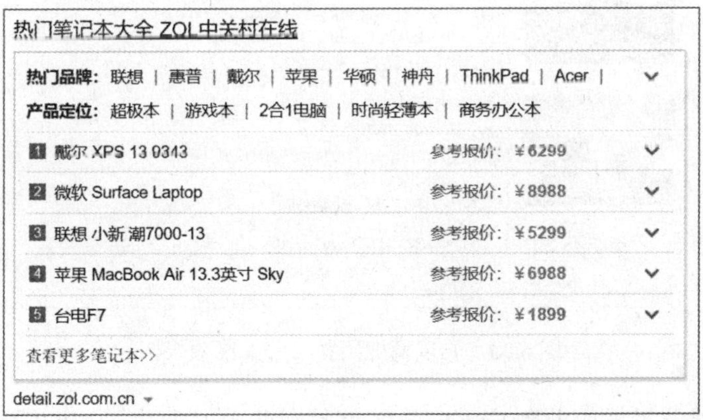

图 6.31　百度商业阿拉丁中关村在线效果图

慧聪网商业阿拉丁样式如图 6.32 所示。

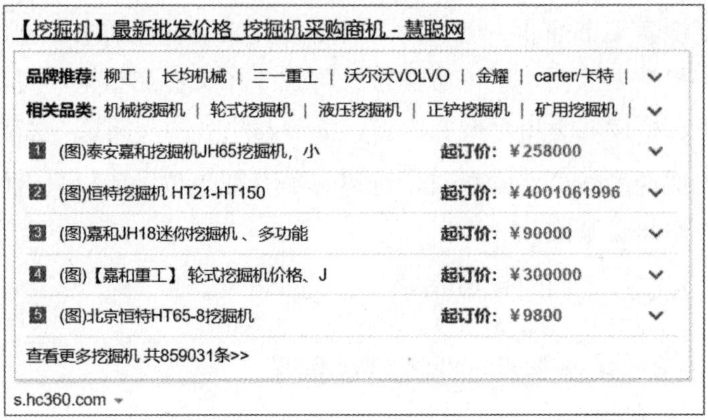

图 6.32　百度商业阿拉丁慧聪网效果图

链家网商业阿拉丁样式如图 6.33 所示。

图 6.33　百度商业阿拉丁链家网效果图

一般而言，能够投放商业阿拉丁广告的都是行业内的大公司，一般平台型的服务更适合进行投放。

6.4　360 品牌广告

360 品牌广告是基于 360 搜索平台及 360 导航的海量展现资源。在网民使用 360 搜索时，在搜索结果页最上方的左右侧，以及 360 导航的顶部和中部的黄金位置，为企业量身定制精准的品牌展示推广形式。

6.4.1　360 品牌直达

360 品牌直达推广基于 360 搜索推广平台的海量展现资源，在网民搜索结果页的最上方，为企业量身定制精准的品牌展示推广形式。品牌直达位于搜索结果页的首屏顶部左侧的黄金位置，图文并茂的展现形式具有强烈的视觉冲击力；可用于发布企业动态、产品信息和促销活动等各类资讯，全方位立体传达企业的品牌信息，使用户更便捷地了解企业品牌及产品活动，显著提升营销效果。

更有多种大尺寸、富有视觉冲击力的展现样式供企业选择，全面满足企业的高级定制需求，可以融合文字、图片、视频及 API 等的品牌 Mini 官网，使企业的品牌展现既精准又精彩，彰显企业品牌价值。

360 品牌直达 PC 搜索样式示例如图 6.34 所示。

图 6.34　达内教育 360 品牌直达 PC 搜索样式效果图

360 品牌直达移动搜索样式示例如图 6.35 所示。

图 6.35　达内教育 360 品牌直达移动搜索样式效果图

注意：

- 售卖规则——CPT 计费，售价是结合样式以及所购买关键词数量和 PV 量具体报价。
- 购买时长——最短购买时间为 1 个月，最长 12 个月。
- 触发机制——按关键词触发，企业可以自己设置词包，可以购买品牌词、子品牌、品牌产品词、品牌+地域、品牌+行业、品牌+网站，不可以购买竞品词。

6.4.2　360 黄金展位

品牌信息展位位于 360 搜索结果首页最上方的左侧和右侧，PC 端和无线端跨屏投放，为有品牌推广需求、对位置敏感的客户量身打造，其样式简洁丰富，能迅速提升品牌推广效能。

360 黄金展位 PC 搜索样式示例如图 6.36 所示。

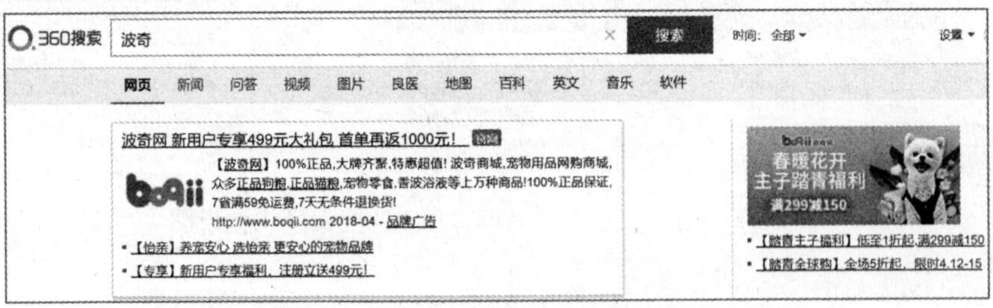

图 6.36　波奇网 360 黄金展位 PC 搜索样式效果图

360 黄金展位移动搜索样式示例如图 6.37 所示。

图 6.37　波奇网 360 黄金展位移动搜索样式效果图

注意：

- 售卖规则——CPT 计费，售价结合样式以及所购买品牌词的数量和 PV 量具体报价。
- 投放地域——默认全国展示投放，可分地域投放。
- 投放时长——每次投放最短 1 个月，最长 12 个月。
- 触发机制——按关键词触发，企业可以自己设置词包，可以购买品牌词、子品牌、品牌产品词、品牌+地域、品牌+行业、品牌+网站，不可以购买竞品词。

6.4.3　360 节日冠名

由节日及相关词触发，在 360 搜索结果页首屏首位展示，通过以节日冠名的形式对品牌进行传播及推广。运用了非品牌词进行高质量的曝光，形成一种节日品牌效应，增强消费者认知，提升品牌知名度，增大品牌覆盖面，如图 6.38 所示。

图 6.38　Dior 360 节日冠名样式效果图

这是一款很有新意的品牌产品，有兴趣可以致电 360 客服详细咨询。

6.5 搜狗品牌广告

搜狗基于其丰富的广告资源，为广大企业提供了多种品牌的广告产品，本节主要为大家介绍三款产品：搜狗品牌专区、搜狗品牌起跑线和搜狗品牌地标。

6.5.1 搜狗品牌专区

搜狗品牌专区，广告展示在搜索结果页首屏位置，覆盖 60%以上页面，全国投放，不区分区域，24 小时全天展示，可分 PC 端和无线端投放。官网内容前置，丰富的样式强化客户品牌影响力，展现客户活动、产品、荣誉、服务等多项内容，提升客户品牌推广效果，适合有一定知名度的客户投放。

搜狗品牌专区 PC 搜索样式示例如图 6.39 所示。

图 6.39　京东搜狗品牌专区 PC 搜索样式效果图

搜狗品牌专区移动搜索样式示例如图 6.40 所示。

注意：

- 售卖规则——CPT 计费，售价结合样式以及所购买关键词数量和 PV 量具体报价。
- 购买时长——最短购买时间为 1 个月，最长 12 个月。
- 触发机制——按关键词触发，企业可以自己设置词包，可以购买品牌词、子品牌、品牌产品词、品牌+地域、品牌+行业、品牌+网站，不可以购买竞品词。

图 6.40 京东搜狗品牌专区移动搜索样式效果图

6.5.2 搜狗品牌起跑线

搜狗品牌起跑线，在搜索结果页黄金首位区域，24 小时置顶，多场景覆盖全面覆盖，大面积图文混排展现，吸引网民眼球，帮助客户打造品牌影响力，为潜在用户提供更加全面的产品信息和服务支持。

搜狗品牌起跑线 PC 搜索样式示例如图 6.41 所示。

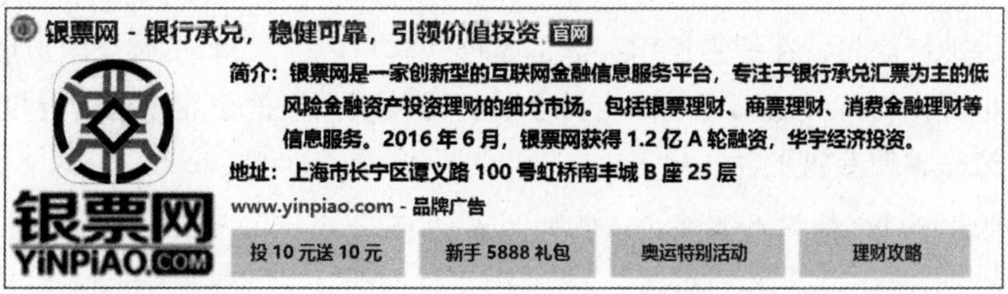

图 6.41 搜狗品牌起跑线 PC 搜索样式效果图

搜狗品牌起跑线移动搜索样式示例如图 6.42 所示。

图 6.42　搜狗品牌起跑线移动搜索样式效果图

注意：

- 售卖规则——CPT 计费，结合样式以及所购买品牌词的数量和 PV 量具体报价。
- 投放地域——分区域购买，每个计划最多投放 6 个省/直辖市。
- 投放时长——每次投放最短 1 个月，最长 12 个月。
- 触发机制——按关键词触发，企业可以自己设置词包，可以购买品牌词、子品牌、品牌产品词、品牌+地域、品牌+行业、品牌+网站，不可以购买竞品词。

6.5.3 搜狗品牌地标

搜狗品牌地标广告，在搜索通用关键词时展现客户广告，24 小时全国地域，独占 PC 端右侧醒目位置，支持关键词定制，支持多种标准模板，根据企业需求进行投放，是适合中小企业打造品牌的专属平台。

搜狗品牌地标 PC 搜索右侧样式示例如图 6.43 所示。

注意：

- 售卖规则——CPT 计费，结合样式以及所购买品牌词的数量和 PV 量具体报价。
- 投放地域——分区域购买，每个计划最多 6 个省/直辖市。
- 投放时长——每次投放最短 1 个月，最长 12 个月。

- 触发机制——按关键词触发，企业可以自己设置词包，可以购买品牌词、子品牌、品牌产品词、品牌+地域、品牌+行业、品牌+网站，不可以购买竞品词。

图 6.43　搜狗品牌地标 PC 搜索右侧样式效果图

6.6　神马品牌广告

神马基于其丰富的广告资源，为广大企业提供了多种品牌的广告产品，本节主要为大家介绍三款产品：神马品牌专区、神马繁星广告和神马搜索非标品牌产品。

6.6.1　神马品牌专区

神马搜索推广品牌专区位于神马搜索结果首页上方，是为知名品牌量身定制的资讯发布平台。神马品牌专区整合了图片、文字等多种展现形式，打通线上线下传播通路，帮助广告主极大地提升了品牌推广效能。同时，神马品牌专区还可为企业量身定制品牌推广样式，满足企业主个性化的营销推广需求。

推广样式：品牌专区对应不同行业不同类型的品牌有多种样式可以选择，并根据展示面积分为普通样式、高级样式和定制样式。企业可以根据不同需求进行选择。

普通样式包含纯 APP 样式在内一共有三种，如图 6.44 所示。

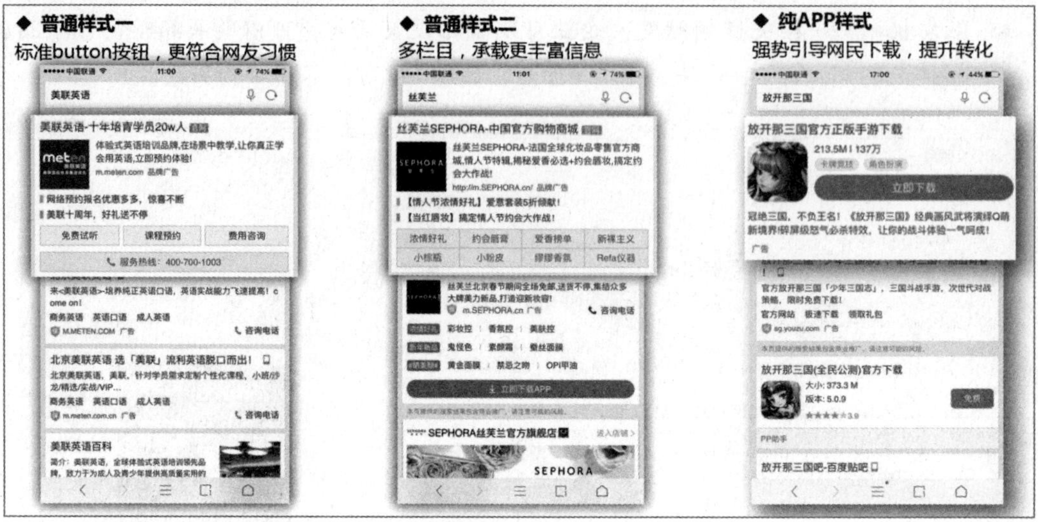

图 6.44　神马品牌专区普通样式效果图

高级样式有 6 种，其中强 APP、多链接和多图轮播属于前三强，如图 6.45 所示。

图 6.45　神马品牌专区前三种强样式效果图

另外三种高级样式是超级导航、客户直通车和商品直达，如图 6.46 所示。

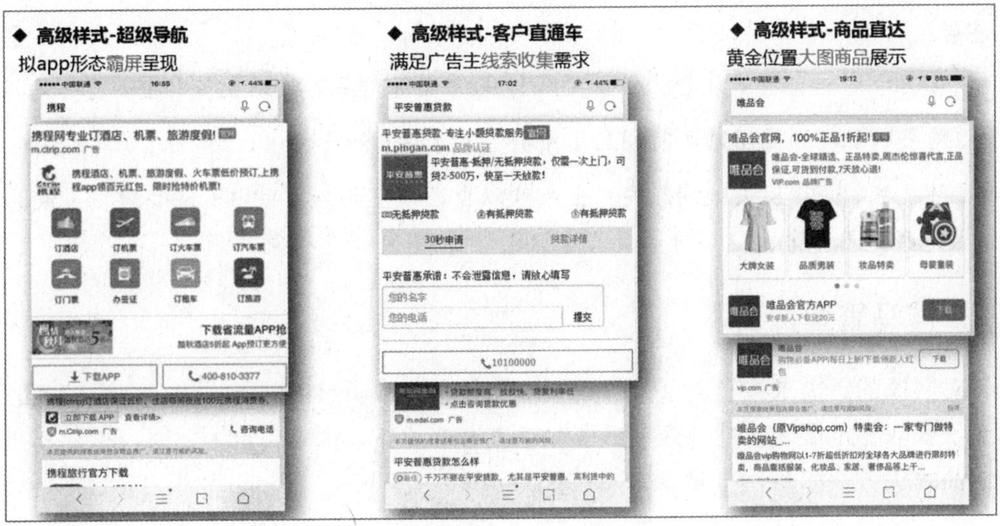

图 6.46　神马品牌专区后三种强样式效果图

定制样式有两种，分别是表单样式和蓝光样式，如图 6.47 所示。

图 6.47　神马品牌专区定制样式效果图

注意：

- 售卖规则——CPT 计费，售价结合样式以及所购买关键词数量和 PV 量具体报价。
- 购买时长——最短购买时间为 1 个月，最长 12 个月。
- 触发机制——按关键词触发，企业可以自己设置词包，可以购买品牌词，或品牌直属活动词精确触发（词量上限为 300 个），不可以购买竞品词。

6.6.2 神马繁星广告

针对网民的泛需求搜索，部分行业广告主具有非常明显的服务优势，但受较多因素影响，无法获取稳定展现。神马繁星广告针对该需求，抓取优质广告主数据，树立其在垂直领域的品牌优势，如图 6.48 所示。

图 6.48　神马繁星广告样式效果图

注意：

- 触发机制——繁星展现在搜索结果的第一位。神马会根据网民需求做关键词匹配进行展示，XML 对接实现数据实时传送。并且可根据不同细分行业为客户开发定制样式，满足广告主个性化需求。
- 售卖方式——按词包 CPT 单独线下询价售卖。

6.6.3 神马搜索非标品牌产品

神马搜索非标品牌广告仅对头部客户开放，结合其具体需求为其量身提供定制化产品服务。这里主要介绍小浮球广告和神马搜索首页 Banner 广告。

小浮球广告，展现在搜索结果页右下角，按 CPT 模式售卖，主要针对行业泛需求词进行投放，尝试对通用词类目流量下的潜在客户进行品牌营销，如图 6.49 所示。

图 6.49　神马小浮球广告样式效果图

搜索首页 Banner 广告，展现在神马搜索首页中部，CPT 模式按天售卖，主要价值是品牌独占，强势曝光，如图 6.50 所示。

图 6.50　神马搜索首页 Banner 广告样式效果图

第 7 章

SEM 数据分析

在 SEM 的成长之路上，数据分析是个比较大的坎。在你没有理解透彻之前，会感觉数据分析非常复杂，但是当你对数据分析有较好理解之后，你会觉得 SEM 数据分析非常简单，甚至会认为数据分析是 SEM 里面最轻松的事情，它既没有搭建账户那么累，也没有专题页策划那么难。

7.1 搞定数据分析只需三个词

新手面对一堆错综复杂的数据时，往往会觉得无从下手。其实稍加整理就会发现，数据分析的主要工作就是对数据进行细分，然后针对细分之处评估好坏，最后给出建议，即对于好的地方多投入，对于差的地方少投入。在思路上，需要想明白三个问题：维度、指标、方法。

7.1.1 数据分析维度

面对数据，如何找到切入点？怎样去观察数据？迈出第一步很关键，建议将维度分为三部分来看待，如图 7.1 所示。

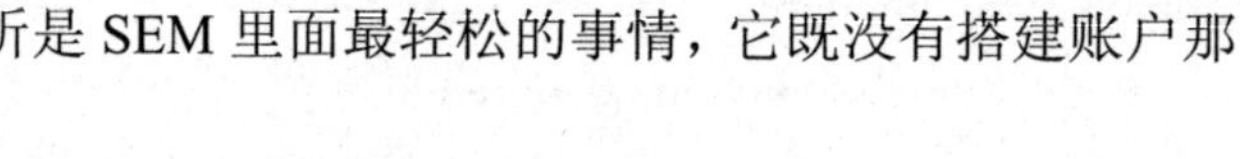

图 7.1 数据分析维度三要素

- 大的维度：渠道、设备、地域、时段。

- 细节维度：计划、单元、词、广告。
- 相关维度：页面、客服。

一般是按照由大到小、由近及远的次序来做，所以我们先看大的维度，再看细节维度，最后看相关维度。

在工作中，大多数 SEM 人员做竞价的时候特别看重关键词成本表的制作，本章 7.3 节会详细介绍；做信息流广告的时候特别看重广告创意成本表的制作，本章 7.4 节会详细介绍。比较全面的多维度的数据分析，会在本章 7.5 节进行详细介绍。

7.1.2　数据评估指标

数据评估指标是根据考核情况衡量工作的好坏。这里要注意，千万不能用工作的热闹程度来考核，例如展现、点击、消费、点击率等指标，并不是这些指标的取值越高，工作效果就越好。稍微想一想就能明白，费用高低、点击率高低与效果的好坏没有任何关系；也不能用单纯的结果指标，例如转化量来衡量，有转化是好事情，但转化量高未必就好，因为也许付出的代价会很大。所以，应该用衡量性价比的指标，例如转化成本、投入产出比和转化率这三个指标来进行评估。

- 考核转化量时用转化成本（转化成本=广告费/转化量）
- 考核销售额时用投入产出比（投入：产出=1：*N*）
- 考核转化效率时用转化率（转化率=转化量/点击量×100%）

前面提到的维度中，大的维度、细节维度适合用转化成本或投入产出比来衡量；页面、客服两个相关维度，建议使用转化率指标，转化率高就是水平高，有助于把握更多机会，为企业创造更大的价值。

这一节的内容非常重要，希望读者能够多花些时间琢磨清楚，在不同情况下，需要用什么指标进行评估。例如一款手游，刚上线时比较在乎激活量的增长，那么在考核过程中就重点用激活成本进行评估。再如一家电商平台发展了一定年头，比较看重销售额的增长，那么在考核过程中就重点使用投入产出比进行评估。

7.1.3　数据分析方法

关于数据分析方法，我们首先关注获取数据的方法，其次关注处理数据的方法。

获取数据的方法，对于传统企业，涉及线下转化，一般是对广告的 URL 设置唯一标识，从而追踪后续线下转化行为，将广告投入和转化关联起来评估；对于营销流程基本在线上的行业，例如电商、游戏、社交软件等，一般是设置转化目标进行追踪，常用的是页面转化目标和事件转化目标，设置后可以自动得到相关数据。

处理数据的方法，传统行业（教育、医疗、装修等）更多的是做表，会熟练运用 Excel 就行，常用的功能或公式有：数据透视表、选择性粘贴、VLOOKUP 列查询、COUNTIF 条件计数等；新兴行业（电商、游戏、社交软件等）处理数据一般自动化实现，由于数据基本都是线上数据，通过转化目标或一些 API 接口，可以较为轻松地实现数据统计及处理的自动化。

下面是渠道、计划、词和页面等维度的一些示例数据表，请你来判断好坏，并给出该如何调整的建议，尝试能否解决。

表 7.1 展示了渠道表，百度、360、搜狗、神马，哪些渠道效果好？哪些渠道效果差？具体该如何调整？

表 7.1　渠道维度评估数据表效果图

渠　　道	展现/次	点击/次	广告费/元	转化量/个	转化成本/元
百度 PC	531988	11041	182584	308	¥593
百度 YD	724646	12537	113817	271	¥420
360 推广	94523	4402	45112	93	¥485
搜狗 PC	4638	796	23690	63	¥376
搜狗 YD	4374	685	17973	35	¥514
神马推广	53741	2965	9026	49	¥184
合计	1413910	32426	392203	819	¥479

表 7.2 展示了计划表，哪些计划效果好？哪些计划效果差？具体该如何调整？

表 7.2　计划维度评估数据表效果图

百度 PC 计划	展现/次	点击/次	消费/元	转化/个	成本/元
总计	531988	11041	182584	308	¥593
竞-网络营销	34483	652	31145	38	¥820
TYX3-营销-短	28504	680	12820	4	¥3,205
K03-高消耗-（电商）-短	11558	312	8265	29	¥285
KDS2-电商营销-B+网店	18902	436	7791	27	¥289
KDS1-电商营销-A	16019	532	7614	20	¥381
KSMM1-社会化营销-精	11266	508	5949	15	¥397
KWXYX1-微信-短	8989	252	5593	8	¥699
KGJDS2-高级电商-短	41789	566	5450	12	¥454
说明：表格仅呈现部分计划，没有详细呈现所有数据，所以总计值会有偏差					

表 7.3 展示了关键词表，哪些关键词效果好？哪些关键词效果差？具体该如何调整？

表 7.3　关键词维度评估数据表效果图

百度 PC 词	展现/次	点击/次	消费/元	转化/个	成本/元
总计	531988	11041	182584	308	¥593
seo	34201	323	17043	19	¥897
网络营销	14281	366	14084	22	¥640
sem	14725	180	5133	7	¥733
互联网运营	1232	125	3915	2	¥1958
seo 优化	7220	130	3558	3	¥1186
网络推广	3152	96	3456	2	¥3456
新媒体运营	5830	308	3033	7	¥433
网店运营	6771	194	2848	6	¥475
seo 培训	1285	54	2732	5	¥546
说明：表格仅呈现部分关键词，没有详细呈现所有数据，所以总计值会有偏差					

表 7.4 展示了专题页数据表，哪些页面效果好？哪些页面效果差？具体该如何调整？

表 7.4　页面维度评估数据表效果图

着陆页面	接待量/个	转化量/个	转化率
http://bj.so.tedu.cn/xm/gjds/	252	202	80.16%
http://bj.so.tedu.cn/m/	187	153	81.82%
http://bj.so.tedu.cn/xzt/gjds/	154	136	88.31%
http://bj.so.tedu.cn/xzt/wlyx/	161	123	76.40%
http://bj.so.tedu.cn/yx/	118	97	82.20%
http://bj.so.tedu.cn/xzt/dnpp/	115	87	75.65%
http://bj.so.tedu.cn/xzt/mtyx/	80	68	85.00%
http://bj.so.tedu.cn/xzt/seo/	52	44	84.62%
http://bj.so.tedu.cn/xzt/sem/	47	40	85.11%
http://bj.so.tedu.cn/xzt/ds/	33	29	87.88%

这几个问题应该不算太难，相信读者朋友们会有清晰的判断。总体而言，就是好的地方多投入，差的地方少投入。所以成本低的计划和词加大投入，成本高的计划和词减少投入；转化率高的页面多接待流量，转化率低的页面少接待流量。

7.2　SEM 数据获取

数据获取是数据分析的前提，本节主要介绍 SEM 中常用的两种数据获取方法：URL

唯一标识设置和转化目标设置。

URL 唯一标识设置，主要适用于传统行业，一般都有客服咨询、邀约面谈的过程，涉及大量线下数据；转化目标设置，主要适用于线上平台企业，例如电商、游戏、社交软件等，其行为主要发生在线上。

7.2.1 URL 标记

URL 标记，就是通过对访问 URL 进行特定标记，从而实现对流量来源进行区分，例如：www.sohu.com/?from=bdtg.pc，很明显，这个加了标记的 URL 告诉我们，这个流量来自百度推广的 PC 端。标记如果不好理解的话，可以试试分别访问下面三个网址。

注意："?"是英文模式下的，中文输入法的问号会导致错误链接，"&"代表连接符，前后连接了 2 个值。

- www.sohu.com
- www.sohu.com?from=123
- www.sohu.com?from=123&kw=456

如果我们将流量的更多细节，添加在访问 URL 里，就可以非常清晰地观察广告效果。一般竞价里标记的信息主要有：渠道、设备、计划和关键词，常见的标记方法主要有两种。

1. 自定义 URL

格式：www.a.com/zt/?from=bdtg.pc.a1.20180516.0001

解释：落地页网址?来源=渠道.设备端.计划序号.填词时间.词的序号。

具体设置过程，先将账户结构导出到 Excel，表结构主要有：计划-单元-关键词-匹配-出价-访问 URL-移动访问 URL。再通过自定义的方式将 URL 设置好标记，如表 7.5 所示。

表 7.5 Excel 里 URL 标记整理表

推广计划	推广单元	关键词	匹配模式	出价	访问 URL
PC.A1-品牌计划	A1-课程	达内网络营销课程	广泛	<0.01>	www.a.com/?from=bdtg.pc.a1.20180516.0001
PC.A1-品牌计划	A1-课程	达内网络营销 课程	广泛	<0.01>	www.a.com/?from=bdtg.pc.a1.20180516.0002
PC.A1-品牌计划	A1-课程	达内网络营销基础课程	广泛	<0.01>	www.a.com/?from=bdtg.pc.a1.20180516.0003
PC.A1-品牌计划	A1-课程	达内网络营销精品课程	广泛	<0.01>	www.a.com/?from=bdtg.pc.a1.20180516.0004
PC.A1-品牌计划	A1-课程	达内网络营销师课程	广泛	<0.01>	www.a.com/?from=bdtg.pc.a1.20180516.0005
PC.A1-品牌计划	A1-课程	达内网络营销培训课程	广泛	<0.01>	www.a.com/?from=bdtg.pc.a1.20180516.0006
PC.A1-品牌计划	A1-课程	达内网络营销师课程	广泛	<0.01>	www.a.com/?from=bdtg.pc.a1.20180516.0007

续表

推广计划	推广单元	关键词	匹配模式	出价	访问 URL
PC.A1-品牌计划	A1-课程	达内网络营销实训课程	广泛	<0.01>	www.a.com/?from=bdtg.pc.a1.20180516.0008
PC.A1-品牌计划	A1-课程	达内网络营销实战课程	广泛	<0.01>	www.a.com/?from=bdtg.pc.a1.20180516.0009
PC.A1-品牌计划	A1-课程	达内实战网络营销课程	广泛	<0.01>	www.a.com/?from=bdtg.pc.a1.20180516.0010

然后通过客户端（下载地址为：editor.baidu.com）的关键词批量添加功能导入客户端，导入的入口为：客户端-关键词-批量添加-右侧选项，如图 7.2 所示。

图 7.2　Excel 标记导入客户端效果图

2．工具生成 URL（拼音或编码）

格式：www.a.com/zt/?from=bdtg.pc.a1.20180516&kw=%E9%AB%98%E7%BA%A7

解释：落地页网址?来源=渠道.设备端.计划序号.填词时间&关键词=字符串编码

关于具体设置，百度推广客户端里自带设置追踪 URL 的功能，像图 7.3 那样设置即可，一般关键词拼音或关键词名选一个就行。

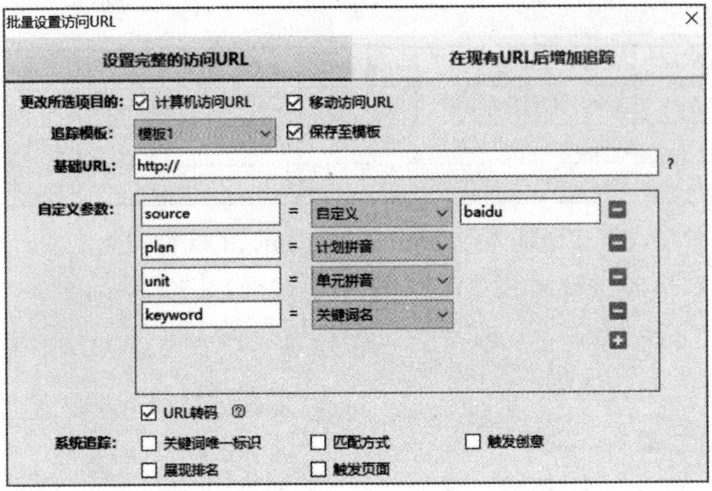

图 7.3　百度推广客户端追踪 URL 设置效果图

7.2.2　页面与事件转化目标

转化目标需要单独定义，例如注册、下载、留言、加入购物车、生成订单、付款等动作都可以算，访客在网站或 APP 里完成了某项我们期望的动作，就是一次转化。

通过在统计工具后台设置转化目标（主要分为页面转化和事件转化），我们就可以轻松实现数据的自动统计，这主要适用于线上平台企业，例如电商、游戏、社交软件等，其行为主要发生在线上。

1．页面转化设置

页面转化通过对 URL 的访问来体现，以访客到达特定页面计为一次转化。根据网站类型及推广阶段，可以设置不同的目标页面。例如：

- 如果网站是为了实现在线销售，那么订单提交成功页面或付款成功页面均可设置为目标页面。
- 如果网站是为了帮助初期宣传，那么产品或服务的介绍页面或意见反馈页面均可设置为目标页面。
- 如果网站是为了提升客户黏度，那么会员注册页面可设置为目标页面。

只有在合理设置了目标页面的情况下，百度统计才可以获取目标页面到达数据，从而帮助有效衡量网站质量与推广效果。在设置时，在统计工具后台，将特定的 URL 定义出来即可，如图 7.4 所示。

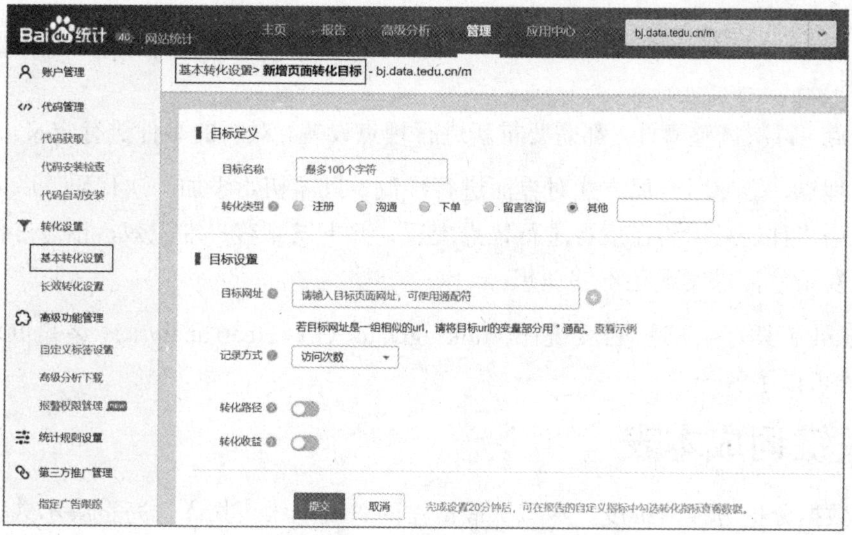

图 7.4　百度统计页面转化目标设置效果图

2．事件转化设置

事件转化，是对网页或 APP 内部某个可以点击的交互元素进行统计，访客触发特定的按钮计为一次转化，例如：下载按钮、提交按钮、视频播放按钮等。设置上，在统计工具后台，将特定的按钮定义出来即可，如图 7.5 所示。

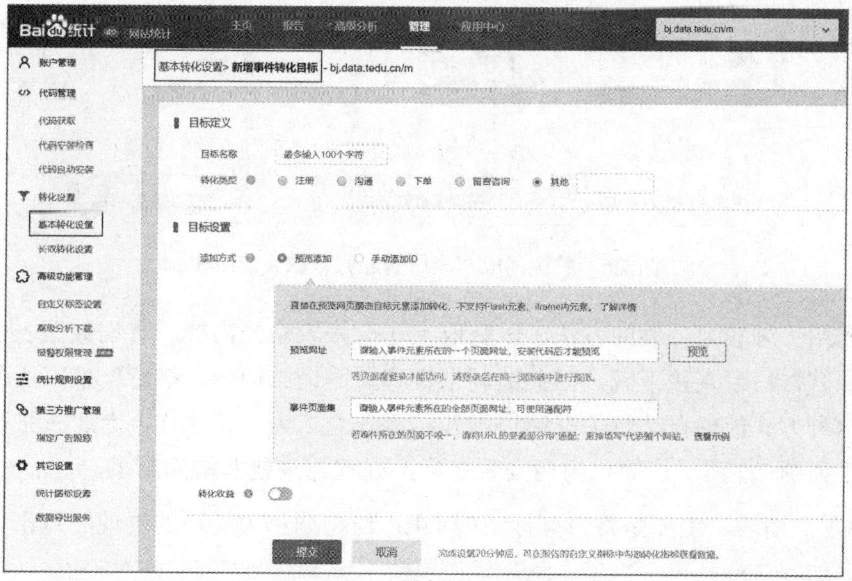

图 7.5　百度统计事件转化目标设置效果图

事件转化比页面转化复杂，主要是因为事件经常会调整，目前技术上主要有两种方法：埋点和无埋点。

- 埋点，每次调整事件，都需要重新进行埋点设置，对新的事件进行定义，相对麻烦。
- 无埋点，是使用全局方式对界面进行控制，只需初始添加一次代码，后期如果需要新增事件，只需要在后台进行锚点配置，并下发到客户端生效，相对方便，但功能上复杂，需求实现还不够理想。

相关统计工具有：友盟、百度统计、TalkingData、GA、Heap analytics、诸葛 IO、Mixpanel 等，有兴趣可以了解一下。

7.3 关键词成本表

SEM 数据分析有很多维度，本节从最常见的关键词维度切入，完整演示关键词成本表的制作过程。

7.3.1 数据来源

制作关键词成本表之前，我们需要先将三张数据表下载好，分别是关键词报告、关键词结构和咨询数据表，如图 7.6 所示，用这三张表可以计算关键词转化成本。

图 7.6　关键词成本表所需三张数据表演示图

这里介绍一种较为巧妙的方法，以获取上述三张表格的内容。咨询数据表正常情况下可以在客服软件后台直接下载，但关键词报告和关键词结构表，在百度推广后台数据报表里下载，这种方式能够自动将关键词报告和结构表合二为一。这样，上述三张表就简化为两张表了，如图 7.7 所示。简化为两张表之后，处理起来就非常简单了。

结构+展点消表，主要是将带有标记的 URL 结构列和关键词的展现、点击、消费列汇总在一起，如图 7.8 所示。

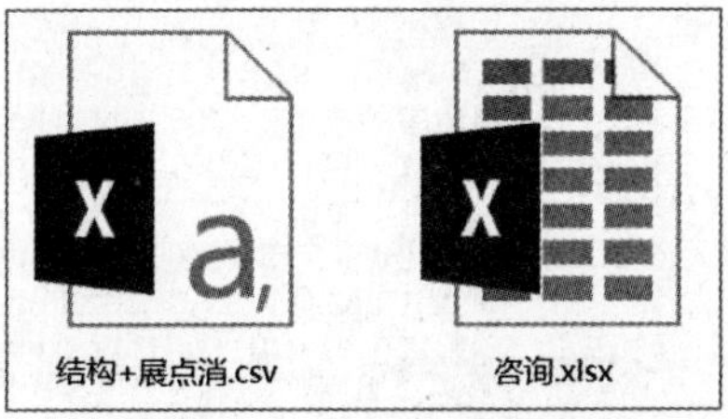

图 7.7　关键词成本表所需两张数据表演示图

推广计划名称	推广单元名称	关键词名称	访问URL	移动访问URL	消费	点击	展现
D04-SAS重点i	数据分析-分析	数据分析师	http://bj.c	http://bj.data	27881	1299	38478
T00-大数据(高	大数据	大数据	http://bj.c	http://bj.data	25874	1322	51155
MT00-大数据(	大数据	大数据	http://bj.c	http://bj.data	8752	387	9744
D04-SAS重点i	大数据-分析师	数据分析师1	http://bj.c	http://bj.data	8008	217	2713
D04-SAS重点i	数据挖掘-1	数据挖掘	http://bj.c	http://bj.data	6929	416	41524
T00-大数据(高	大数据培训	大数据培训	http://bj.c	http://bj.data	6793	159	2094
D04-SAS重点i	大数据-分析培	数据分析培i	http://bj.c	http://bj.data	6517	189	3011
D04-SAS重点i	大数据-分析师	数据分析师	http://bj.c	http://bj.data	6161	522	24554
T01-大数据核	培训机构-大数	大数据培训机	http://bj.c	http://bj.data	5120	95	1079
T05-Hadoop	名词-hadoop	hadoop	http://bj.c	http://bj.data	4866	288	29196
T01-大数据核	学习-大数据	大数据学习	http://bj.c	http://bj.data	3667	109	1252
D04-SAS重点i	数据分析-班	数据分析培i	http://bj.c	http://bj.data	3452	93	1249
T05-Hadoop	路线-hadoop	hadoop学习	http://bj.c	http://bj.data	3287	235	2027
MT00-大数据(	大数据培训	大数据培训	http://bj.c	http://bj.data	2483	147	4559

图 7.8　结构+展点消表演示图

咨询表，主要是将咨询量的着陆页面来源 URL 进行详细记录，如图 7.9 所示。

客户名称	工号	条数	IP地址	着陆页面
9.30SB12符	王铭2	6	北京市[电信]	http://bj.data.tedu.cn/m/?bjdatasmtg=D04=1704130053
9.30SB12符	王铭2	7	北京市[电信]	http://bj.data.tedu.cn/m/?bjdatasmtg=D04=1704130053
9.30SB10某	倪梦2	24	北京市[联通]	http://bj.data.tedu.cn/zt/sas/?bjdatabdyd=MT02=1708157217
9.30SC0陈	倪梦2	15	河北省保定市	http://bj.data.tedu.cn/yjs/?bjdatabdtg=T01=1708153569
重9.30SB0庞	王铭2	6	北京市[联通]	http://bj.data.tedu.cn/m/?bjdatasogoutg=A2=170426372
重9.30SB12	张珊02	16	北京市[教育信	http://bj.data.tedu.cn/yjs/?bjdata360tg=D11=1708161909
重9.30SB12	张珊1	9	北京市(中关村	http://bj.data.tedu.cn/yjs/?bjdatabdtg=T03=1708152185
9.30SC12张	张珊02	37	河北省石家庄	http://bj.data.tedu.cn/
9.30SC6王	刘晓红	17	河北省石家庄	http://bj.data.tedu.cn/m/?bjdatabdyd=MT02=1708156803
重9.30SB12	张珊1	28	河北省廊坊市	http://bj.data.tedu.cn/yjs/?bjdatabdtg=T00=1708154059
9.30SB14李	张珊02	21	北京市[联通]	http://bj.data.tedu.cn/zt/sas/?bjdatabdtg=D04=170606062
9.30SB14李	张珊1	24	北京市[联通]	http://bj.data.tedu.cn/zt/sas/?bjdatabdyd=T08=1708150090
9.30SB12李	张珊02	26	北京市[联通]	http://bj.data.tedu.cn/yjs/?bjdatabdtg=T01=1708153964
9.30SB14刘	张珊02	27	北京市[联通]	http://bj.data.tedu.cn/zt/sas/?bjdatabdtg=T02=1708152635
9.30SB12崔	张珊02	20	北京市[联通]	http://bj.data.tedu.cn/yjs/?bjdatabdtg=T00=1708154059
9.29SB0孙	李小咪	51	河北省唐山市	http://bj.data.tedu.cn/zt/sas/?bjdatabdyd=D04=170606062

图 7.9　咨询表演示图

7.3.2　处理数据

为了后续处理数据表方便，先将三张表汇总到一个文件中，并做好相应的命名，这是非常好的做表习惯，如图 7.10 所示。

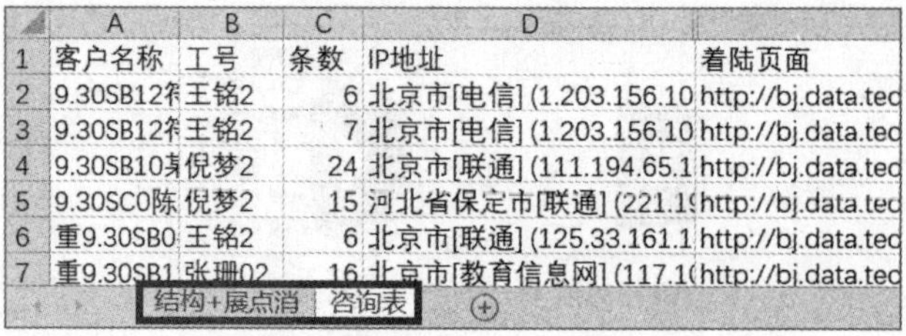

图 7.10　数据表汇总及命名演示图

接下来对咨询表进行去重操作，在数据的删除重复项功能里，按客户名称和 IP 地址两个条件进行去重，如图 7.11 所示。

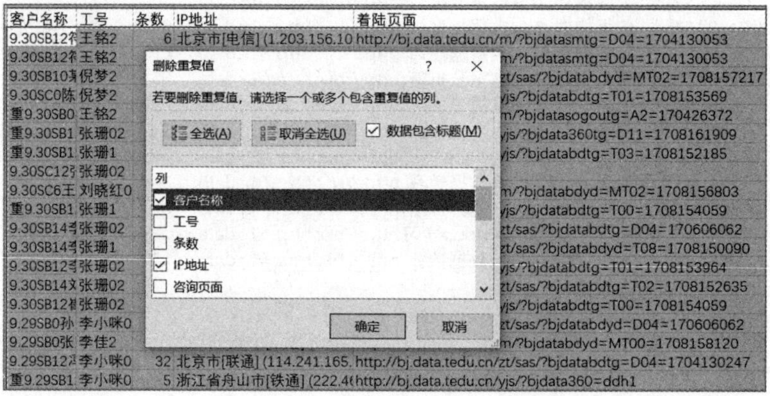

图 7.11　咨询数据去重演示图

然后通过 COUNTIF 条件计数公式，在咨询表的 URL 里查询结构表中相应 URL 出现的次数，进而得到转化数据，最终计算出转化成本，如图 7.12 所示。

图 7.12　关键词成本表效果图

到这里，通过几个简单步骤，我们就顺利地完成了关键词成本表的制作，后续优化时只需对成本低的词适当加大投入，对成本高的词适当减少投入，整体投放效果就会向好的方向发展。

稍微扩展一下，即可得到关键词的成本表，其实计划的成本表也就得到了，只需要将关键词成本表数据，用数据透视表再汇总处理一下，如图 7.13 所示。

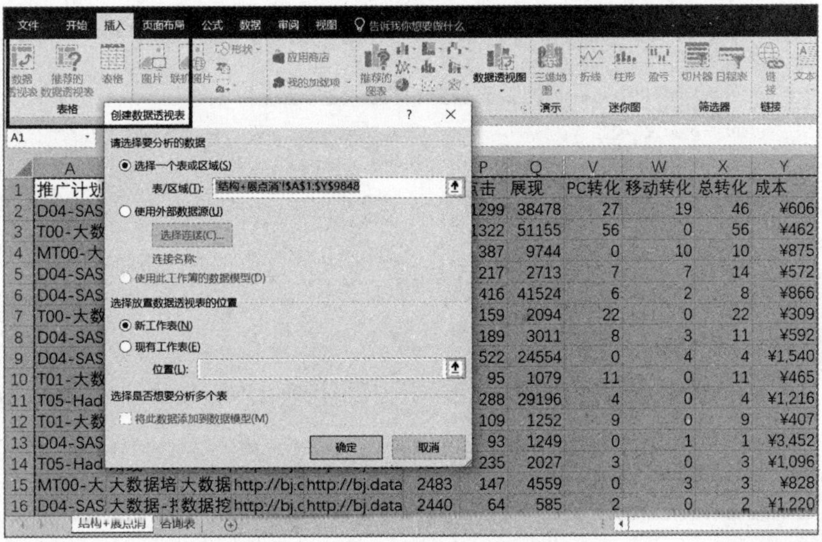

图 7.13　数据透视表操作按钮演示图

选择推广计划为行标签，展现、点击、消费、转化等为数值项，用求和公式进行汇总即可，如图 7.14 所示。

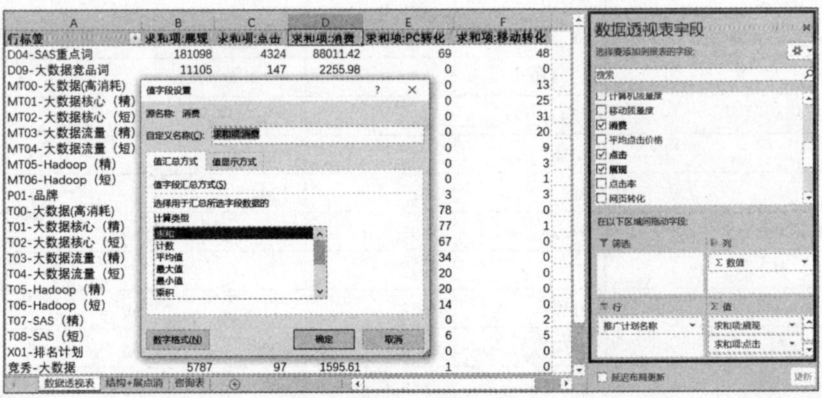

图 7.14　数据透视表具体设置演示图

数据透视表完成之后，由于受到透视表功能的限制，很多操作并不方便，所以建议将其复制并用“选择性粘贴”功能粘贴出来，如图 7.15 所示。

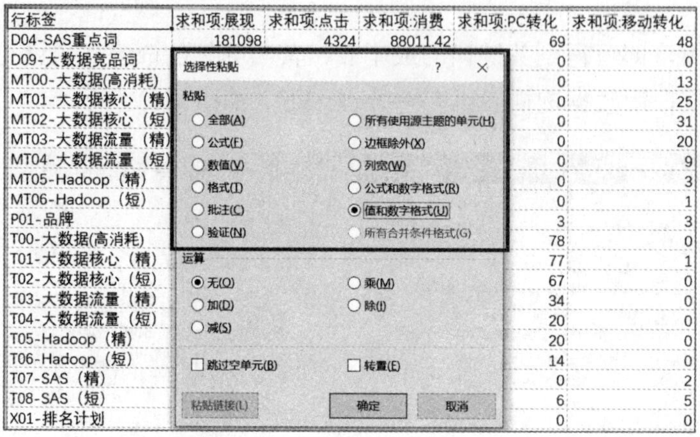

图 7.15 “选择性粘贴”演示图

将选择性粘贴后的数据简单编辑一下，就得到计划成本表效果表，如表 7.6 所示。

表 7.6 推广计划成本表效果表

推广计划	展现/次	点击/次	消费/元	转化/个	成本/元
总计	1371005	24812	307061	587	¥523
D04-SAS 重点词	181098	4324	88011	124	¥710
D09-大数据竞品词	11105	147	2256	0	--
MT00-大数据（高消耗）	14311	536	11314	15	¥754
MT01-大数据核心（精）	31106	948	16870	26	¥649
MT02-大数据核心（短）	96416	1827	17654	31	¥569
MT03-大数据流量（精）	65738	2156	9738	21	¥464
MT04-大数据流量（短）	137479	2187	5519	11	¥502
MT05-Hadoop（精）	25471	311	2514	3	¥838
MT06-Hadoop（短）	9078	178	838	1	¥838
P01-品牌	957	93	1594	7	¥228
T00-大数据（高消耗）	53338	1495	33472	87	¥385
T01-大数据核心（精）	42668	1292	39919	82	¥487
T02-大数据核心（短）	97807	1658	21550	69	¥312
T03-大数据流量（精）	143071	2378	19403	35	¥554
T04-大数据流量（短）	252969	2669	10716	22	¥487
T05-Hadoop（精）	55441	1067	13759	20	¥688

续表

推广计划	展现/次	点击/次	消费/元	转化/个	成本/元
T06-Hadoop（短）	53924	863	6172	17	¥363
T07-SAS（精）	684	17	236	3	¥79
T08-SAS（短）	92557	569	3931	12	¥328
X01-排名计划	0	0	0	0	--
竞秀-大数据	5787	97	1596	1	¥1,596

到这里，在关键词成本表的基础上，通过几个简单步骤，就顺利地完成了推广计划成本表的制作，后续优化只需对成本低的计划适当加大投入，对成本高的计划适当减少投入，整体投放效果就会向好的方向发展。

关键词成本表、计划成本表，是 SEM 数据分析里最简单的操作，希望大家熟练掌握。

7.4　信息流广告创意成本表

信息流广告的数据分析有很多维度，本节以最常见的广告创意维度切入，完整演示信息流广告创意成本表的制作过程。

7.4.1　数据来源

在制作信息流广告成本表之前，首先需要将数据表下载好，这里以百度信息流广告为例，分别是广告创意报告和咨询数据报告。广告创意报告在百度推广后台下载；咨询数据报告在客服软件后台直接下载。

广告创意报告主要记录广告创意的 URL 数据及消费数据，如图 7.16 所示。

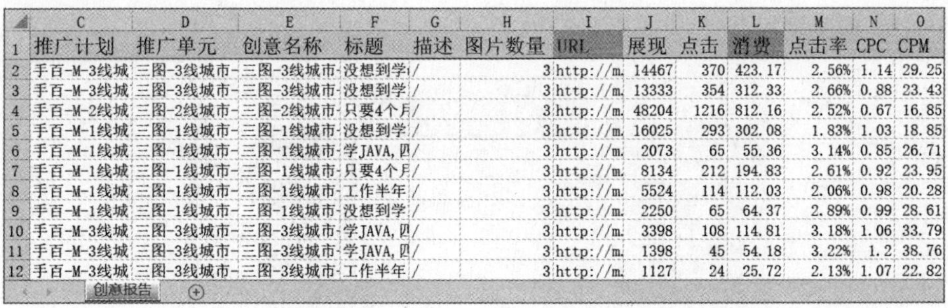

	C	D	E	F	G	H	I	J	K	L	M	N	O
1	推广计划	推广单元	创意名称	标题	描述	图片数量	URL	展现	点击	消费	点击率	CPC	CPM
2	手百-M-3线城	三图-3线城市-	三图-3线城市-	没想到学	/	3	http://m.	14467	370	423.17	2.56%	1.14	29.25
3	手百-M-3线城	三图-3线城市-	三图-3线城市-	没想到学	/	3	http://m.	13333	354	312.33	2.66%	0.88	23.43
4	手百-M-2线城	三图-2线城市-	三图-2线城市-	只要4个月	/	3	http://m.	48204	1216	812.16	2.52%	0.67	16.85
5	手百-M-1线城	三图-1线城市-	三图-1线城市-	没想到学	/	3	http://m.	16025	293	302.08	1.83%	1.03	18.85
6	手百-M-1线城	三图-1线城市-	三图-1线城市-	学JAVA,四	/	3	http://m.	2073	65	55.36	3.14%	0.85	26.71
7	手百-M-1线城	三图-1线城市-	三图-1线城市-	只要4个月	/	3	http://m.	8134	212	194.83	2.61%	0.92	23.95
8	手百-M-1线城	三图-1线城市-	三图-1线城市-	工作半年	/	3	http://m.	5524	114	112.03	2.06%	0.98	20.28
9	手百-M-1线城	三图-1线城市-	三图-1线城市-	没想到学	/	3	http://m.	2250	65	64.37	2.89%	0.99	28.61
10	手百-M-3线城	三图-3线城市-	三图-3线城市-	学JAVA,四	/	3	http://m.	3398	108	114.81	3.18%	1.06	33.79
11	手百-M-3线城	三图-3线城市-	三图-3线城市-	学JAVA,四	/	3	http://m.	1398	45	54.18	3.22%	1.2	38.76
12	手百-M-3线城	三图-3线城市-	三图-3线城市-	工作半年	/	3	http://m.	1127	24	25.72	2.13%	1.07	22.82

创意报告

图 7.16　百度信息流广告创意数据示意图

咨询数据报告主要记录咨询量的来源着陆页面数据，如图 7.17 所示。

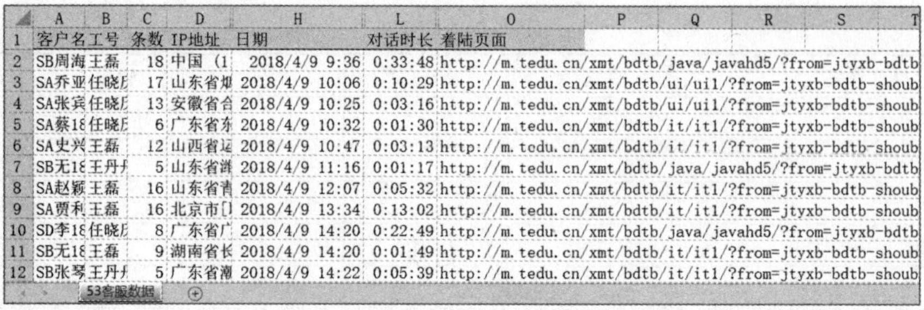

图 7.17　客服咨询数据报告演示图

7.4.2　处理数据

为了后续处理报表方便，先将数据汇总到一个文件中，并做好相应的命名，建议大家养成这样的好习惯，如图 7.18 所示。

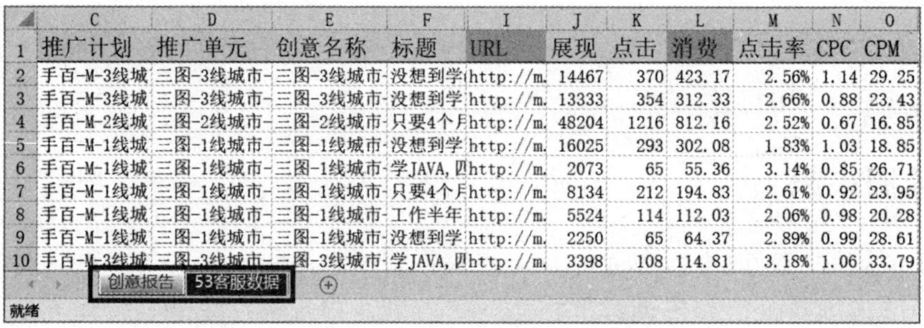

图 7.18　创意报告及咨询报告汇总演示图

接下来对客服咨询表进行去重操作，在数据的删除重复项功能里，按客户名称和 IP 地址两个条件去重，如图 7.19 所示。

图 7.19　53 客服咨询数据去重演示图

然后通过 COUNTIF 条件计数公式，在咨询数据表的 URL 里查询创意报告表中相应 URL 出现的次数，进而得到转化数据，最终计算出转化成本，如图 7.20 所示。

P2　=COUNTIF('53数据'!O:O,创意报告!I2)

	C	D	E	F	I	J	K	L	M	P	Q
1	推广计划	推广单元	创意名称	标题	URL	展现	点击	消费	点击率	转化	成本
2	手百-M-3线	三图-3线城	三图-3线城	没想到	http:/	14467	370	423.17	2.56%	5	¥84.63
3	手百-M-3线	三图-3线城	三图-3线城	没想到	http:/	13333	354	312.33	2.66%	5	¥62.47
4	手百-M-2线	三图-2线城	三图-2线城	只要4	http:/	48204	1216	812.16	2.52%	4	¥203.04
5	手百-M-1线	三图-1线城	三图-1线城	没想到	http:/	16025	293	302.08	1.83%	3	¥100.69
6	手百-M-1线	三图-1线城	三图-1线城	学JAVA	http:/	2073	65	55.36	3.14%	2	¥27.68
7	手百-M-1线	三图-1线城	三图-1线城	只要4	http:/	8134	212	194.83	2.61%	1	¥194.83
8	手百-M-1线	三图-1线城	三图-1线城	工作半	http:/	5524	114	112.03	2.06%	1	¥112.03
9	手百-M-1线	三图-1线城	三图-1线城	没想到	http:/	2250	65	64.37	2.89%	1	¥64.37
10	手百-M-3线	三图-3线城	三图-3线城	学JAVA	http:/	3398	108	114.81	3.18%	1	¥114.81
11	手百-M-3线	三图-3线城	三图-3线城	学JAVA	http:/	1398	45	54.18	3.22%	1	¥54.18
12	手百-M-3线	三图-3线城	三图-3线城	工作半	http:/	1127	24	25.72	2.13%	1	¥25.72

创意报告　53数据

图 7.20　信息流广告创意成本表效果图

到这里，我们就顺利地完成了信息流广告创意成本表的制作，后续优化时只需对成本低的广告适当加大投入，对成本高的广告适当减少投入，整体效果就会向好的方向发展。

7.5　多维度数据分析

SEM 数据分析有很多维度，前两节重点从关键词和广告创意维度进行了讲解，本节以渠道及设备维度、推广时段维度、页面与客服维度切入，演示 SEM 数据分析的操作过程。

7.5.1　渠道及设备端

本节从渠道及设备维度切入，完整演示评估表的制作过程，主要分为三步：下载数据报表、汇总并整理数据、关联消费和转化算成本。

1．下载数据报表

要制作设备及渠道评估表，首先需要将三类数据表下载好，分别是消费报告、URL 结构表、咨询数据表。消费报告，在推广后台数据报表里下载；URL 结构，在客户端后台导出关键词 Excel 表；咨询数据表，在客服软件后台直接下载，如图 7.21 所示。

2．汇总并整理数据

为了后续处理方便，我们先将所有数据表汇总到一个 Excel 文件里并处理整齐，如图 7.22 所示。

图 7.21　多渠道数据表准备示意图

	A	B	C	D	E
1	访问URL	计划	单元	关键词	来源
2	http://bj	★K02-高消	网络营销	网络营销	百度PC
3	http://bj	T01-通用词	职业-培训	教育培训	百度PC
4	http://bj	★K01-高消	SEO	seo	百度PC
5	http://bj	TWLYX3_网络	培训-核-	网络营销	百度PC
6	http://bj	竞-网络营销	网络营销	网络营销	百度PC

结构 | 百度PC | 百度YD | 360 | 搜狗PC | 搜狗YD | 神马 | 总咨询 | 总转化

图 7.22　多渠道数据表汇总示意图

在对话表里筛选出转化表（客户名称标记包含 S，每家公司都有自己的标记习惯），通过着陆页面 URL，到结构表里用 VLOOKUP 公式，识别转化量的来源，如图 7.23 所示。

	A	O	P	Q	R	S
1	客户名称	着陆页面	计划	单元	关键词	来源
2	3.31SA10张	http://bj.	P12—品牌	>A01_★达	达内培训	搜狗PC
3	重3.31SB10	http://bj.	竞-网络营	网络营销	网络营销	百度PC
4	3.31SA刘璐	http://bj.	#N/A	#N/A	#N/A	#N/A
5	重3.31SB10	http://bj.	★W02_（	网络营销	网络营销	360PC
6	重3.31SB10	http://bj.	#N/A	#N/A	#N/A	#N/A
7	3.31SC10某	http://bj.	★W01_多	J01-新媒	新媒体营	360PC
8	3.31SD10张	http://bj.	#N/A	#N/A	#N/A	#N/A
9	3.20SB1熊	http://bj.	P12—品牌	>G01_北京	北京达内	搜狗PC
10	重3.31SB10	http://bj.	KSMM3_社	课程-新媒	新媒体 课	百度PC

结构 | 百度PC | 百度YD | 360 | 搜狗PC | 搜狗YD | 神马 | 总咨询 | 总转化

图 7.23　客户咨询来源识别示意图

将各个渠道区分 PC 端及移动设备端，汇总展现、点击、消费数据，整理如表 7.7 所示。

表 7.7　渠道展现点击消费汇总示意表

渠道	展现/次	点击/次	消费/元	转化/个	成本/元
百度 PC	531988	11041	182584		
百度移动	724641	12537	113817		
360PC	94523	4402	45112		
搜狗 PC	4638	796	23690		
搜狗移动	4374	685	17973		
神马	53739	2965	9026		
合计	1413903	32426	392201		

3. 关联消费和转化算成本

用 COUNTIF 公式，从整理好的转化表中调取转化量，并计算出转化成本，如图 7.24 所示。

E2　=COUNTIF(转化!S:S,渠道及设备!A2)

	A	B	C	D	E	F
1	渠道	展现	点击	消费	转化	成本
2	百度PC	531988	11041	182584.07	308	¥593
3	百度移动	724641	12537	113816.86	263	¥433
4	360PC	94523	4402	45111.96	98	¥460
5	搜狗PC	4638	796	23690.21	63	¥376
6	搜狗移动	4374	685	17973.38	35	¥514
7	神马	53739	2965	9026.08	49	¥184
8	合计	1413903	32426	392202.56	816	¥481

图 7.24　渠道成本表效果图

到这里，我们就顺利地通过三个步骤，完成了渠道及设备评估表的制作，后续优化一目了然，对转化成本低的渠道加大投放，对转化成本高的渠道减少投放，不出意外整体效果就会向好的方向发展。本例的分析只是考虑到有效咨询量，更合理的统计可以再进一步，将最终订单量的转化成本也计算出来，这样评估渠道及设备将会更准确。

7.5.2　推广时段

本节以容易忽视的时段维度切入，完整演示时段成本表的制作过程，步骤主要分为四步：下载时段数据报表、汇总并整理数据、识别转化时段、关联时段消费与转化计算成本。

1. 下载时段数据报表

在制作时段成本表之前，首先需要将两张数据表下载好，分别是时段消费报告和咨询数据表。这里以百度数据为代表，时段消费报告，在百度统计后台的趋势分析里下载；咨询数据表，在客服软件后台直接下载。

百度时段消费报告主要记录各个时段的广告消费数据，如图 7.25 所示。

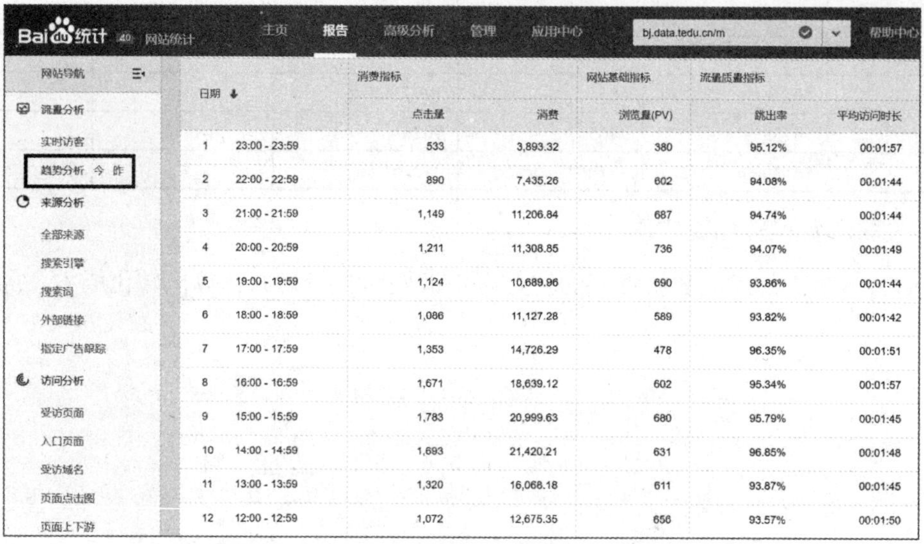

日期		消费指标 点击量	消费	网站基础指标 浏览量(PV)	流量质量指标 跳出率	平均访问时长
1	23:00 - 23:59	533	3,893.32	380	95.12%	00:01:57
2	22:00 - 22:59	890	7,435.26	602	94.08%	00:01:44
3	21:00 - 21:59	1,149	11,206.84	687	94.74%	00:01:44
4	20:00 - 20:59	1,211	11,308.85	736	94.07%	00:01:49
5	19:00 - 19:59	1,124	10,689.96	690	93.86%	00:01:44
6	18:00 - 18:59	1,086	11,127.28	589	93.82%	00:01:42
7	17:00 - 17:59	1,353	14,726.29	478	96.35%	00:01:51
8	16:00 - 16:59	1,671	18,639.12	602	95.34%	00:01:57
9	15:00 - 15:59	1,783	20,999.63	680	95.79%	00:01:45
10	14:00 - 14:59	1,693	21,420.21	631	96.85%	00:01:48
11	13:00 - 13:59	1,320	16,068.18	611	93.87%	00:01:45
12	12:00 - 12:59	1,072	12,675.35	656	93.57%	00:01:50

图 7.25 百度时段消费报告后台下载示意图

百度咨询数据表主要使用其记录客户咨询的时间数据，如图 7.26 所示。

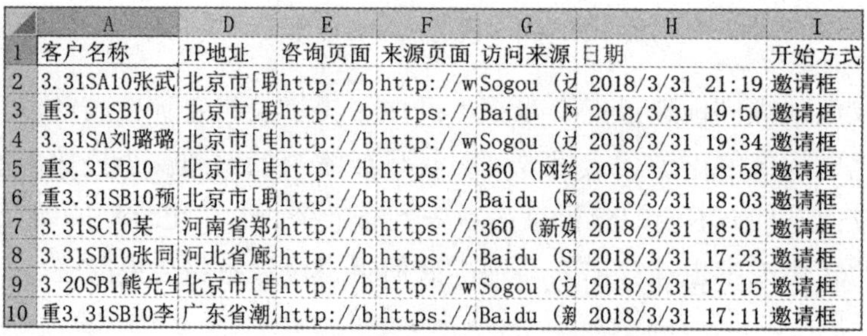

	A	D	E	F	G	H	I
1	客户名称	IP地址	咨询页面	来源页面	访问来源	日期	开始方式
2	3.31SA10张武	北京市[联	http://b	http://w	Sogou（	2018/3/31 21:19	邀请框
3	重3.31SB10	北京市[联	http://b	https://	Baidu（	2018/3/31 19:50	邀请框
4	3.31SA刘璐璐	北京市[电	http://b	http://w	Sogou（	2018/3/31 19:34	邀请框
5	重3.31SB10	北京市[电	http://b	https://	360（网络	2018/3/31 18:58	邀请框
6	重3.31SB10预	北京市[联	http://b	https://	Baidu（	2018/3/31 18:03	邀请框
7	3.31SC10某	河南省郑	http://b	https://	360（新娱	2018/3/31 18:01	邀请框
8	3.31SD10张同	河北省廊	http://b	https://	Baidu（S	2018/3/31 17:23	邀请框
9	3.20SB1熊先生	北京市[电	http://b	http://w	Sogou（	2018/3/31 17:15	邀请框
10	重3.31SB10李	广东省潮	http://b	https://	Baidu（新	2018/3/31 17:11	邀请框

图 7.26 咨询数据示意图

2. 汇总并整理数据

为了后续处理报表方便，先将两张表汇总到一个文件中，并做好相应的命名，然后将时段消费报告整理好。后续只需要搞定时段转化数据，成本表就可以完成，如表 7.8 所示。

表 7.8　百度时段数据整理示意表

百度时段	时段消费/元	时段转化/个	转化成本/元
8 点	4954		--
9 点	20935		--
10 点	24329		--
11 点	24793		--
12 点	15629		--
13 点	21083		--
14 点	25292		--
15 点	25111		--
16 点	26300		--
17 点	20127		--
18 点	15749		--
19 点	13448		--
20 点	14916		--
21 点	15447		--
22 点	16666		--
23 点	11176		--

3. 识别转化时段

将整理好的咨询表，用 HOUR 公式提取日期里的时段数据，如图 7.27 所示。

图 7.27　HOUR 公式提取时段数据示意图

4. 关联时段消费与转化计算成本

用 COUNTIF 公式跨表格，到整理好的咨询表的时段列进行查询，将分时段的转化量关联过来，最后用时段消费除以时段转化，计算出成本，如图 7.28 所示。

	A	B	C	D
1	合计	295955	578	¥512
2	百度时段	时段消费	时段转化	转化成本
3	08:00 - 08:59	4954	=COUNTIF(百度转化!C:C,LEFT(百度时段!A3,2))	¥291
4	09:00 - 09:59	20935	48	¥436
5	10:00 - 10:59	24329	53	¥459
6	11:00 - 11:59	24793	53	¥468
7	12:00 - 12:59	15629	31	¥504
8	13:00 - 13:59	21083	40	¥527
9	14:00 - 14:59	25292	51	¥496
10	15:00 - 15:59	25111	33	¥761
11	16:00 - 16:59	26300	43	¥612
12	17:00 - 17:59	20127	40	¥503
13	18:00 - 18:59	15749	27	¥583
14	19:00 - 19:59	13448	25	¥538
15	20:00 - 20:59	14916	30	¥497
16	21:00 - 21:59	15447	26	¥594
17	22:00 - 22:59	16666	33	¥505
18	23:00 - 23:59	11176	28	¥399

图 7.28　时段转化跨表格调取示意图

最后，将得到的时段数据表进行简单编辑并插入图形，如图 7.29 所示。

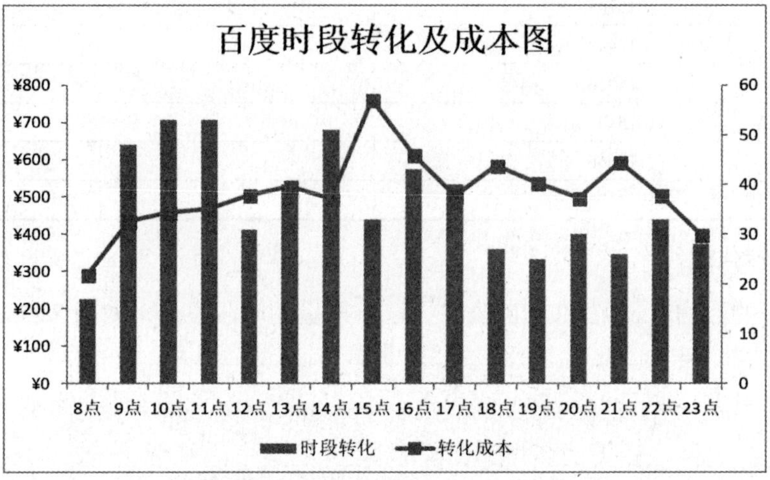

图 7.29　百度渠道时段转化及成本图

到这里，我们就顺利地通过四个步骤，完成了时段成本表的制作，后续优化时只需对成本低的时段适当加大投入，对成本高的时段适当减少投入，时段维度整体投放效果应该就会向好的方向发展。具体分时段调价可以考虑设置时段系数功能，对效果好的时段调高时段出价系数，对效果差的时段调低时段出价系数。

7.5.3　页面维度

本文以页面维度切入，完整演示页面评估表的制作过程，步骤主要分为三步：下载咨询表、整理数据和计算转化率。

1. 下载咨询表

要制作页面评估表，只需要下载咨询表这一张表，可在客服软件后台直接下载，如图 7.30 所示。

	A	B	C	D	E	F	G	P
1	客户名称	工号	条数	IP地址	咨询页面	来源页面	访问来源	着陆页面
2	3.31SA10	李楠楠1	22	北京市	http://b	http://w	Sogou（这	http://b
3	重3.31SB	李楠楠2	10	北京市	http://b	https://	Baidu（网	http://b
4	3.31SA刘	李楠楠2	4	北京市	http://b	http://w	Sogou（这	http://b
5	重3.31SB	李楠楠2	14	北京市	http://b	https://	360（网络	http://b
6	重3.31SB	李楠楠2	25	北京市	http://b	https://	Baidu（网	http://b
7	3.31SC10	李楠楠2	15	河南省	http://b	https://	360（新媒	http://b
8	3.31SD10	冉艳杰	38	河北省	http://b	https://	Baidu（S	http://b
9	3.20SB1熊	冉艳杰	17	北京市	http://b	http://w	Sogou（这	http://b
10	重3.31SB	冉艳杰	11	广东省	http://b	https://	Baidu（新	http://b

图 7.30　客服咨询表示意图

2. 整理数据

为了后续处理方便，我们在咨询表里先将转化表筛选出来（本例定义客户名称标记有 S 的量为转化量），并通过客户名称+IP 地址两个条件删除重复项，如图 7.31 所示。

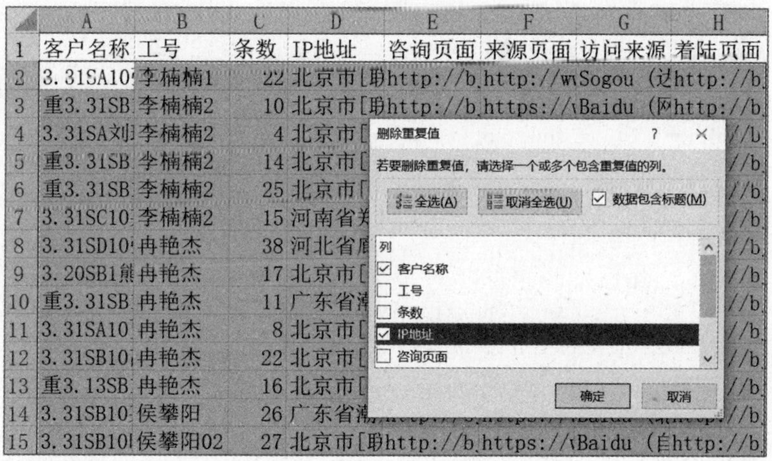

图 7.31　转化表去重整理示意图

然后通过数据分列功能，将着陆页面 URL 中的标记全部去除掉（咨询表和转化表都需要处理干净），以便于稍后做页面接待量的透视汇总以及页面转化量时调用。也可以用替换的方法，替换~?*，将以?开头的标记全部替换为空。

将处理后的咨询表进行数据透视，得到各个页面的接待量，并添加转化量列和转化率列，整理如表 7.9 所示。

表 7.9 页面接待量整理示意表

着陆页面	接待量/个	转化量/个	转化率
http://bj.so.tedu.cn/xm/gjds/	252		
http://bj.so.tedu.cn/m/	187		
http://bj.so.tedu.cn/xzt/gjds/	154		
http://bj.so.tedu.cn/xzt/wlyx/	161		
http://bj.so.tedu.cn/yx/	118		
http://bj.so.tedu.cn/xzt/dnpp/	115		
http://bj.so.tedu.cn/xzt/mtyx/	80		
http://bj.so.tedu.cn/xzt/seo/	52		
http://bj.so.tedu.cn/xzt/sem/	47		
http://bj.so.tedu.cn/xzt/ds/	33		

3. 计算转化率

用 COUNTIF 公式，跨表格到整理好的转化表中调取转化量，并计算出转化率，如图 7.32 所示。

	A	B	C	D
1	着陆页面	接待量	转化量	转化率
2	http://bj.so.tedu.cn/xm/gjds/	252	202	80.16%
3	http://bj.so.tedu.cn/m/	187	153	81.82%
4	http://bj.so.tedu.cn/xzt/gjds/	154	136	88.31%
5	http://bj.so.tedu.cn/xzt/wlyx/	161	123	76.40%
6	http://bj.so.tedu.cn/yx/	=COUNTIF(总转化!O:O,页面!A6)		
7	http://bj.so.tedu.cn/xzt/dnpp/	115	87	75.65%
8	http://bj.so.tedu.cn/xzt/mtyx/	80	68	85.00%
9	http://bj.so.tedu.cn/xzt/seo/	52	44	84.62%
10	http://bj.so.tedu.cn/xzt/sem/	47	40	85.11%
11	http://bj.so.tedu.cn/xzt/ds/	33	29	87.88%

图 7.32 页面转化率表效果图

到这里，我们就顺利地通过三个步骤，完成了页面转化率评估表的制作，后续优化一目了然，对转化率高的页面多投放，对转化率低的页面局部优化或重新策划。局部优化可以通过热图工具（如最近圈内热门的 PTengine）得到一些参考数据，保留用户停留时间长的板块，修改或去除停留时间短的板块。

强调一下，衡量页面好坏的指标是转化率，跟页面好不好看、用户体验好不好没有什么直接关系。好看与否以及用户体验高低很难量化评估，在某种意义上是很虚的概念。

7.5.4　如何分析数据

很多 SEM 人员学会了做表，但他们还不会分析表。本节将较为完整地演示如何分析数据。分析数据主要弄清楚两点：在数据中能否观察到什么情况，以及对这些情况是否有什么建议。

接下来我们以教育培训行业某项目为例，主要选择以下几个维度来看：渠道/设备、时段、计划、关键词、页面，逻辑上由大到小，由近及远。

渠道/设备维度，如表 7.10 所示，我们已经提供了渠道及设备维度成本表。

表 7.10　渠道及设备维度成本表

渠　道	展现/次	点击/次	消费/元	转化/个	成本/元
百度 PC	531988	11041	182584	582	¥314
百度移动	724641	12537	113817	484	¥235
360PC	94523	4402	45112	184	¥245
搜狗 PC	4638	796	23690	126	¥188
搜狗移动	4374	685	17973	70	¥257
神马	53739	2965	9026	92	¥98
合计	1413903	32426	392203	1538	¥255
设备	展现	点击	消费	转化	成本
PC	631149	16239	251386	892	¥282
移动	782754	16187	140816	892	¥218
合计	1413903	32426	392203	1538	¥255

分析并不难，先观察情况，再给出建议。

情况：百度渠道是核心；百度 PC 成本较高、搜狗 PC 和神马成本较低；PC 端总体成本高于移动端。

建议：工作重心放在百度渠道，持续进行优化；将百度 PC 预算适当转移给搜狗 PC 和神马渠道；整体加大移动端推广。

时段维度，如图 7.33 所示，已经提供了时段转化及成本图。

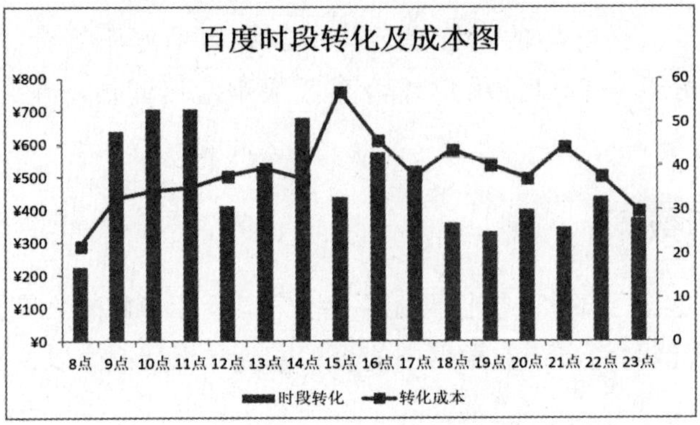

图 7.33　时段转化及成本图

同样，在分析时，我们先观察情况，再给出建议。

情况：整体可以分为三段（上午到中午、下午到傍晚、晚上），其中上午到中午量大且成本低；下午到傍晚量少且成本高；晚上量下降但成本较低。

建议：预算整体倾向于上午到中午，其次是晚上，下午到傍晚时段适当控制投放。

计划维度，如表 7.11 所示，已经提供计划成本表。

表 7.11　百度 PC 计划成本表

百度 PC 计划	展现/次	点击/次	消费/元	转化/个	成本/元
总计	531988	11041	182584	308	¥593
竞-网络营销	34483	652	31145	38	¥820
TYX3-营销-短	28504	680	12820	4	¥3,205
K03-高消耗-（电商）-短	11558	312	8265	29	¥285
KDS2-电商营销-B+网店	18902	436	7791	27	¥289
KDS1-电商营销-A	16019	532	7614	20	¥381
KSMM1-社会化营销-精	11266	508	5949	15	¥397
KWXYX1-微信-短	8989	252	5593	8	¥699
KGJDS2-高级电商-短	41789	566	5450	12	¥454
说明：表格仅呈现部分计划，没有详细呈现所有数据，所以总计值会有偏差					

分析时，我们先观察情况，再给出建议。

情况：以消费最高的几个计划来看，有些成本较低，有些成本适中，有些成本较高。

建议：降低高成本计划的预算，转移给成本较低的计划及成本适中的计划。

关键词维度，如表 7.12 所示，已经提供关键词成本表。

表 7.12　百度 PC 关键词成本表

百度 PC 词	展现/次	点击/次	消费/元	转化/个	成本/元
总计	531988	11041	182584	308	¥593
seo	34201	323	17043	19	¥897
网络营销	14281	366	14084	22	¥640
sem	14725	180	5133	7	¥733
互联网运营	1232	125	3915	2	¥1958
seo 优化	7220	130	3558	3	¥1186
网络推广	3152	96	3456	2	¥3456
新媒体运营	5830	308	3033	7	¥433
网店运营	6771	194	2848	6	¥475
seo 培训	1285	54	2732	5	¥546
说明：表格仅呈现部分关键词，没有详细呈现所有数据，所以总计值会有偏差					

分析时，我们先观察情况，再给出建议。

情况：以消费最高的几个关键词来看，有些成本较低，有些成本适中，有些成本较高。（跟计划的情况类似）。

建议：对成本高的关键词降低出价或收缩匹配方式，对成本较低的关键词适当加价或放宽匹配方式，并进行相关词拓展。

专题页面维度，如表 7.13 所示，已经提供专题页面转化率表。

表 7.13　专题页面转化率表

着陆页面	接待量/个	转化量/个	转化率
http://bj.so.tedu.cn/xm/gjds/	252	202	80.16%
http://bj.so.tedu.cn/m/	187	153	81.82%
http://bj.so.tedu.cn/xzt/gjds/	154	136	88.31%
http://bj.so.tedu.cn/xzt/wlyx/	161	123	76.40%
http://bj.so.tedu.cn/yx/	118	97	82.20%
http://bj.so.tedu.cn/xzt/dnpp/	115	87	75.65%
http://bj.so.tedu.cn/xzt/mtyx/	80	68	85.00%
http://bj.so.tedu.cn/xzt/seo/	52	44	84.62%
http://bj.so.tedu.cn/xzt/sem/	47	40	85.11%
http://bj.so.tedu.cn/xzt/ds/	33	29	87.88%

分析时，我们先观察情况，再给出建议。

情况：页面转化率比较均匀，但 wlyx、dnpp 页面转化率稍微低一点，不到 80%。

建议：对 wlyx、dnpp 两个专题做局部调整或重新策划这两个专题，完成后再投放进行页面测试。

维度已经分析完，我们总结一下，并尝试给出预期效果。观察到的一些情况：

- 百度渠道是核心；百度 PC 成本较高、搜狗 PC 和神马成本较低；PC 端总体成本高于移动端。
- 整体可以分为三段（上午到中午、下午到傍晚、晚上），其中上午到中午量大且成本低；下午到傍晚量少且成本高；晚上量下降但成本较低。
- 以消费最高的几个计划来看，有些成本较低，有些成本适中，有些成本较高。
- 以消费最高的几个关键词来看，有些成本较低，有些成本适中，有些成本较高。
- 页面转化率比较均匀，但 wlyx、dnpp 页面转化率稍低，不到 80%。

对应给出的一些建议：

- 工作重心放在百度渠道，持续进行优化；将百度 PC 预算适当转移给搜狗 PC 和神马渠道；整体加大移动端推广。
- 预算整体倾向于上午到中午，其次是晚上，下午到傍晚时段适当控制投放。
- 降低高成本计划的预算，转移给成本较低的计划及成本适中的计划。
- 成本高的关键词降低出价或收缩匹配方式，成本较低的关键词适当加价或放宽匹配方式，并进行相关词拓展。
- 对 wlyx、dnpp 两个专题做局部调整或重新策划这两个专题，完成后再投放，进行页面测试。

大致给出的预期效果：

- 渠道/设备、时段、计划/关键词的调整 1 天内可以完成，预计次日可以看到效果上的明显变化（出于观察各个维度的调整是否确实产生影响，也可以分 3 次进行调整），预期在 20%左右的提升。
- 专题页面的调整需要按月甚至季度来规划，一版大专题整体预计需要 2 周时间，并且投放测试效果未必一定超过之前的效果，所以需要多次进行局部优化或重新策划新版，wlyx 和 dnpp 两个专题的优化预计需要 1～3 月，这两个页面大致是 1/6 的接待量，对整体贡献有限，期望 2 个页面的优化，效果提升在 10%以上。
- 总体期望通过 3 个月的时间，整体效果较之前提升 30%左右；后续优化继续将重心放在转化承接上，努力做到行业更高水平。

7.6　设计 SEM 日报表

数据分析工作离不开日常的数据统计，日报表是一项基本的工作内容，本节内容主要介绍如何设计 SEM 日报表。

7.6.1　关键指标

要设计日报表，首先需要熟悉业务，一般情况下，就是将公司的营销漏斗梳理清楚，如图 7.34 所示。

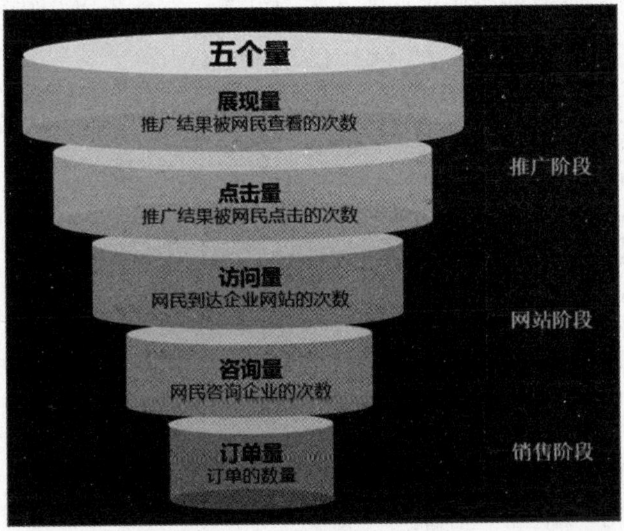

图 7.34　营销漏斗模型图

这是一个最简单的漏斗，在实际工作中需要根据公司业务流程进行具体拆解，例如以传统行业的营销漏斗为例，拆解为：展现-点击-接入-对话-线索-邀约-来访-成交。

- 展现：广告被网民看到的次数；
- 点击：广告被网民点击的次数；
- 接入：接入客服软件的次数；
- 对话：接入客服软件后，开口说话的数量；
- 线索：对话过程中，留下有效联系方式（电话、微信、QQ 等）的数量；
- 邀约：同意来访的数量；

- 来访：真实来访的数量；
- 成交：完成最终转化的数量。

当我们梳理清楚公司的业务流程后，接下来就需要将分散在各个后台或人工统计的数据进行汇总统计，便于查看各项数据，这也是设计日报表的目的。

7.6.2 报表制作

营销漏斗梳理清楚之后，日报表的制作就很简单了，一般建议将表格设计为纵向统计，每天填写一列即可，这样看起来比横向统计更为舒服，如表 7.14 所示。

表 7.14 网络统计日报表

项目名称	日　期	总计	1月1日	1月2日	1月3日	1月4日	1月5日	1月6日	1月7日
渠道 1	消费	0							
	展现	0							
	点击	0							
渠道 2	消费	0							
	展现	0							
	点击	0							
合计	消费	0	0	0	0	0	0	0	0
	展现	0	0	0	0	0	0	0	0
	点击	0	0	0	0	0	0	0	0
	接入	0							
	对话	0							
	线索	0							
	邀约	0							
	来访	0							
	成交	0							
评估	点击率	--	--	--	--	--	--	--	--
	接入率	--	--	--	--	--	--	--	--
	对话率	--	--	--	--	--	--	--	--
	线索率	--	--	--	--	--	--	--	--
	点击成本	--	--	--	--	--	--	--	--
	线索成本	--	--	--	--	--	--	--	--

报表制作的几个点需要特别注意一下。

- 渠道只需要统计展现、点击、消费即可，不用将后续的咨询转化细分，因为这只是日报表，不是数据分析，如果分渠道统计咨询转化等数据，将会非常烦琐。

- 除了营销漏斗之外，我们再引入一些评估指标，××率和成本等，这些都是通过公式自动计算的，并不会增加填写日报表的工作量。
- 点击率=点击量/展现量×100%
- 接入率=接入量/点击量×100%
- 对话率=对话量/接入量×100%
- 线索率=线索量/对话量×100%
- 邀约率=邀约量/线索量×100%
- 来访率=来访量/邀约量×100%
- 成交率=成交量/来访量×100%
- 点击成本=广告消费/点击量
- 线索成本=广告消费/线索量
- 周六日数据一般会有波动，建议设计为红色字，起到提示作用。
- 左侧增加一个当月汇总，便于了解本月的广告消耗和任务完成进度情况。

数据分析工作对于 SEM 十分重要，能够帮助我们快速定位问题所在，从而对症下药解决问题，希望各位读者能够掌握数据分析的典型方法，根据需要进行各类数据分析。

第 8 章

专题页策划

SEM 高手的精力不是放在基础操作上，而是放在最核心的营销转化上。SEM 的营销转化最重要的部分就是专题页，所以当你的精力慢慢转移到专题页上的时候，你就已经走在成为高手的路上了。

8.1 如何搞定专题页策划

本节主要介绍专题页的重要性，以及专题页策划的 4 个步骤。

8.1.1 专题页的重要性

SEM 主要包含账户操作、数据分析、效果优化，其关系结构图如图 8.1 所示。其中，账户操作是最基础的内容；数据分析，外行听起来感觉高大上，其实是 SEM 里最简单的事情，因为新手经过 3～5 天的培训和实践，可以做得跟老手一模一样，只是速度慢一点而已；效果优化做三件事，首先是账户的基础调整，包括账户结构、创意、细节的调整设置等账户操作；其次是基于数据分析的调整，就是将分析的结论进行运用，将钱花在更高效的地方；最后就是营销策划的尝试，其中重点就是专题页策划。

梳理上面提到的内容后，我们会发现，真正决定企业之间 SEM 差异的，不是账户操作，也不是数据分析，而是效果优化里的专题页策划。但是令人遗憾的是，很多 SEM 人员居然从未开展过专题页策划，依然在账户和数据里勤奋工作着。

所以我经常说，要想成为 SEM 高手，请把更多的精力放在专题页策划上。

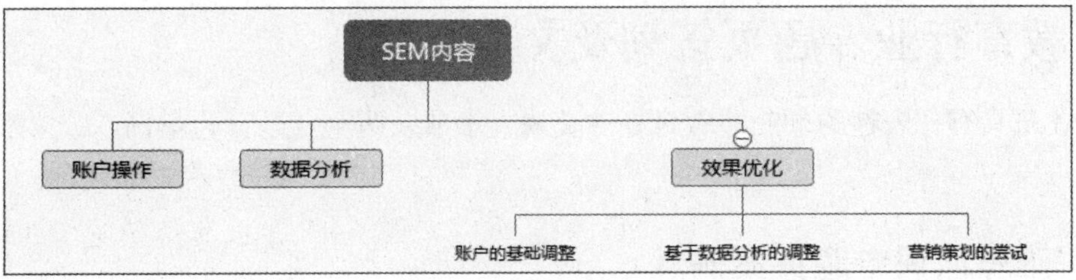

图 8.1　SEM 重点内容

8.1.2　四步搞定专题页

专题策划是有章法可循的，并非凭空拍脑门，这里介绍一个“四步法”，供大家参考，如图 8.2 所示。

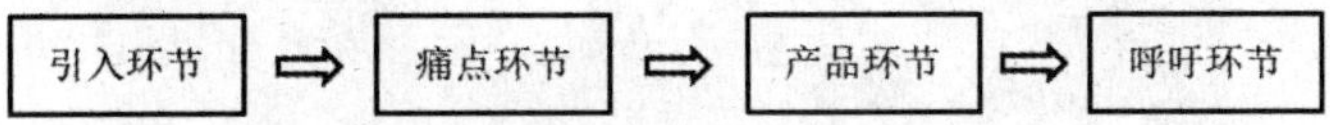

图 8.2　四步搞定专题页

引入环节：在页面第一屏，首先抓住浏览者的眼球，如果内容相对复杂，可以在第二屏继续，总体来说先将浏览者稳住，让他继续看后续内容。

痛点环节：卖产品如果直接说产品，一般而言就太突兀了，所以需要挖掘一下，受众是需要刺激的，不然也许他不够痛，从而就会轻易离开，痛点如果实在不好写，改为将卖点介绍一下也可以。

关于痛点的小故事：有个老人坐在公园凳子上，边上趴着一条狗，隔一会儿总会痛苦地叫两声，一个年轻人路过休息，忍不住问老人，为什么这狗总叫？老人说，因为狗趴在了碎石头上，不太舒服。年轻人就问，那为什么狗不挪一下位置？老人回答说，因为碎石头不够尖，还不够痛。

产品环节：前面的铺垫，主要就是为了引出产品，满足客户的需求，解决其痛点，这个环节一般篇幅较大，会从各个角度隆重介绍产品。

呼吁环节：也是常说的 CTA（Call To Action），专题页面不是让人看着玩的，而是有目的的，最后一定会再次重点声明，呼吁浏览者完成某个动作，例如点击咨询、拨打电话、关注扫码、填写表单等。

以上操作简单清晰，就是简单的：引入→痛点或卖点→产品详情→呼吁行动。

8.2 教育行业专题页策划及文案案例

SEM 最具有代表性的行业非教育行业莫属，本节以两个专题页为案例，带大家一起学习一下。

8.2.1 雅思培训专题页案例

雅思培训专题页案例如下。

1．引入

第一屏是引入环节，先吸引住浏览者，如图 8.3 所示。

图 8.3　雅思培训专题页首屏示意图

文案：北京××教育，专注雅思提分 18 年，每年 10 万学员的选择，让你听说读写无短板！

2．痛点或卖点

接下来点出痛点，其实这也是这家雅思培训学校的卖点，如图 8.4 所示。

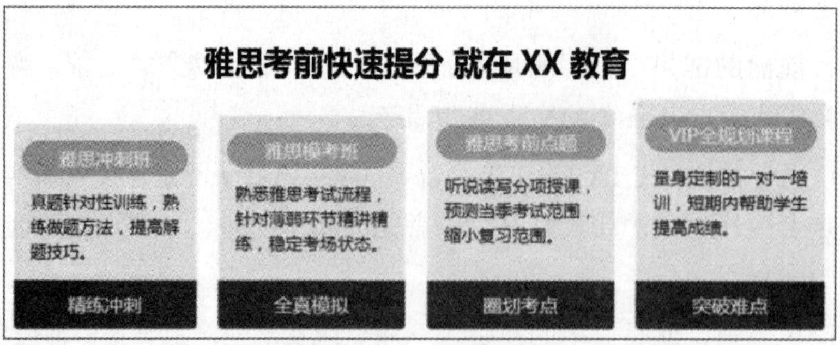

图 8.4　雅思培训专题页痛点及特点示意图

文案：雅思考前快速提分就在××教育。

- 精练冲刺，真题针对性训练，熟练做题方法，提高解题技巧。
- 全真模拟，熟悉雅思考试流程，针对薄弱环节精讲精练，稳定考场状态。
- 圈划考点，听说读写分项授课，预测当季考试范围，缩小复习范围。
- 突破难点，量身定制的一对一培训，短期内帮助学生提高成绩。

3．产品详情

解决痛点，详细介绍产品，这里只截取了少量图片示意，重点还是策划及文案部分，如图 8.5 所示。

图 8.5　雅思培训专题页服务介绍示意图

文案：英澳留学直通车，直通名校，至尊服务。

- 小班授课，科学高效，照顾个体。
- 超长课时，讲练结合，当天消化。
- 作业精批，英语实力，稳步提升。
- 封闭环境，安全舒适，专注学习。

文案：VIP 一对一、您的专属提分课程。

VIP 一对一课程具有短期迅速提分的特点，让无数学员成功考出理想分数。根据学员实际水平及目标成绩，由××教育教学专家进行学习规划，灵活安排课程时间及学习进度，提高学习效率。全部授课过程采用“多对一”模式，即由多位老师分项授课，并进行各项技能的专项训练。全程由专业课程顾问跟踪辅导，配合课后综合评估体系帮学员扫清知识盲点，巩固课堂知识，提升应试能力。

安全舒适的学习环境，如图 8.6 所示。

文案：走读住宿随意挑选、整洁舒适、保障安全、交通便捷

图 8.6　雅思培训专题页环境介绍示意图

4．呼吁行动

通过不断地展现实力，期望访客点击咨询，整个页面也可以多次设计咨询按钮，如图 8.7 所示。

图 8.7　雅思培训专题页收尾示意图

文案：18 年雅思培训，2000 万学员选择，90%学员选择北京××教育，剑桥大学授权真题。

每年培训人数达到 100,000 人次以上，已经帮助数以万计的学员成功实现了留学梦想。

8.2.2　IT 培训专题页案例

IT 培训专题页案例如下。

1．引入

第一屏是引入环节，先吸引住浏览者，如图 8.8 所示。

图 8.8　IT 培训专题页首屏示意图

文案：软件工程师分为两种，普通软件工程师和产品经理型软件工程师，我们培训的是后者。

2．痛点或卖点

接下来点出痛点，其实也是产品的卖点，如图 8.9 所示。

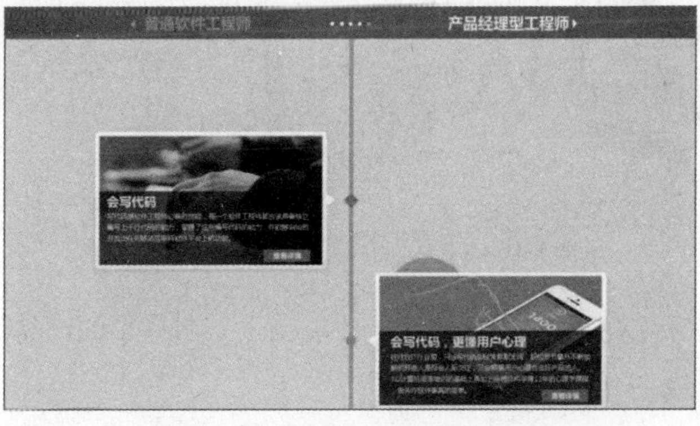

图 8.9　IT 培训专题页痛点示意图

普通软件工程师：

- 会写代码。
- 会搭架构。
- 带项目。
- 被重视。
- 常加薪。

产品经理型工程师：

- 会写代码，更懂用户心理。
- 会搭架构更会设计产品。
- 带项目更懂团队管理。
- 被重视更能被珍视。
- 常加薪且每每薪水翻倍。

3. 产品详情

痛点之后是产品详情介绍部分，如图 8.10 所示。

图 8.10　IT 培训专题页产品介绍示意图

文案：只有站在科技与人文的交汇处，才能诞生一名真正的产品经理型工程师。

- 2012 年初，这一切终于发生了！
- 打造了只有我们才能做到的产品经理型工程师课程

- 终于，我们培养的产品经理型工程师，创造了足迹踏遍互联网行业的就业成绩
- 所以，2680 家互联网企业先后找到我们提出用人需求，我们每天不仅接到学员的报名电话，平均一周还接到 84 家企业用工需求

4．呼吁行动

最后是呼吁行动，需要浏览者不仅是被触动，还得有实际行动，如图 8.11 所示。

图 8.11　IT 培训专题页促销示意图

文案：我们制定了一个疯狂的价格，它拥有能够让你走向产品经理工程师岗位的全部内容，但它不需要耗费你过多的金钱，五一节期间仅有 20 个名额。

全部课程：3980 元。

IT 培训专题页收尾示意图，如图 8.12 所示。

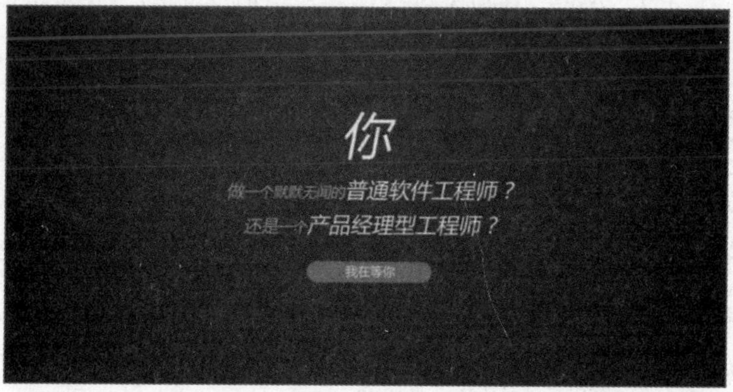

图 8.12　IT 培训专题页收尾示意图

你，做一个默默无闻的普通软件工程师？还是一个产品经理型工程师？我在等你。

整体逻辑再重复一遍：引入-痛点/卖点-产品详情-呼吁行动。

8.3 医疗行业专题页策划及文案案例

医疗行业是百度 SEM 收入的主要来源，本节通过一个祛斑专题页案例，详细讲解专题策划的四个步骤。

8.3.1 引入

第一屏是引入环节，先吸引住浏览者，如图 8.13 所示。

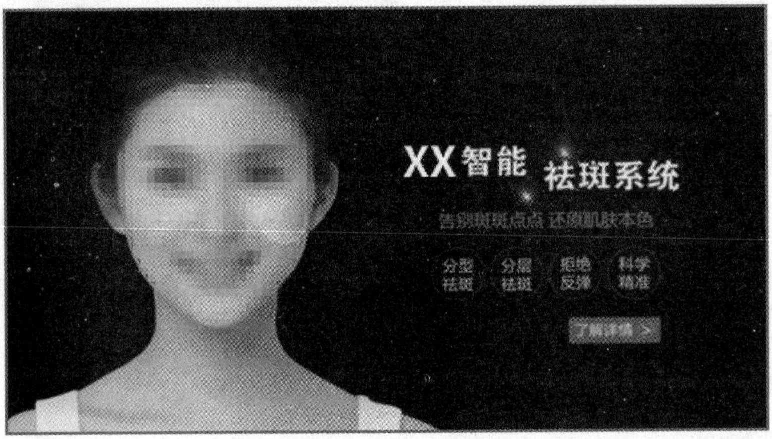

图 8.13 祛斑专题页首屏示意图

文案：××智能祛斑系统，告别斑斑点点，还原肌肤本色。分型祛斑、分层祛斑、拒绝反弹、科学精准。

8.3.2 痛点或卖点

接下来点出痛点，激发需求，如图 8.14 所示。

文案：长斑给你带来了哪些困扰？

- 内心极度自卑、旅游都是拍风景、婚姻失去宠爱、事业很难突破、交际常被冷落、发自拍必修图、男神不愿接近、每天早起化妆。
- 传统落后的祛斑方法你还在用吗？难怪你的斑还在。

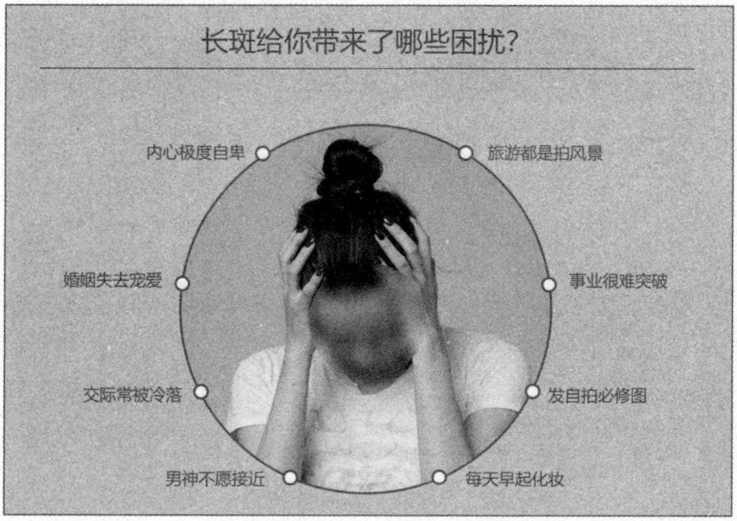

图 8.14　祛斑专题页痛点示意图

- 祛斑霜：几乎无明显效果用再多也治不了本，错过最佳祛斑时期。
- 美容院祛斑：多用化学剥离方式焕肤等方式肌肤损伤大，易毁容。
- 普通激光祛斑：多是击碎皮肤表层色斑，治疗时间长，效果甚微容易留疤、反黑。
- 咨询科学祛斑法。

8.3.3　产品详情

解决痛点，详细介绍产品，我只截取了少量图片示意，如图 8.15 所示，重点还是策划及文案部分。

文案：××智能祛斑系统，分型分层、科学精准、拒绝反弹。

- 认清斑种：想要祛斑，先来了解你是什么斑，每个人皮肤状况不一样，所以长斑类型也不一样。智能找准斑种，对症治疗，效率更高。
- 找准斑点：VISIA 皮肤检测，精准定位你的斑在肌肤的哪个层次，科学制定专属你的祛斑套餐，个性治疗。
- 智能祛斑：××智能祛斑系统结合韩式皮肤管理系统，多种高端皮肤美容仪器智能化结合，一站式应对个人特有的肌肤问题，还原肌肤本色。
- 修复肌肤:解决肌肤色斑问题，同时启动肌肤修复机制，促进肌肤胶原蛋白和弹性纤维生长，收缩肌肤毛孔，去除暗沉。

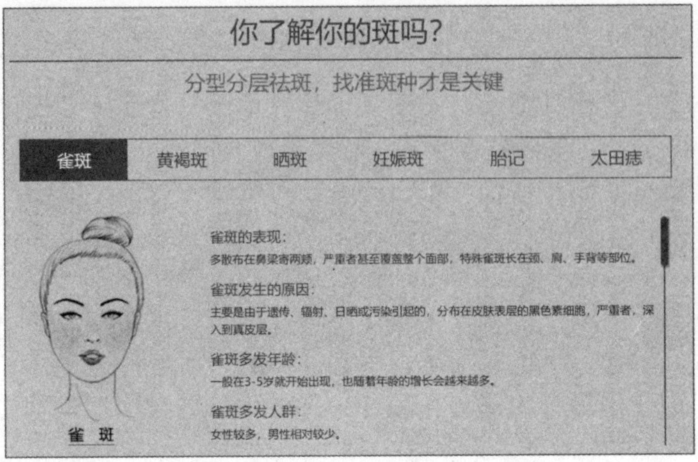

图 8.15　祛斑专题页具体介绍示意图

祛斑产品详情介绍的其他标题文案举例：

- 你了解你的斑吗？
- ××智能祛斑系统推荐。
- 蜂巢皮秒激光为什么这么火？
- ××智能祛斑系统，全新分斑分层治疗理念。
- ××智能祛斑真人案例，轻松下“斑”找回自我。
- ××定制皮肤管理系统。

更多高端美肤技术，如图 8.16 所示。

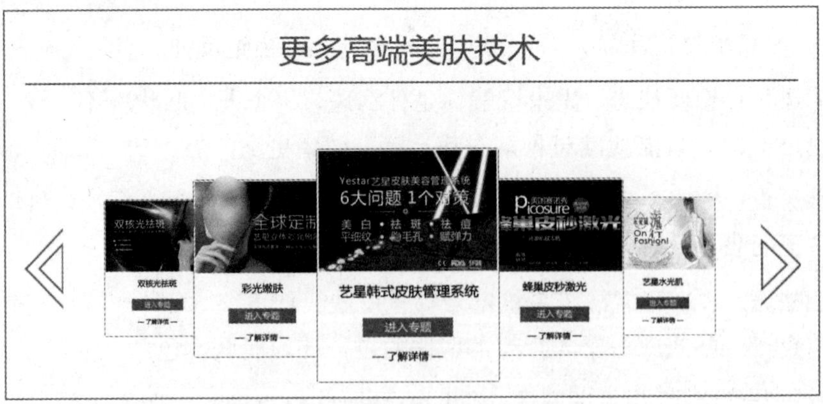

图 8.16　祛斑专题页收尾示意图

文案：双核光祛斑、彩光嫩肤、水光肌、光微 CC 净斑美白

8.3.4　呼吁行动

快速祛斑戳这里、科学祛斑方法咨询、还不知道你是什么斑？赶紧咨询、我的斑好治疗吗、在线咨询体验冰冰同款皮秒激光、哪款仪器适合我、我能达到上面的效果吗、如何加入××皮肤管理中心等。

8.4　装修行业专题页策划及文案案例

装修行业的 SEM 竞争非常激烈，本节用一个家装专题页案例，详细讲解专题策划四个步骤。

8.4.1　引入

第一屏是引入环节，先吸引浏览者，如图 8.17 所示。

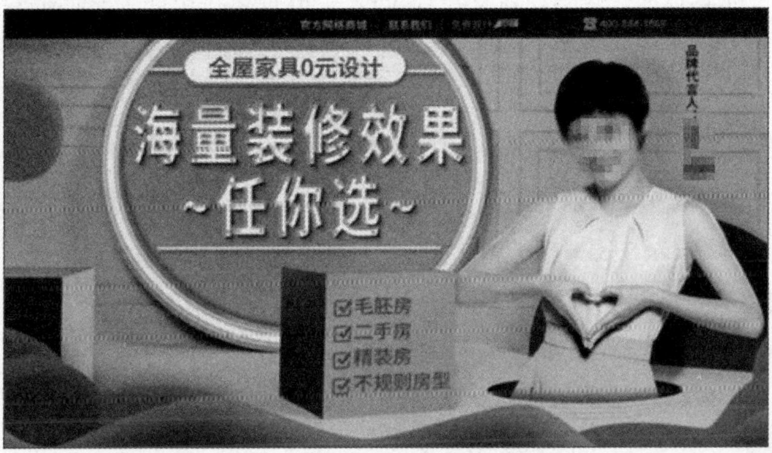

图 8.17　家装专题页首屏示意图

文案：全屋家具 0 元设计，海量装修效果任你选。毛坯房、二手房、精装房、不规则房型。

8.4.2　痛点或卖点

接下来点出痛点，刺激需求，如图 8.18 所示。

图 8.18　家装专题页痛点示意图

文案：大了才够体面，客餐厅这样设计可以大 20 ㎡，在设计上整体扩容，除了美观之外，超强容纳避免东西杂乱无章，空间变大的秘诀在于如何巧妙设计，您想不到的我们都帮您想了。

- 这样设计的厨房，让您从此爱上烹饪。
- 耐脏的台面减少您清洁的时间，分类的大容纳柜子让您告别凌乱，洗手盆防溅水设计，让您感受人性化厨房的舒适。
- 让闺蜜羡慕的卧室设计，您值得拥有。
- 如果女主人很喜欢买买买，那么 5 年后卧室空间将又小又乱，惊喜 0 元设计，巨大收纳，分类不乱，整洁的好卧室给您带来好睡眠。
- 选对设计，相当于多出 4 个房间。
- 空间不大，一套卧室家具，功能岂止一种，它是男主人的书房、女主人的储物室、留宿的客房、宝宝的早教房……

8.4.3　产品详情

解决痛点，详细介绍产品，这里只截取了少量图片示意，重点还是策划及文案部分，如图 8.19 所示。

图 8.19　家装专题页产品介绍图

文案：××定制，一种真正让您省心满意的定制模式，每 15 秒，就有一个家庭选择××，选择××的五大理由，苛选材、大厂硬实力、一对一设计、金保姆服务、行业标杆。

- 理由 1：严苛选材品质高端，从源头呵护您和家人的健康，为了给您一个安心的家，XX 的材料来自包括德国海蒂诗、英国泰特、奥地利百隆等供应商。
- 理由 2：百万平方的制造实力，出口 6 大洲 118 个国家和地区，××拥有近百万平方米的生产基地，4200 多家门店覆盖全球，产品出口 6 大洲 118 个国家和地区。
- 理由 3：专业设计师一对一服务，20000 多名设计师随叫随到，包含意大利名师在内的设计师联盟，为你提供一对一的服务，只要您有想法，我们都能为您实现。
- 理由 4：行业特有“金保姆”服务，1 年 1 次免费厨房清洁保养至诚服务，4200 多家门店、700 多个 4S 客服中心，20000 多名专业设计师，数万名专业安装售后人员为您提供“金保姆”服务。
- 理由 5：典范品牌，行业标杆，专注行业 23 年获 60 余项荣誉及认证，为了给您更好的家具体验，××从不止步，蝉联全国工商联家具装饰业商会会长单位、全国工商联橱柜专业委员会会长单位、中国行业标志性品牌、建设部《住宅厨房》标准编制单元等 60 余项荣誉和认知。

8.4.4　呼吁行动

呼吁行动，整个专题全程贯穿，抽奖、表单、咨询等形式。

装修前免费设计家具，让您提前看到家的样子。

专业量房报价，算算我家全屋定制多少钱。

马上预约、免费量房、免费设计等。

整体逻辑再重复一遍：引入-痛点/卖点-产品详情-呼吁行动。

8.5　专题页原型绘制

专题策划过程中，很多时候一些想法难以表述清楚，所以有经验的策划人会采用画出原型的方式进行呈现，本节就针对 Axure 软件如何绘制原型进行详细介绍。

8.5.1　Axure 原型工具介绍

为什么介绍原型工具呢？因为一般情况下将期望的页面效果口头表述出来很难，所以需要通过一个工具将大致效果画出来。接下来我们重点介绍一款常见的原型工具 Axure，如图 8.20 所示。

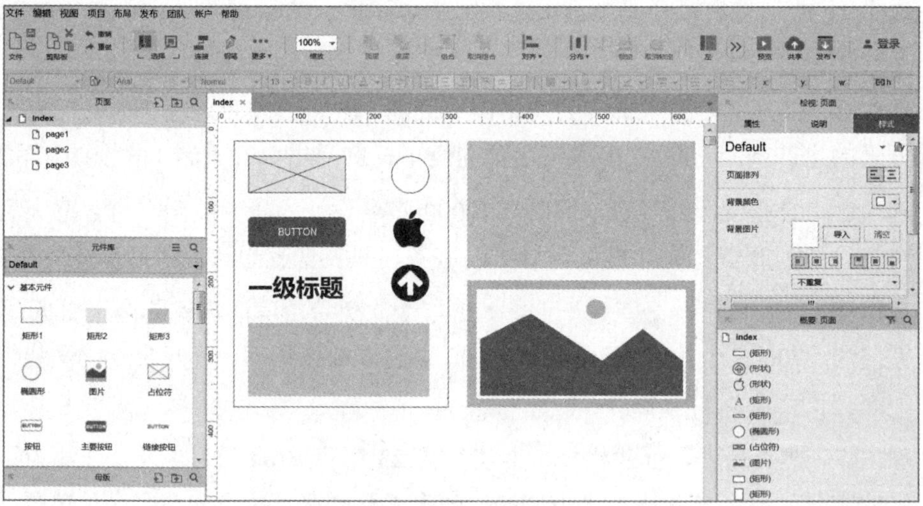

图 8.20　Axure 原型工具界面示意图

我并不打算详细介绍每个按钮，因为当你知道 Axure 这个名字后，只需要将其安装上，基本就能够简单运用了，整个界面设计得非常干净，只需要简单拖曳元件进行编辑，上手速度非常快，而我们要做 SEM 专题页策划，其实也就只需要懂得简单运用 Axure 就足够了。

这里通过两个例子，带大家熟悉这个工具，当你能够完成这两个例子时，SEM 中需要用到的原型绘制就基本都掌握了。

第一个例子是 iPhone 绘制，整个过程非常简单，可以在网上下载一个 iPhone 图片直接导入，也可以用 Axure 逐步绘制，如图 8.21 所示，就是逐步绘制的过程。

图 8.21　Axure 绘制 iPhone 原型示意图

- 先使用两个矩形，外面的矩形设置圆角效果。
- 在上面添加摄像头，在下面添加一个按钮。
- 调整屏幕颜色为黑色或深灰色。
- 添加左右侧按钮，按钮用圆角矩形，放置在底层，侧面露出一些就行。

建议大家下载 Axure，实际动手操作一下，试试将自己的手机绘制出来。

第二个例子相对复杂，我们需要将提供的文案进行排版，如图 8.22 所示。

- 顶部文案：××教育自考成考专家、全国办学资质工商注册许可、211/985 重点名校直接授权。
- 大图标题：一年名校学历/学位速拿。
- 3 个小标题：正规学历学信网可查、2980 元开始考证之旅、0 首付 0 息先学习后付款。

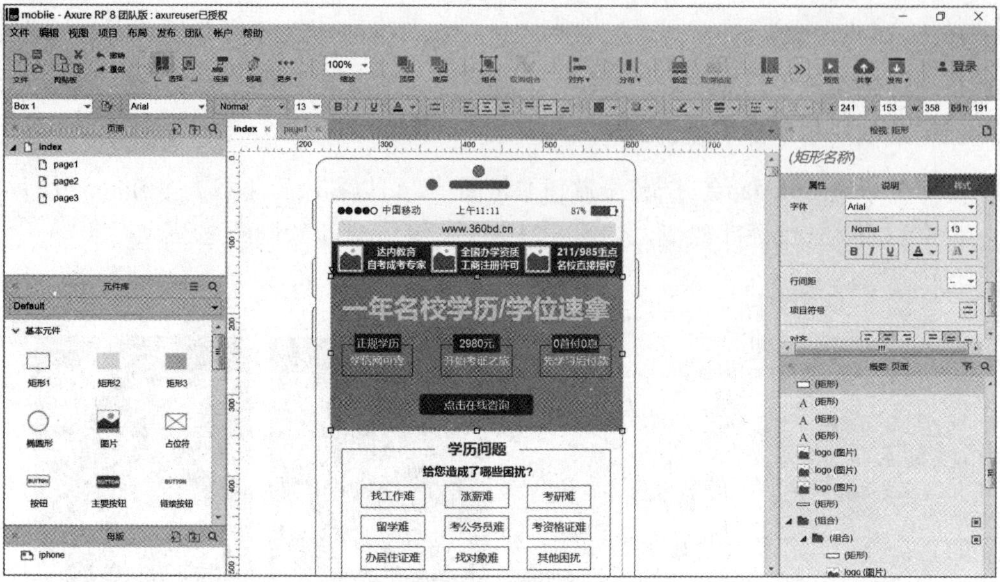

图 8.22　Axure 绘制学历专题页原型图

- 按钮文案：点击在线咨询。
- 学历问题，给您造成了哪些困扰？找工作难、涨薪难、考研难、留学难、考公务员难、考资格证难、办居住证难、找对象难、其他困扰，那您该考个学历了。

做这个原型绘制的过程中，需要编辑的地方稍微有些多，左侧、右侧以及顶部都需要进行相应编辑，主要是位置、大小、背景、边框、字号大小、字颜色等，整体排版尝试处理得好看些，适当有些留白。绘制好之后，考虑到方便传阅，可以将文件导出为图片格式。

8.5.2　Axure 原型图完整案例

接下来展示两个完整的原型图，供大家进一步理解。强调一下，原型图其实更多的是排版的过程，将之前策划的内容及具体文案，绘制出来而已，其实并没有涉及 Photoshop，代码部分就更没有涉及了，SEM 只需要负责到原型图就足够了，后续的效果图及代码部分是由负责设计和前端的同事完成的。

Java 软件工程师培训专题页原型图，如图 8.23～图 8.32 所示。

图 8.23　Java 软件工程师专题页原型首屏示意图

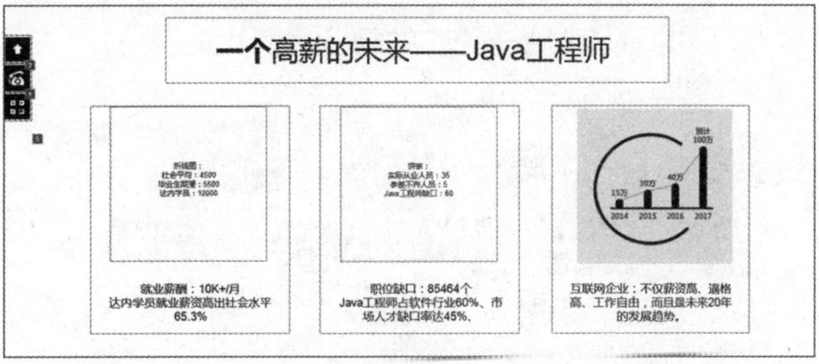

图 8.24　Java 软件工程师专题页原型第二版块示意图

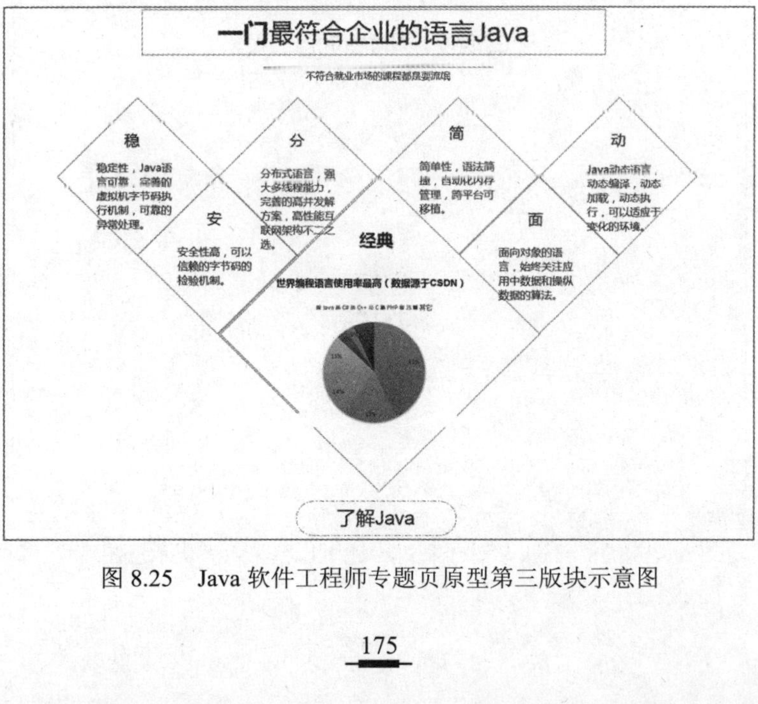

图 8.25　Java 软件工程师专题页原型第三版块示意图

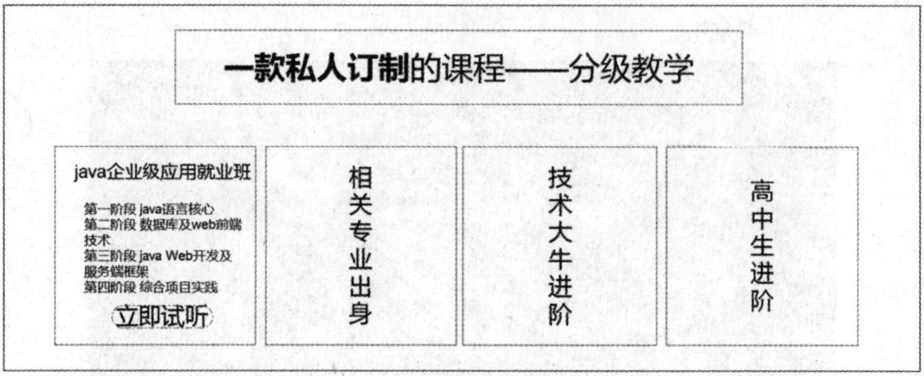

图 8.26　Java 软件工程师专题页原型第四版块示意图

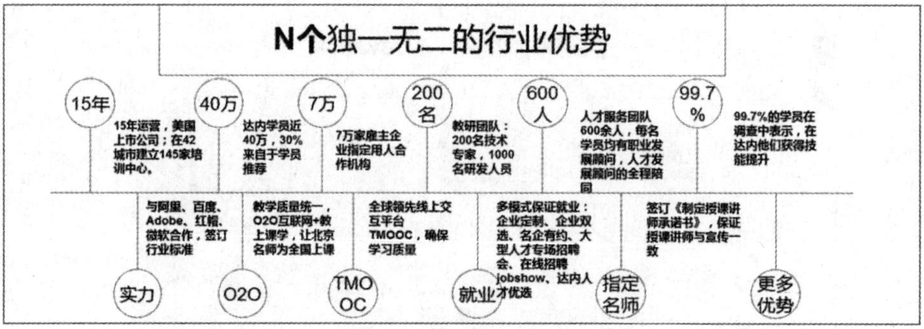

图 8.27　Java 软件工程师专题页原型第五版块示意图

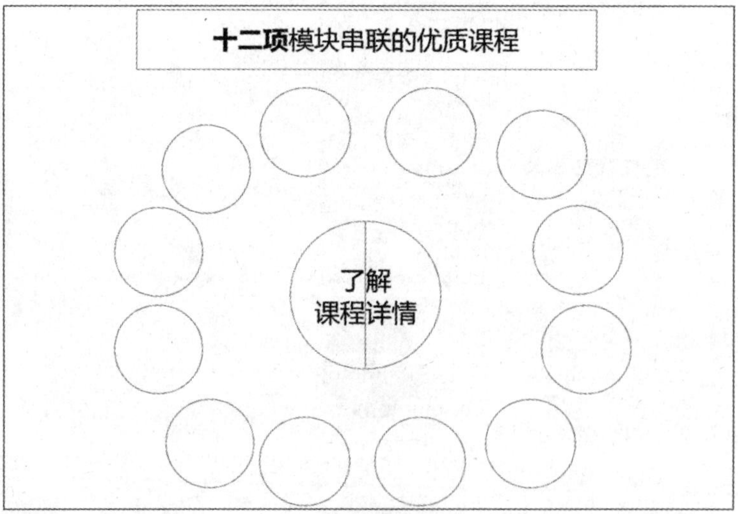

图 8.28　Java 软件工程师专题页原型第六版块示意图

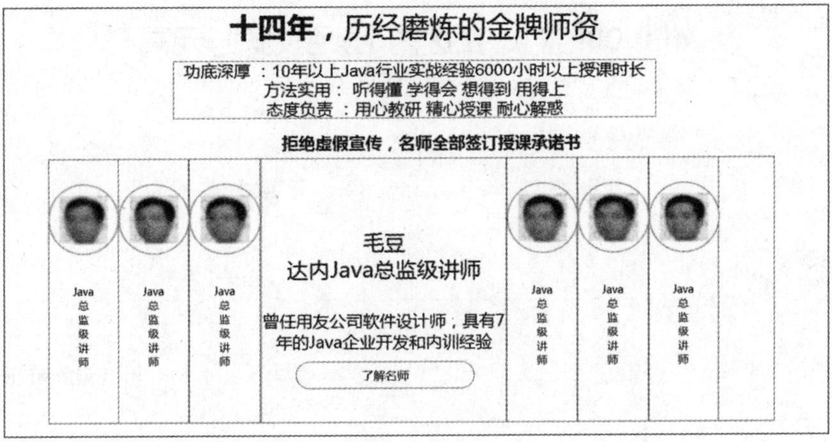

图 8.29　Java 软件工程师专题页原型第七版块示意图

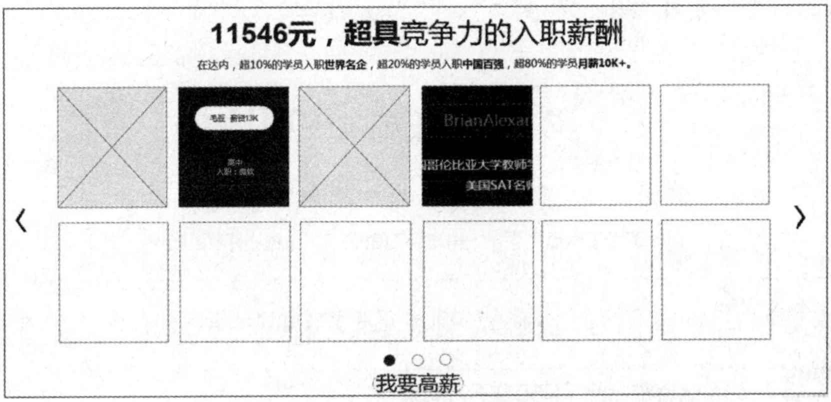

图 8.30　Java 软件工程师专题页原型第八版块示意图

图 8.31　Java 软件工程师专题页原型第九版块示意图

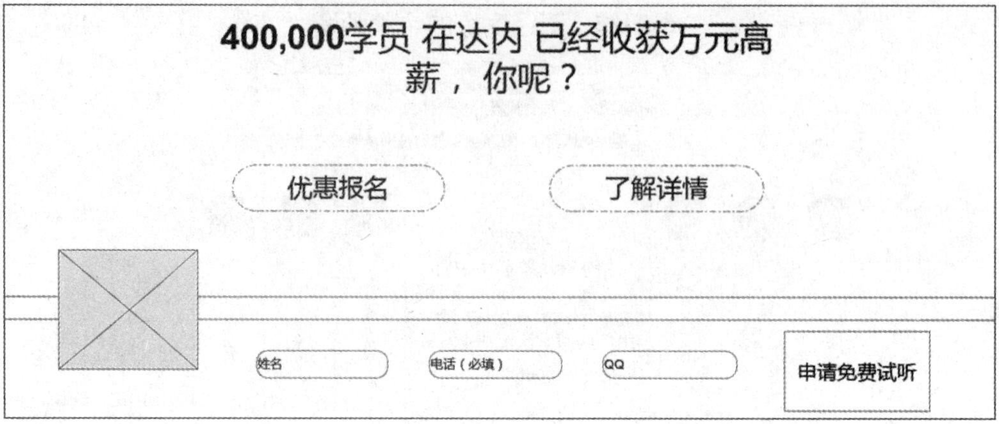

图 8.32　Java 软件工程师专题页原型第十版块示意图

大数据培训专题页原型图，如图 8.33～图 8.42 所示。

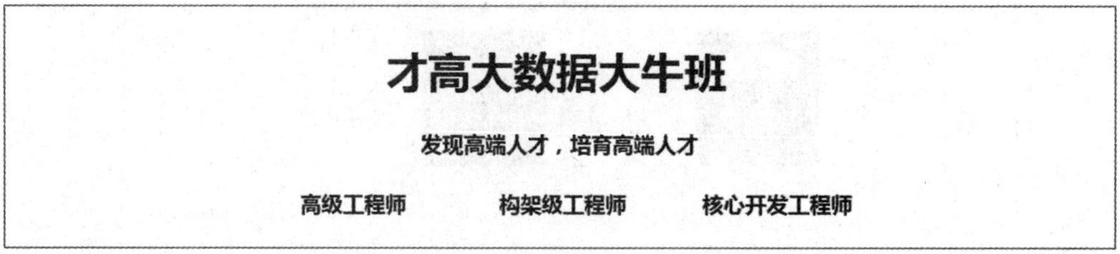

图 8.33　大数据培训专题页原型首屏示意图

图 8.34　大数据培训专题页原型第二版块示意图

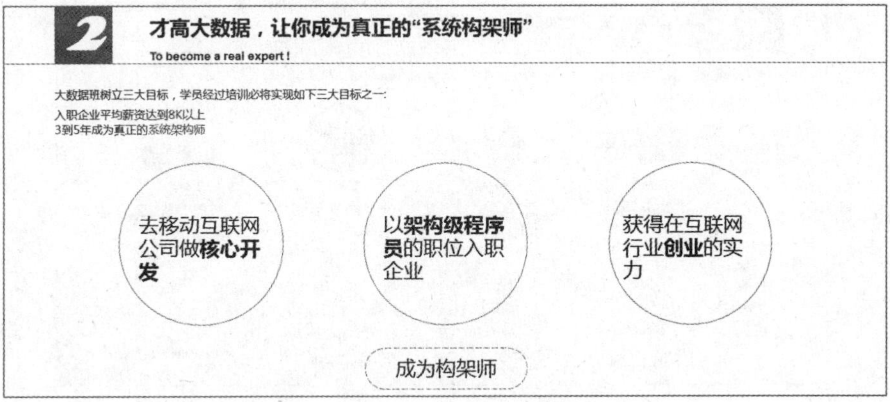

图 8.35　大数据培训专题页原型第三版块示意图

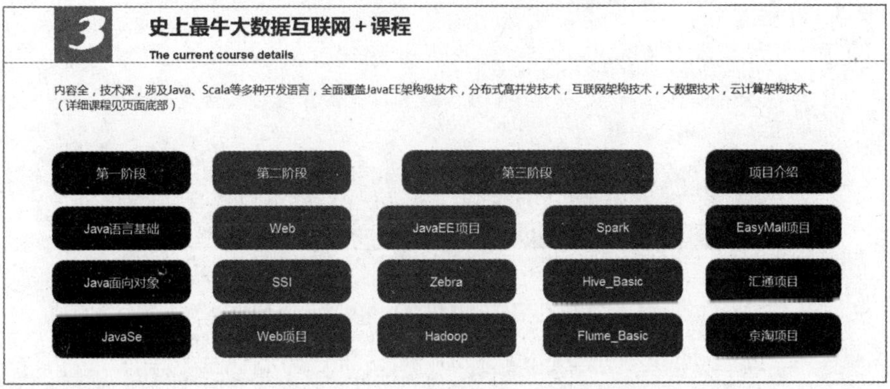

图 8.36　大数据培训专题页原型第四版块示意图

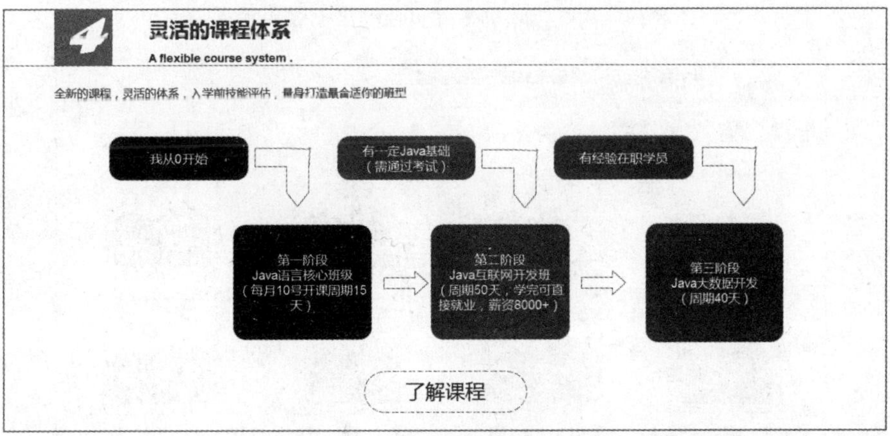

图 8.37　大数据培训专题页原型第五版块示意图

图 8.38　大数据培训专题页原型第六版块示意图

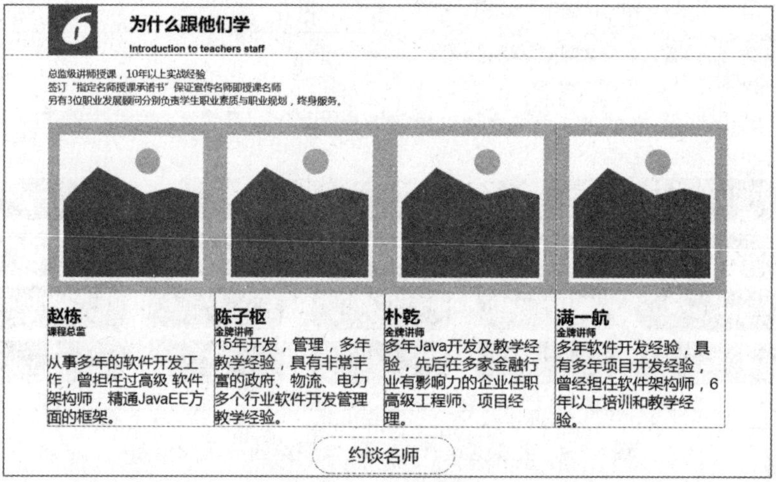

图 8.39　大数据培训专题页原型第七版块示意图

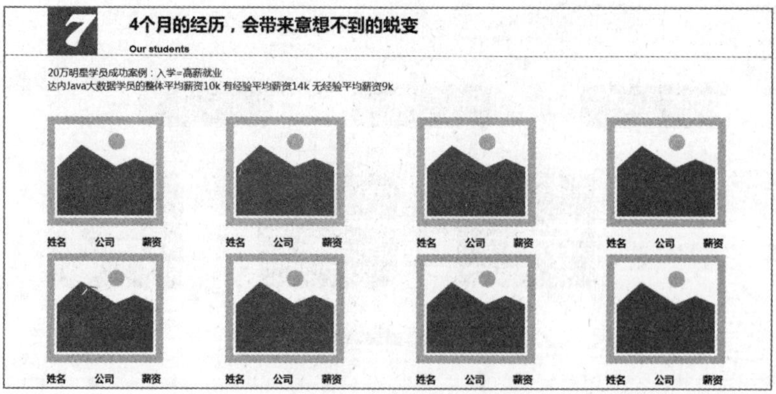

图 8.40　大数据培训专题页原型第八版块示意图

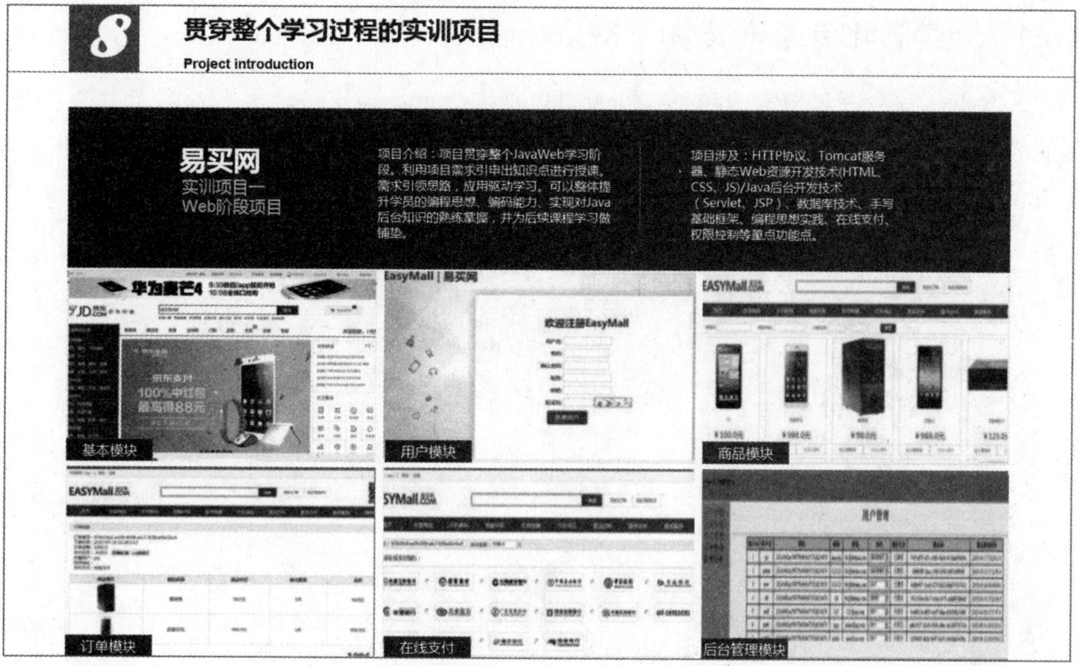

图 8.41　大数据培训专题页原型第九版块示意图

图 8.42　大数据培训专题页原型第十版块示意图

关于什么是 SEM 高手，看到这里大家应该有所领悟。当你负责广告投放的时候，公司开始将专题页策划交给你来做，并且你确实能胜任的时候，你就已经是 SEM 高手了。

8.6　特殊专题页案例

估计不少读者会有这样的疑问：专题页难道只有一种模式，必须要按照四个步骤的方式进行吗？本节将会带大家熟悉两种不太一样的专题页。

8.6.1 强势转化专题（表单/下载/加粉）

当企业具有一定品牌实力的时候，也可以考虑尝试一种比较强势的专题，这类专题内容不多，直接以转化为目的，通常以表单、下载和加粉等为目标，迫使访客要么离开，要么完成我们期望的转化动作，如图 8.43 所示。

图 8.43　土巴兔强势表单转化示意图

8.6.2 综合分流专题

我们都希望广告投放落地页尽可能配套，但有时情况比较复杂，例如检索的词很宽泛，那么应该导流到哪里去呢？很多时候碰到这种情况我们就会策划另外一种专题页，它的内容不多，主要提供各类入口，让宽泛检索的用户，在页面中自己去找感兴趣的内容，这种专题页就是分流专题页，如图 8.44、图 8.45 所示。

图 8.44　游戏综合分流专题页示意图

图 8.45　教育培训综合分流专题页示意图

8.7　SEM 专题站

SEM 竞争越来越激烈，单单靠专题页已经不够用了，高手和顶尖高手的差别在哪里呢？在于能否静下心来整理。本节介绍将专题页整理为专题站的过程。

8.7.1 什么是专题站

由专题页组成的站，就叫专题站。当你能在所从事的行业，做出优质专题站的时候，你就是该行业的顶尖高手了。

一般情况下，策划并制作一个专题页，大致需要 1～2 周时间，并且制作后进行投放的效果未必令人满意，又得重新进行策划与制作。

而专题站，是由风格比较统一的各类专题页组成的，构建起来必然是一个缓慢完善的过程。如果某个专题站需要 10 个专题页构成，考虑到持续优化的时间，一般情况下需要 3～6 个月才有可能完成。

8.7.2 专题站案例

网络营销培训专题站主要由网络营销综合专题页、SEO 专题页、SEM 专题页、新媒体专题页、电商专题页、PS 专题页、师资专题页、课程简章专题页、就业专题页和免费教程专题页等构成，整体风格统一，策划逻辑相似，设计及制作精美。

这里并没有全部截图，有兴趣的读者可以搜索达内网络营销，不出意外的话，会被导流到如图 8.46～图 8.51 所示页面。

图 8.46 网络营销培训综合专题页示意图

图 8.47　SEM 培训专题页示意图

图 8.48　SEO 培训专题页示意图

图 8.49　新媒体培训专题页示意图

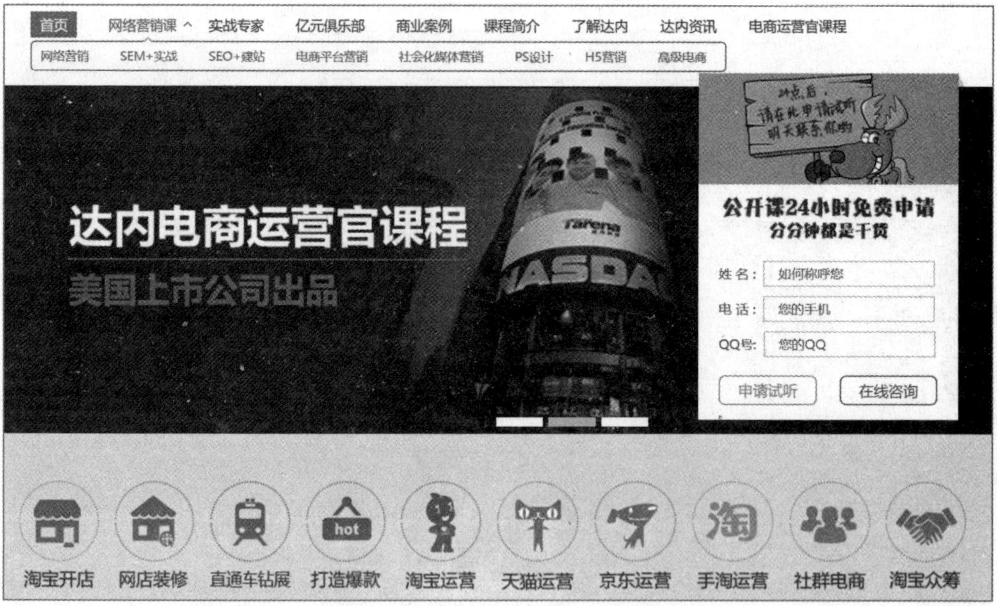

图 8.50　电商培训专题页示意图

图 8.51　PS 培训专题页示意图

强调一下，当你在 SEM 投放之余，能够胜任专题页策划时，你已经是 SEM 高手了；当你能够静下心来，为一家公司策划出专题站，并最终迭代优化完成时，恭喜你，你已成为行业的顶尖高手了。

第 9 章

SEM 营销方案

SEM 营销方案，其实就是弄清楚一个问题——如何才能做好 SEM。无论 SEM 面试、同行交流、企业上班或者是创业，都必须能够回答这个问题。所以本章会多花一些篇幅，通过尽可能多的案例，让大家更好地理解如何做好 SEM。

9.1 SEM 方案逻辑

SEM 方案的逻辑其实并不复杂，本节主要将写方案的一般逻辑进行介绍，帮助大家梳理思路。

9.1.1 常规方案逻辑

SEM 方案一般由 4 部分内容构成，如图 9.1 所示。

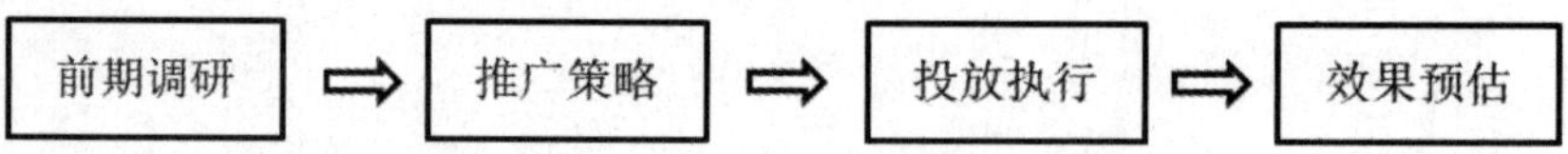

图 9.1 SEM 方案构成

- 前期调研，主要是将方案背景交代清楚，从业时间越长，对调研越重视，调研的深度可以帮助我们把握大方向，少走很多弯路。
- 推广策略，更多的是确定节奏，清楚地说明渠道的选择及整体的投放。

- 投放执行，更多的是将策略细化，就每个渠道的具体做法进行细节描述。
- 效果预估，顾名思义，就是对结果进行预判。

9.1.2　会计培训 SEM 方案案例

下面是会计培训的 SEM 方案，思路清晰，我们通过这份方案来理解如何做一份 SEM 方案，如图 9.2 所示。

图 9.2　会计培训 SEM 方案示意图

这份 SEM 方案的整体内容是按照我们刚刚提到的 4 部分来整理的：前期调研、推广策略、投放执行和效果预估，如图 9.3 所示。

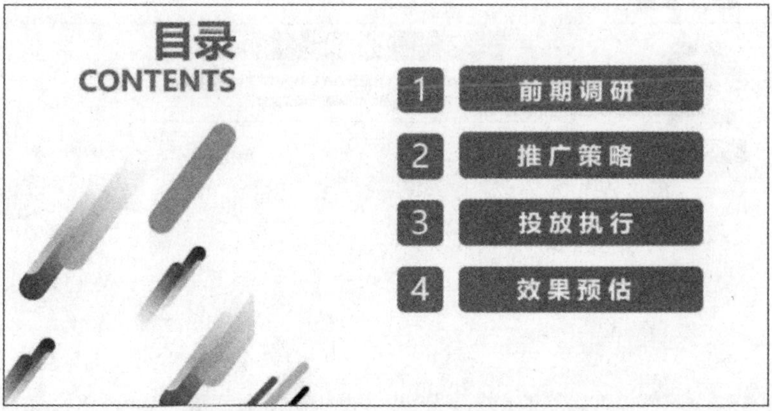

图 9.3　会计培训 SEM 方案目录示意图

1．前期调研

这份 SEM 方案，选择从 5 个点出发进行前期调研：公司调查、趋势分析、百度指数、竞争分析、SWOT 分析。

公司调查，主要是对公司的整体实力、课程分类、教学模式等进行简要归纳，如图 9.4 所示。

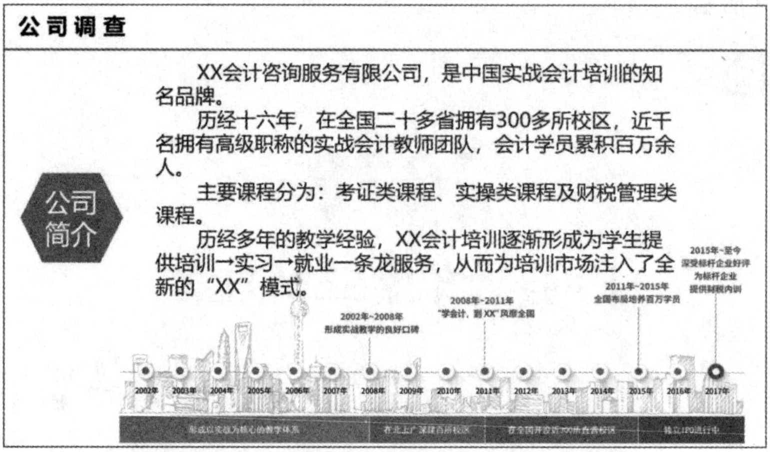

图 9.4　会计培训 SEM 方案公司调查示意图

趋势分析，主要是通过百度指数工具 http://index.baidu.com，查询会计培训行业的核心词的指数，并归纳其变化规律，如图 9.5 所示。

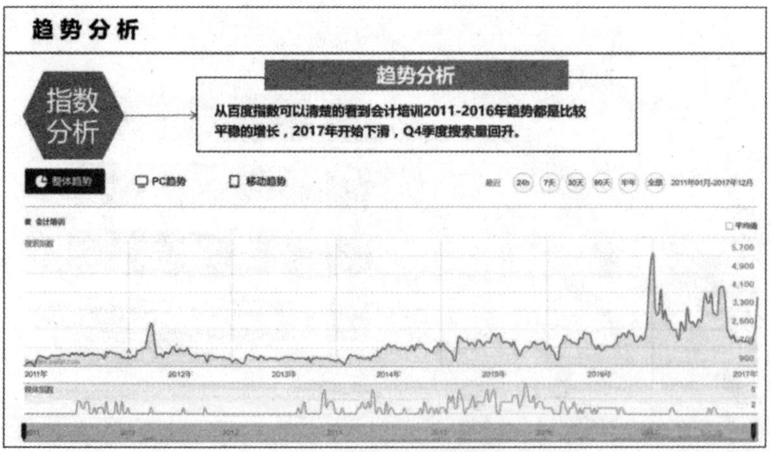

图 9.5　会计培训 SEM 方案趋势分析示意图

通过百度指数的强大查询功能，进一步将受众的具体信息进行整理，得到较为清晰的人群画像，如图 9.6 所示。

图 9.6　会计培训 SEM 方案受众分析示意图

接下来是竞争分析，将行业的总体竞争情况进行归纳，这一页其实很难写，确实需要对行业有一定的沉淀或者通过深度的调研才能较好地完成，如图 9.7 所示。

图 9.7　会计培训 SEM 方案竞争分析示意图

调研部分的最后环节，是通过一个常见的 SWOT 分析进行总结，从优势、劣势、机会、风险 4 个角度进行详细说明，如图 9.8 所示。

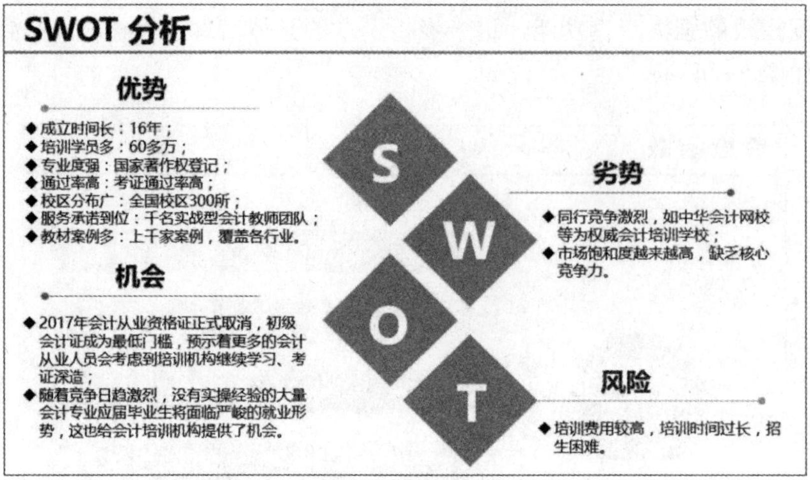

图 9.8　会计培训 SEM 方案 SWOT 分析示意图

2．推广策略

在探讨策略之前，首先将部门架构做个基本说明，部门人员构成很简单，一共三人，合理分工把所有活都干了，老板可开心了，如图 9.9 所示。

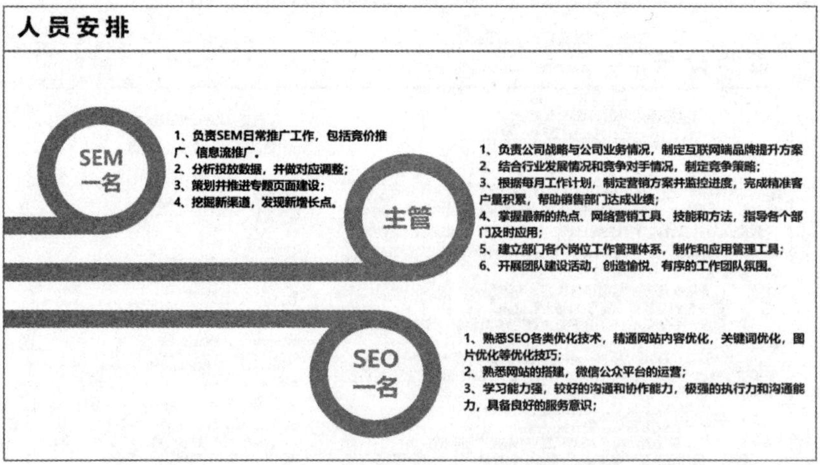

图 9.9　会计培训 SEM 方案人员安排示意图

××会计的业务，主要有认证培训和技能培训，这里将常见的会计证（例如初级、中级、高级、CPA、CMA）的报名及考试时间进行了梳理，得出了行业淡旺季结论，如图 9.10 所示。

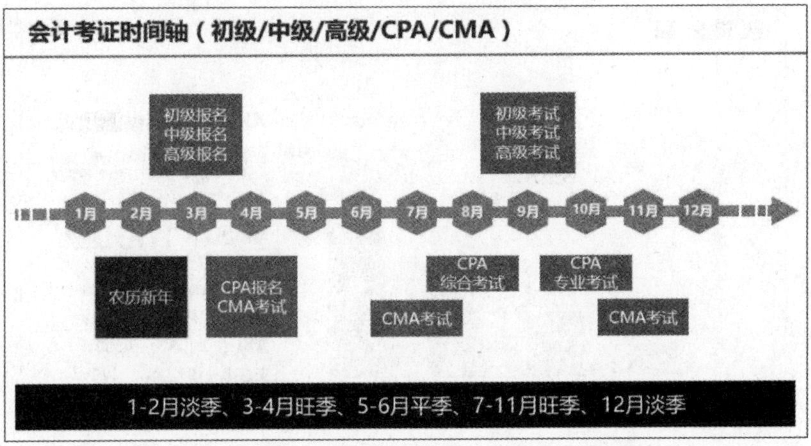

图 9.10　会计培训 SEM 方案会计考证示意图

SEM 方案的推广渠道一般都比较类似，主要是搜索广告和信息流广告。搜索广告主要有百度、360、搜狗、神马 4 个，信息流广告有很多，常见的有今日头条、百度信息流、腾讯广点通、微信朋友圈、微博粉丝通等，品牌广告适当考虑即可，如图 9.11 所示。

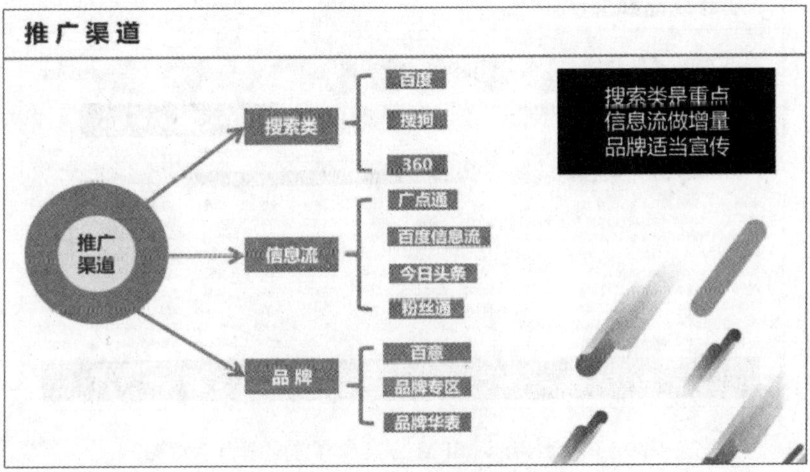

图 9.11　会计培训 SEM 方案渠道组合示意图

不同行业之间，渠道的选择大同小异，但预算分配上不同行业差异很大，这里按照会计培训行业规律及渠道特性，将预算进行了总体分配，优先是搜索引擎广告，其次是信息流广告，如图 9.12 所示。

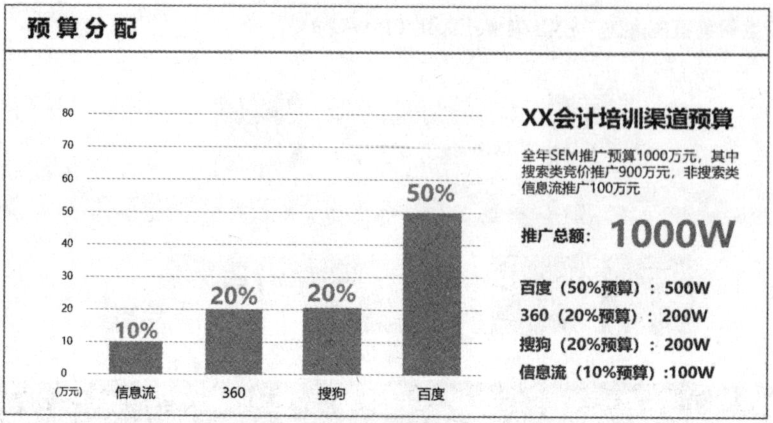

图 9.12　会计培训 SEM 方案渠道预算分配示意图

整理预算并按渠道分配之后，还将预算按月份淡旺季，进行了十分细致的分配。分配逻辑并不难，先定渠道预算比例，再定月份预算比例，然后相乘就是每个渠道每个月的具体预算比例，如图 9.13 所示。

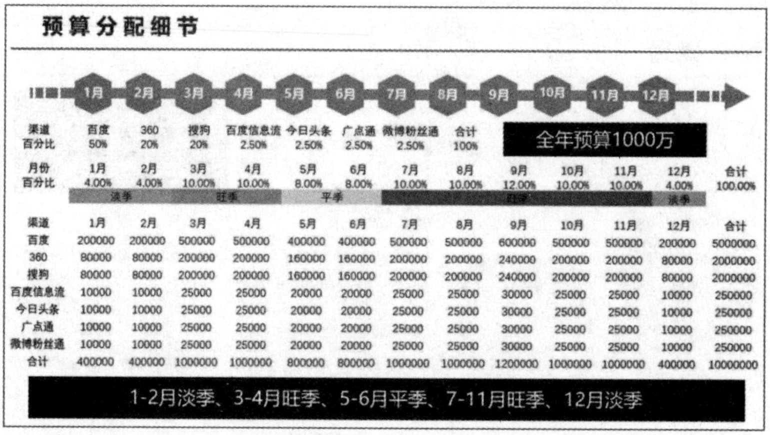

渠道 百分比	百度 50%	360 20%	搜狗 20%	百度信息流 2.50%	今日头条 2.50%	广点通 2.50%	微博粉丝通 2.50%	合计 100%

月份 百分比	1月 4.00%	2月 4.00%	3月 10.00%	4月 10.00%	5月 8.00%	6月 8.00%	7月 10.00%	8月 10.00%	9月 12.00%	10月 10.00%	11月 10.00%	12月 4.00%	合计 100.00%

渠道	1月	2月	3月	4月	5月	6月	7月	8月	9月	10月	11月	12月	合计
百度	200000	200000	500000	500000	400000	400000	500000	500000	600000	500000	500000	200000	5000000
360	80000	80000	200000	200000	160000	160000	200000	200000	240000	200000	200000	80000	2000000
搜狗	80000	80000	200000	200000	160000	160000	200000	200000	240000	200000	200000	80000	2000000
百度信息流	10000	10000	25000	25000	20000	20000	25000	25000	30000	25000	25000	10000	250000
今日头条	10000	10000	25000	25000	20000	20000	25000	25000	30000	25000	25000	10000	250000
广点通	10000	10000	25000	25000	20000	20000	25000	25000	30000	25000	25000	10000	250000
微博粉丝通	10000	10000	25000	25000	20000	20000	25000	25000	30000	25000	25000	10000	250000
合计	400000	400000	1000000	1000000	800000	800000	1000000	1000000	1200000	1000000	1000000	400000	10000000

图 9.13　会计培训 SEM 方案预算分配细节示意图

3．投放执行

投放执行部分其实很好写，按渠道将账户的结构设计、广告创意、投放策略三块内容写清楚就可以。

搜索广告的结构，一般都分为 PC 端和移动端两部分。具体计划主要是品牌、产品和竞品三大类，如图 9.14 所示。

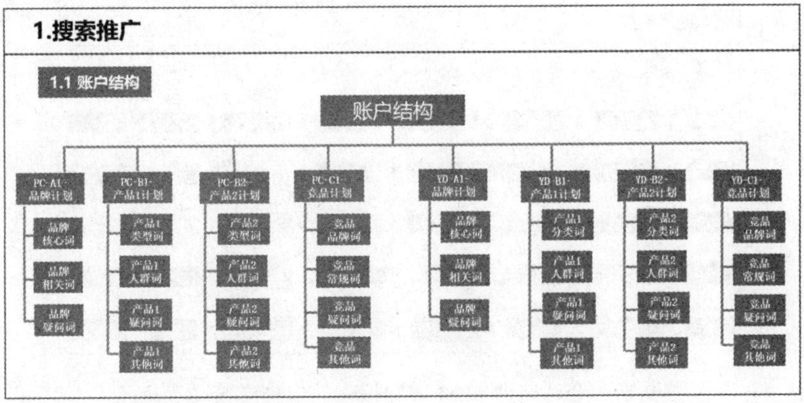

图 9.14　会计培训 SEM 方案搜索广告账户结构示意图

广告创意，主要是将核心卖点进行提炼，结合关键词设计几句文案。可以考虑按品牌词、产品词、通用大词和竞品词 4 大类区分进行撰写，如图 9.15 所示。

1.搜索推广

1.2 创意撰写

设备	计划	投放目标	标题	描述1	描述2
PC端	品牌	塑造品牌	{XX会计培训}，专注会计培训16年！	{XX会计培训}，专注中国实战会计培训，覆盖各大行业。	{XX会计培训}，名师指导，真账实操，在线预约免费试听，学成推荐就业。
	产品	影响力	{初级会计培训}，到XX会计，3个月轻松拿证！	{初级会计培训} 到YY会计 3个月轻松拿证！	{初级会计培训}，紧扣考试大纲，咨询免费领取学习资料，模拟试卷，考初级，来XX！
	通用	霸屏营销	XX{会计培训教程}，真账实操，让您学到更多！	XX{会计培训教程}，提供3000多家教材案例，让您轻松就业。	XX{会计培训教程}，现在报名即可获得免费试听机会，还等什么?快快行动吧！
	竞品	减少成本	XX会计培训，名师指导，0基础速成会计精英！	XX会计培训，全程真账实操加考证演练，0基础速成会计精英！	XX会计培训，全国近300所校区，培训学员60多万，XX会计，您身边的会计专家！
移动端	品牌	塑造品牌	{XX会计培训}，专注会计培训16年！	{XX会计培训}，名师指导，真账实操，在线预约免费试听，学成推荐就业。	
	产品	影响力	XX{初级会计培训}，3个月轻松拿证！	XX{初级会计培训}，咨询免费领取学习资料，模拟试卷，考初级，来XX！	
	通用	霸屏营销	XX{会计培训教程}，全程真账实操！	XX{会计培训教程}，现在报名即可获得免费试听机会，还等什么?快快行动吧！	
	竞品	减少成本	XX会计培训，0基础速成会计精英！	XX会计培训，全程真账实操加考证演练，全国近300所校区，XX会计，您身边的会计专家！	

图 9.15　会计培训 SEM 方案广告创意示意图

在投放策略上，总体都差不多，主要是把“怎么花钱”这件事说清楚，可以考虑按不同计划进行说明。说明时可以考虑从投放目标、创意倾向、匹配方式、投放时段、投放地域、预算、着陆页类型等维度进行，如图 9.16 所示。

信息流广告，这里以腾讯广点通广告为例进行说明。在结构设计上，按广告资源和定向方式进行划分，如图 9.17 所示。

具体到广告，因广告位资源及广告位规格差异较大，方案里简要列举了三个广告位，如图 9.18 所示。

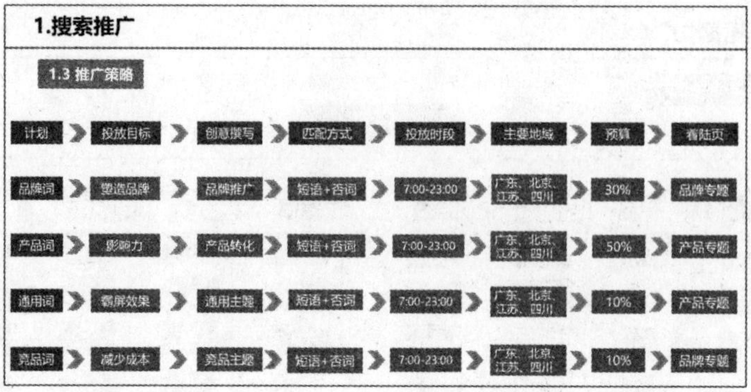

图 9.16　会计培训 SEM 方案搜索广告推广策略示意图

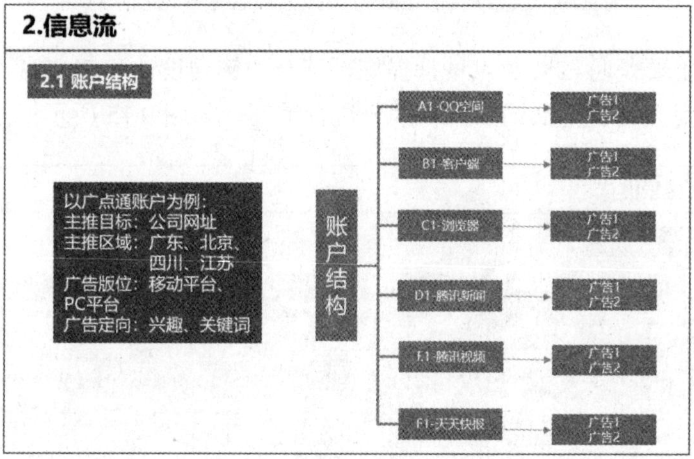

图 9.17　会计培训 SEM 方案信息流广告账户结构示意图

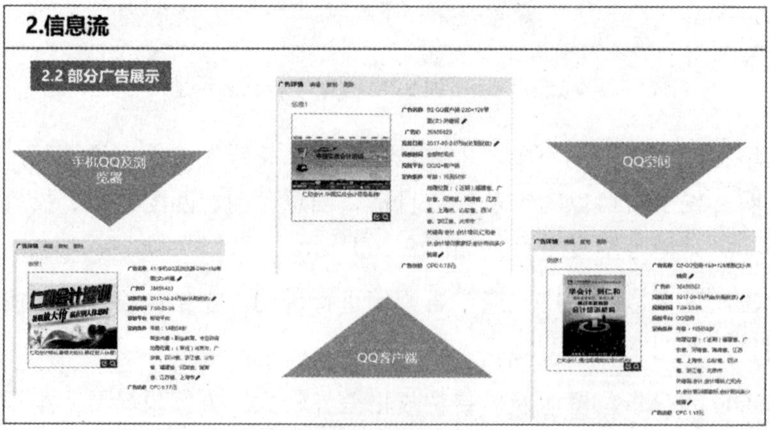

图 9.18　会计培训 SEM 方案信息流广告创意示意图

4. 效果预估

效果预估其实不难，可以按漏斗营销流程分解，然后参考历史数据（本方案的漏斗数据，展现到点击取 4%，点击到线索取 3%，线索到来访取 20%，来访到成交取 60%），将各个环节的效果进行大致预估。关于效果预估，一定要清晰地量化给出，本方案最终希望通过 1000 万元广告的投放，实现 5400 万元的销售额，投入产出比做到 1∶5.4，如图 9.19 所示。

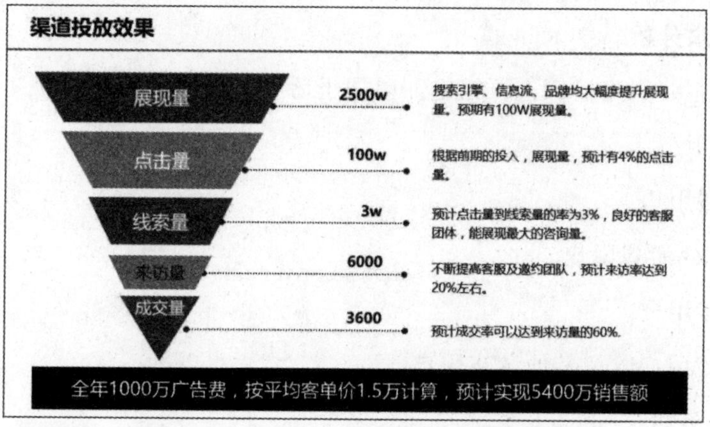

图 9.19　会计培训 SEM 方案第 2 页示意图

写方案其实不难，行业调研—推广策略—投放执行—效果预估，大家可以试试仿照这份会计培训的 SEM 方案，为自己所在的行业撰写一份高质量的 SEM 营销方案。

9.1.3　CUA 方案逻辑

SEM 提案，这是乙方 SEM 优化师经常需要做的日常工作，这里我们给出一种比较简明扼要的逻辑：CUA。

- C，指的是 Context，广告背景，主要是把事情交代清楚，确认目前的客户需求。
- U，指的是 User，受众分析，主要是将受众的特征整理好。
- A，指的是 Ad，广告投放策略，这是核心部分，需要具体将如何帮客户花钱说清楚。

接下来，我们用《沙巴克传奇》的搜索广告案例，带大家具体看一下 CUA 的提案逻辑。

1. Context 广告背景

C 的部分，属于提案的最开始部分，首先将事情交代一下，确保双方都在同一个频道上交流。

- 产品阶段：5 月 18 日公测。
- 宣传事件：《沙巴克传奇》4.26 版本更新；4.28 iOS 畅销榜前 30；5.5 预约公测活动（公测消息放出）；5.18 公测+发布会（爆发期）。
- 宣传周期：4～5 月，爆发期为 5 月 16 日～5 月 22 日。
- 营销目标：进行游戏信息曝光，引导产品正向口碑，提升品牌热度，引进目标用户。

2. User 受众分析

U 的部分，主要先将目标人群锁定，以便于后续广告投放的展开。

- 传奇 IP 用户。
- 盛大忠诚用户。
- MMORPG 游戏用户。
- 手游游戏用户。
- 竞品游戏用户以及其他游戏用户。

3. Ad 投放策略

广告投放方面，可以从多个角度考虑，例如：选词、创意、节奏、预算等。

选词方面，主要是确定拓词的方向，也就是账户需要创建哪些推广计划，如表 9.1 所示。

表 9.1 《沙巴克传奇》SEM 方案计划类别示意表

计划类别	选词策略
品牌词	品牌词以“官网”“传奇手游”“下载”等为曝光和收口为主
品牌-传奇	以“传奇”“传奇下载”吸引传奇端游用户
厂商词	覆盖网民常搜索盛大类关键词，可有效覆盖对盛大品牌认知度较高的玩家进行曝光
大流量词	“手机游戏”“手游”等长尾通用词，引入新玩家
类型词	“动漫”“休闲”等词覆盖潜在用户
通用词	“热门”“手游”“推荐”等通用词，覆盖手游泛搜索人群
竞品词	以“热血传奇”手游为主，拉动相同需求竞品玩家

- 传奇 IP 词和厂商词收口核心用户。
- 类型词覆盖 MMORPG 游戏用户和所有手游游戏用户。
- 通用词辅助曝光。
- 竞品词拦截竞品游戏用户。

创意方面，分 PC 端和移动端进行撰写，同时注意尝试就不同卖点进行测试投放，如

表 9.2 所示。

表 9.2 《沙巴克传奇》SEM 方案计划类别示意表

设备	序号	标题	描述一	描述二
PC 端	1	{沙巴克传奇}「沙巴克传奇」再战沙巴克，我就是传奇！	{沙巴克传奇}「沙巴克传奇」正版传奇手游，，热血 PK，荣誉与情谊同在！	{沙巴克传奇}「沙巴克传奇」内测激活码预订现在开启！
	2	「沙巴克传奇」5.18 开启公测，激情岁月，不曾磨灭！	「沙巴克传奇」热血 PK 手游，万人城战，情谊热血永赞！	即刻预订「沙巴克传奇」内测激活码，更有机会获得特权礼包等精彩好礼！
	3	官方正版传奇手游「沙巴克传奇」耀世来袭！	预订{沙巴克传奇}「沙巴克传奇」内测激活码赢好礼！	{沙巴克传奇}「沙巴克传奇」情谊仍在，PK 永无止境，活着就别惧怕失败！
	4	「沙巴克传奇」官方入口-盛大正版传奇手游	「沙巴克传奇」正版传奇手游，热血 PK，荣誉与情谊同在！	「沙巴克传奇」内测激活码预订现在开启！
移动端	1	{沙巴克传奇}「沙巴克传奇」再战沙巴克，我就是传奇！	{沙巴克传奇}「沙巴克传奇」正版传奇手游，热血 PK，荣誉与情谊同在！	
	2	「沙巴克传奇」5.18 开启公测，激情岁月，不曾磨灭！	「沙巴克传奇」热血 PK 手游，情谊热血永赞！即刻预订内测激活码！	
	3	官方正版传奇手游「沙巴克传奇」耀世来袭！	预订{沙巴克传奇}「沙巴克传奇」内测激活码赢好礼！	
	4	「沙巴克传奇」官方入口-盛大正版传奇手游	「沙巴克传奇」正版传奇手游，热血 PK，荣誉与情谊同在！	

- 体现传奇经典等核心卖点。
- 针对不同重点期调整创意。

投放节奏方面，整个活动宣传有不同的节点，这些阶段各自的推广侧重点也有差异，如表 9.3 所示。

表 9.3 《沙巴克传奇》SEM 方案投放节奏示意图

5 月时间节点	时间	搭配产品线				SEM 实操策略
		百度关键字（iOS+安卓）	360（iOS+安卓）	搜狗（iOS+安卓）	神马（安卓）	
公测前版本更新	4.26～5.4	√	√	√	√	1. 关键字精准曝光，转化效果好，品牌收口，竞品拉新 2. 根据其他手游投放经验，安卓端和 iOS 端的投放比例为 3:1，收益最大化

续表

5 月时间节点	时间	搭配产品线				SEM 实操策略
		百度关键字（iOS+安卓）	360（iOS+安卓）	搜狗（iOS+安卓）	神马（安卓）	
公测预约期	5.5～5.15	√	√	√	√	3．增大关键字投放比例，通过对前期的数据分析，优化关键字出价和匹配
公测爆发期	5.16～5.22	√	√	√	√	4．公测爆发期保证品牌词、IP 词、厂商词全天覆盖 5．针对效果好的词进行拓词，对点击率低的创意进行调整
公测稳定期	5.23～5.31	√	√	√	√	6．延续投放关键字，优先保证核心用户收口，并根据转化情况做优化调整

- 重点投放时期全面放量，全面覆盖。
- 非重点投放时期以下午及晚间为主，覆盖优质流量时间段。
- 周末放开投放时段，大量曝光拉新各类玩家。

预算分配及效果承诺，提案要合理，承诺效果必须有，如表 9.4 所示。

表 9.4 《沙巴克传奇》SEM 方案效果预估示意表

<table>
<tr><th colspan="12">整体投放策略</th></tr>
<tr><th rowspan="2">投放阶段</th><th rowspan="2">日期</th><th rowspan="2">设备</th><th colspan="2">注册量预估</th><th colspan="4">预算（天）</th><th>预算</th><th rowspan="2" colspan="2">投放策略</th></tr>
<tr><th>安卓</th><th>IOS</th><th>百度</th><th>360</th><th>搜狗</th><th>神马</th><th>总计</th></tr>
<tr><td>5 月预约期</td><td>5.3～5.15</td><td>移动</td><td>12600</td><td>2100</td><td>15000</td><td>6750</td><td>3000</td><td>5250</td><td>420000</td><td rowspan="10" colspan="2">1、开始投放以低价、曝光为主，保证在线时长。以品牌词、IP 词、厂商词、竞品词为主，迅速预热账户
2、根据前期数据分析，去除转化不好的词，优化账户整体 CPA
3、重点投放期，保证品牌词、IP 词、厂商词全天覆盖
4、稳定投放期，优先保证核心用户收口，并根据后期转化数据做好账户投放优化调整
5、投放比例：
百度: 360 :搜狗:神马 ＝1 : 0.45 : 0.20 : 0.35
百度=168 万元、360=75.6 万元、搜狗=33.6 万元、神马=58.8 万元</td></tr>
<tr><td>5 月爆发期</td><td>5.16～5.22</td><td>移动</td><td>15000</td><td>2300</td><td>30000</td><td>13500</td><td>6000</td><td>10500</td><td>420000</td></tr>
<tr><td>5～6 月稳定期</td><td>5.23～6.21</td><td>移动</td><td>25200</td><td>4200</td><td>15000</td><td>6750</td><td>3000</td><td>5250</td><td>840000</td></tr>
<tr><td>6 月爆发期</td><td>6.20～6.26</td><td>移动</td><td>15000</td><td>2300</td><td>30000</td><td>13500</td><td>6000</td><td>10500</td><td>420000</td></tr>
<tr><td>6～7 月稳定期</td><td>6.27～7.17</td><td>移动</td><td>18900</td><td>3150</td><td>15000</td><td>6750</td><td>3000</td><td>5250</td><td>630000</td></tr>
<tr><td>7 月爆发期</td><td>7.18～7.24</td><td>移动</td><td>15000</td><td>2300</td><td>30000</td><td>13500</td><td>6000</td><td>10500</td><td>420000</td></tr>
<tr><td>7 月稳定期</td><td>7.25～7.31</td><td>移动</td><td>6300</td><td>1050</td><td>15000</td><td>6750</td><td>3000</td><td>5250</td><td>210000</td></tr>
<tr><td>总计</td><td>-</td><td>-</td><td>10800</td><td>17400</td><td>-</td><td>-</td><td>-</td><td>-</td><td>3360000</td></tr>
<tr><td colspan="3">注册成本预估</td><td colspan="7">￥26.79</td></tr>
</table>

- 关键字为主，安卓端和 iOS 端比例为 3:1。
- 重点期关键字加大投放。

SEM 提案其实也没那么难，大家可以试试 CUA 的逻辑，将背景、受众、投放三个问题说清楚就行。内容安排好之后，找个 PPT 模板套一下，一个专业的客户提案就搞定了。

9.2 SEM 方案案例赏析

接下来我们将带来 5 个行业的 SEM 方案，分别是 IT 培训、K12 教育、手游、招商加盟和装修行业，希望能够给大家写方案带来一些启发。

9.2.1 IT 培训 SEM 方案

本节和大家一起看一下 IT 培训的 SEM 方案，思路很清晰，质量不错，如图 9.20 所示。

图 9.20　IT 培训 SEM 方案示意图

整体内容，这份 SEM 方案分为 5 个部分：前期调研、公司简介、推广策划、推广执行、效果预估，如图 9.21 所示。

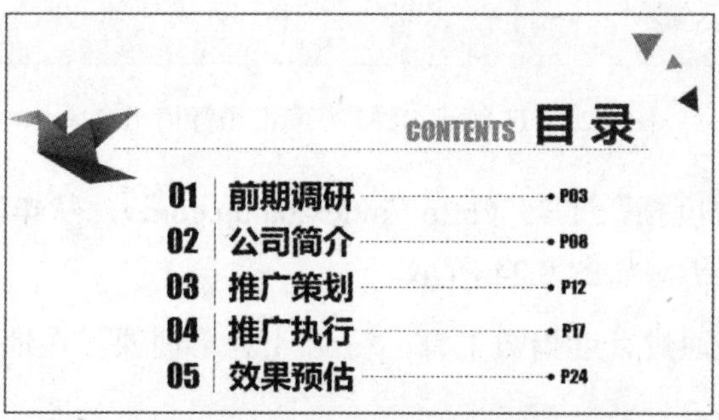

图 9.21　IT 培训 SEM 方案目录示意图

调研从市场行情、人群分析、地域分析和时效分析 4 个角度进行，如图 9.22 所示。

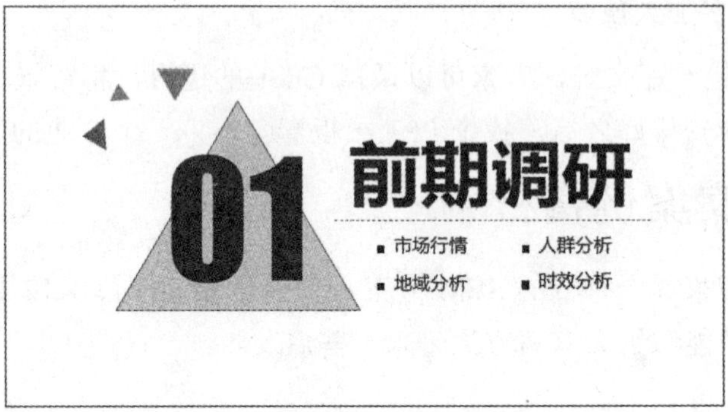

图 9.22　IT 培训 SEM 方案前期调研示意图

首先是梳理市场行情，重点将公司的四大培训课程：云计算培训、嵌入式培训、大数据培训、VR 培训，进行了较为详尽的整理，如图 9.23 所示。

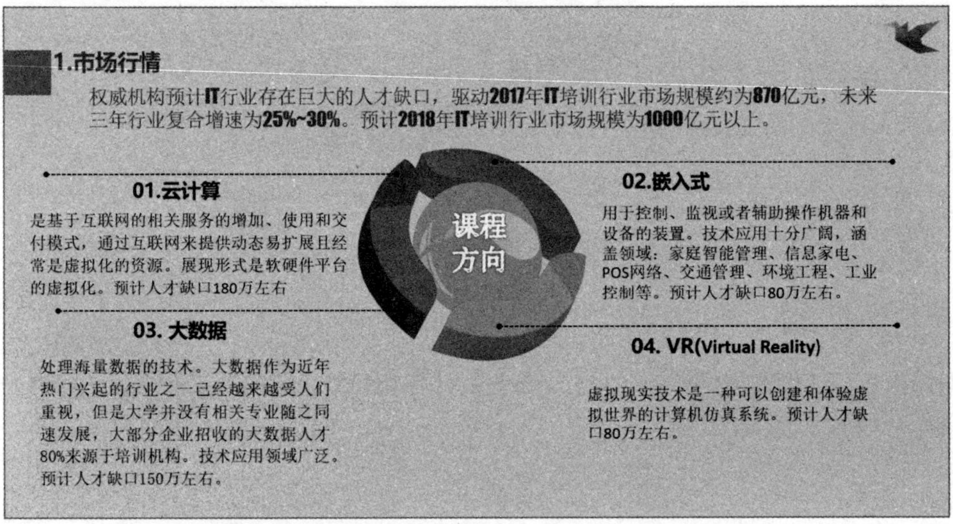

图 9.23　IT 培训 SEM 方案市场行情示意图

接下来主要通过百度指数工具（http://index.baidu.com），从年龄及性别角度，区分 4 大课程进行人群属性分析，如图 9.24 所示。

地域分析，依然是通过百度指数工具，得到 4 大培训课程在地区上的分布情况，如图 9.25 所示。

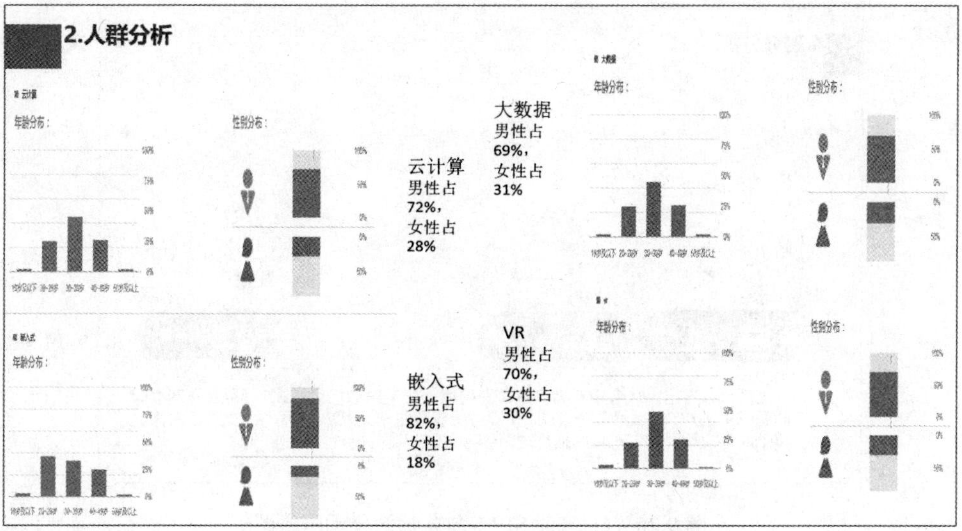

图 9.24　IT 培训 SEM 方案人群分析示意图

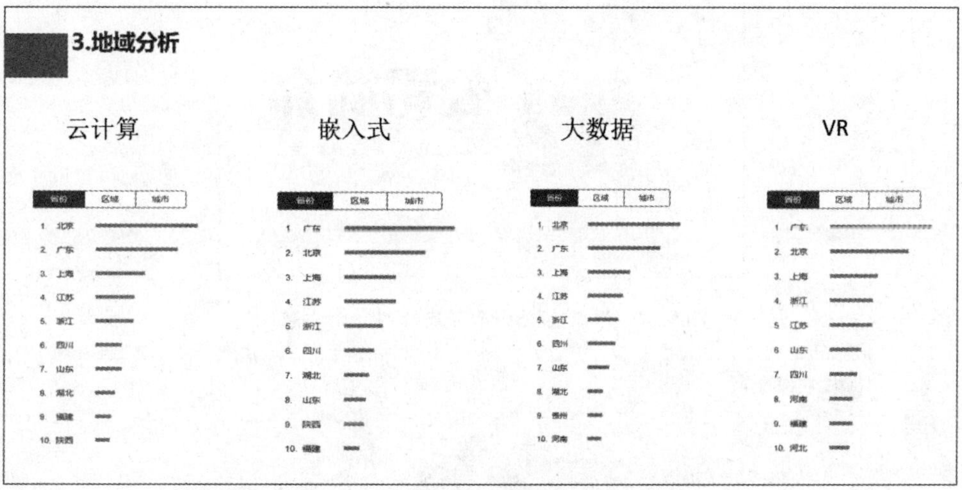

图 9.25　IT 培训 SEM 方案地域分析示意图

时效分析，以“IT 培训”这个词进行百度指数的搜索指数查询，如图 9.26 所示，结合自身对行业的了解，将 IT 培训行业的淡旺季规律进行说明。

公司简介主要从机构现状、竞品分析和 SWOT 分析 3 个方面进行介绍，如图 9.27 所示。

机构简介，主要介绍公司的基本情况及课程优势如图 9.28 所示。

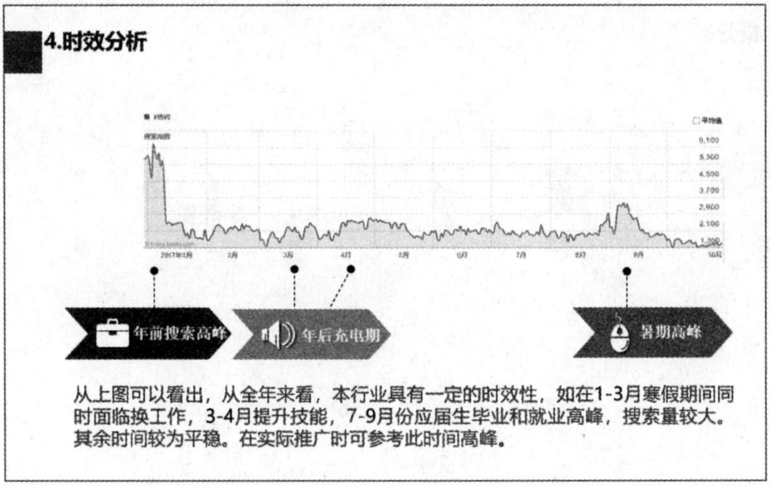

图 9.26　IT 培训 SEM 方案时效分析示意图

图 9.27　IT 培训 SEM 方案公司介绍示意图

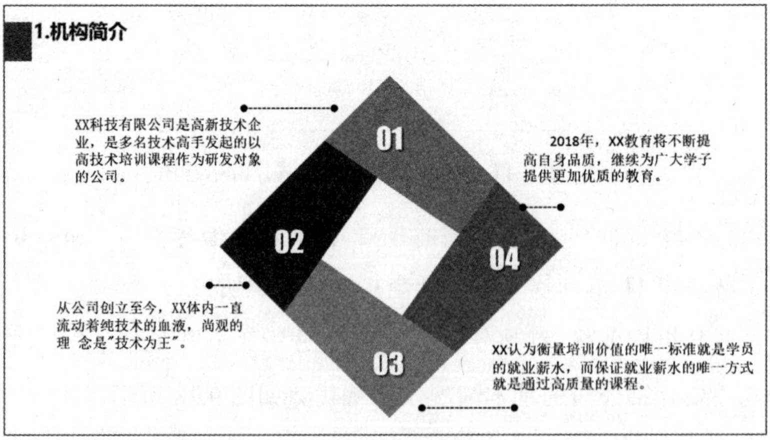

图 9.28　IT 培训 SEM 方案机构简介示意图

竞品分析：主要以达内、北大青鸟、兄弟连、华清四家为例进行剖析，提炼其特征，并与自身进行比较，如图 9.29 所示。

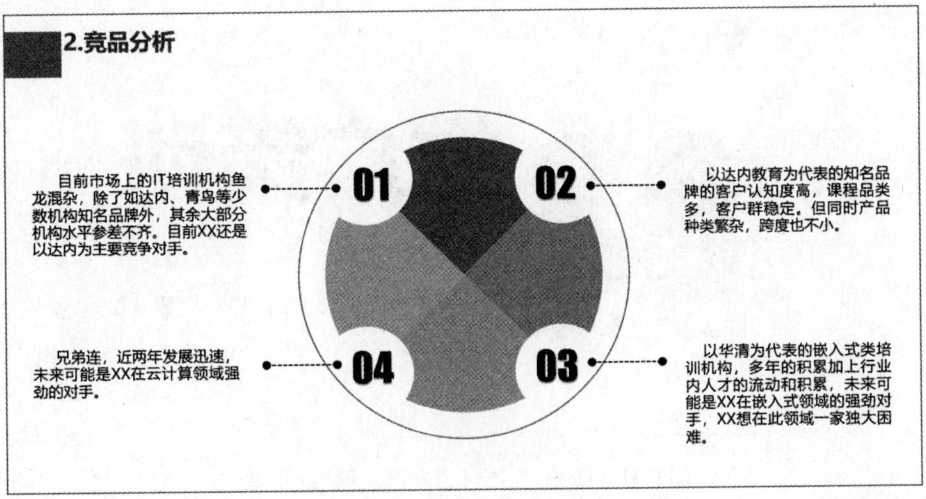

图 9.29　IT 培训 SEM 方案竞品分析示意图

SWOT 分析是方案撰写过程中常用的分析方法，主要从优势（Strength）、劣势（Weakness）、机会（Opportunity）和风险（Threat）4 个方面进行分析，如图 9.30 所示。

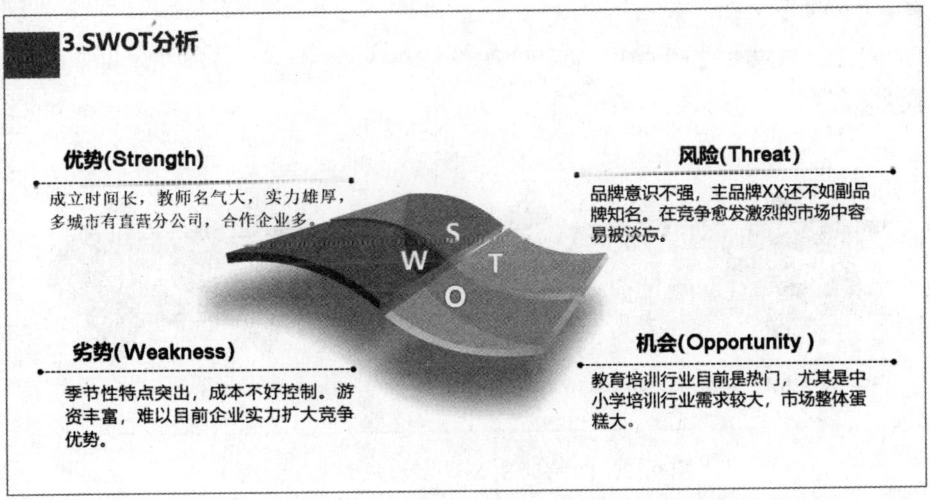

图 9.30　IT 培训 SEM 方案 SWOT 分析示意图

接下来是推广策划部分，主要从投放渠道、人员配置、渠道排期和推广预算 4 个方面进行整理，如图 9.31 所示。

图 9.31　IT 培训 SEM 方案推广策划示意图

推广渠道主要选择搜索广告和信息流广告，并结合之前调研的行业规律，将一年分成了 6 个阶段，重点投放 3～4 月、7～8 月、9～10 月，如图 9.32 所示。

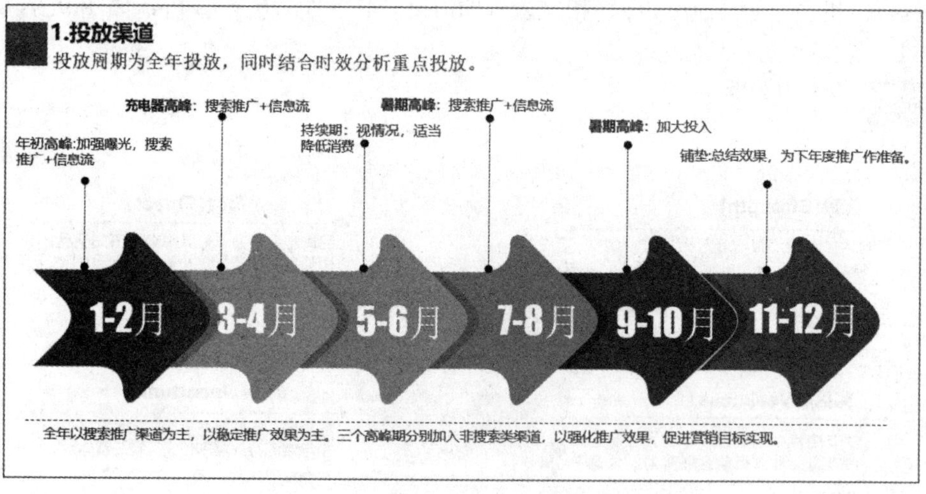

图 9.32　IT 培训 SEM 方案投放渠道示意图

人员配置，主要说明岗位及职责，如图 9.33 所示。

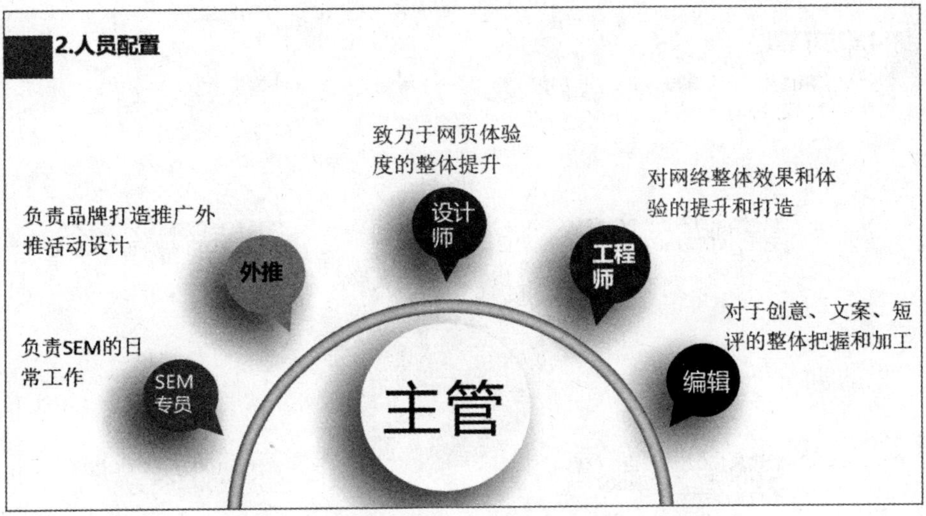

图 9.33　IT 培训 SEM 方案人员配置示意图

渠道排期，按照之前细分的 6 个阶段，将预算按渠道、按月份进行了分配，如图 9.34 所示。

3.渠道排期

渠道	搜索类			非搜索类		
月份	百度	360	搜狗	百度信息流	广点通	今日头条
1-2月	50万元	20	14	8	8	8
3-4月	80万元	30	20	9	9	9
5-6月	70万元	25	16	8	8	8
7-8月	70万元	25	16	8	8	8
9-10月	80万元	30	20	9	9	9
11-12月	50万元	20	14	8	8	8
合计	400万元	150万元	100万元	50万元	50万元	50万元

全年常规搜索类推广以百度、360、搜狗为主要渠道，重点加强对渠道的监测与优化。高峰时段加入百度信息流、广点通、头条等渠道，在稳定推广效果的基础上，加大曝光，提高转化，达到营销目标。同时可及时关注各渠道推广效果，适当调整。

图 9.34　IT 培训 SEM 方案渠道排期示意图

渠道预算，在排期的基础上，将渠道预算进行了分配，重点是搜索广告，其次是信息流广告，如图 9.35 所示。

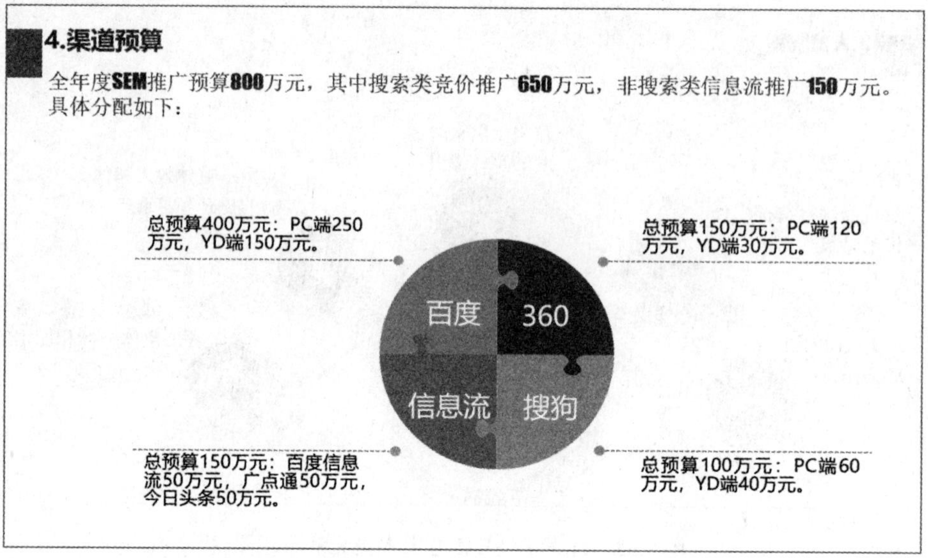

图 9.35　IT 培训 SEM 方案渠道预算示意图

推广执行，就是对策划部分提到的推广渠道逐个进行投放说明，主要从竞价推广、信息流和其他行为三个方面进行，如图 9.36 所示。

图 9.36　IT 培训 SEM 方案推广执行示意图

本方案主要以竞价推广为例，从账户结构、创意撰写和投放策略三个方面进行渠道投放的介绍，账户结构主要是找准受众，将受众经常搜索的词进行分类，这里分成了品牌词、产品词、人群词、通用词、竞品词和活动词，如图 9.37 所示。

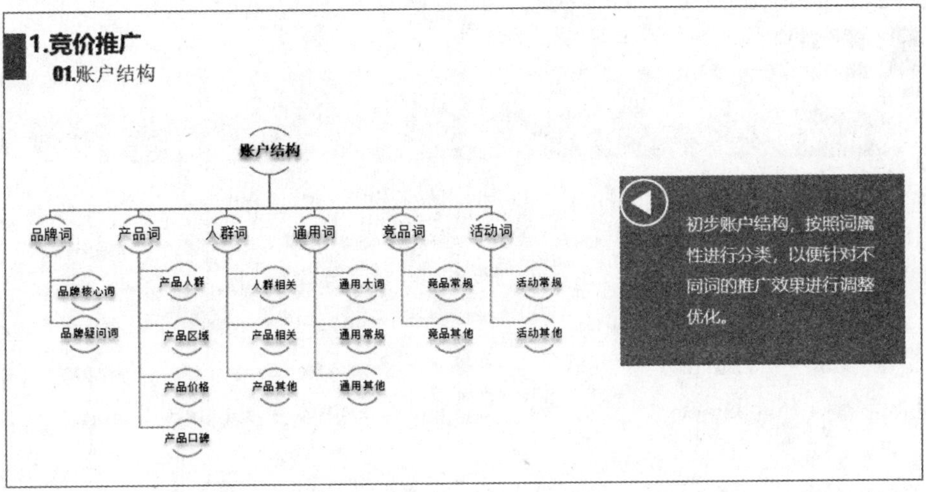

图 9.37　IT 培训 SEM 方案竞价推广账户结构示意图

创意撰写部分，主要区分 PC 端和移动端，列举一些有代表性的词，从不同卖点出发进行广告撰写，如图 9.38 所示。

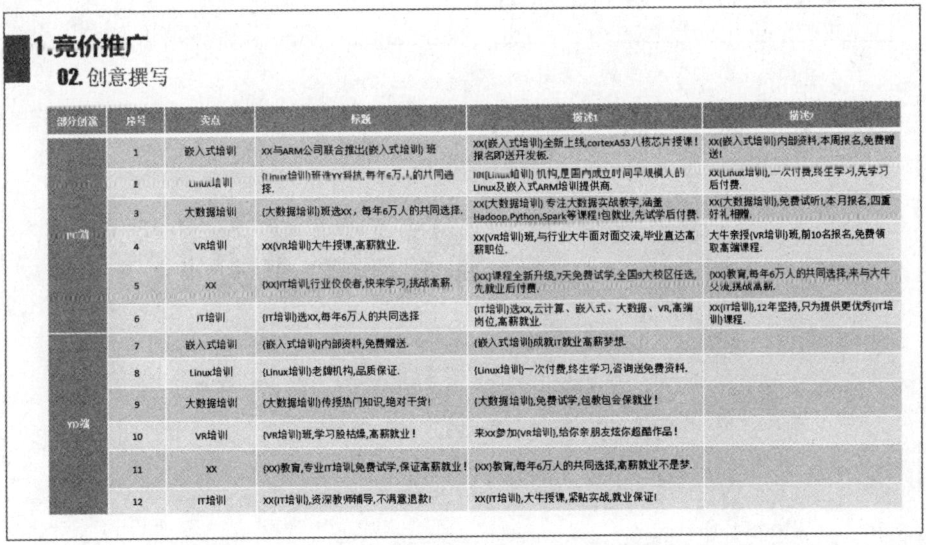

1.竞价推广

02. 创意撰写

部分创意	序号	卖点	标题	描述1	描述2
PC端	1	嵌入式培训	XX与ARM公司联合推出{嵌入式培训} 班	XX{嵌入式培训}全新上线,cortexA53八核芯片授课！报名即送开发板.	XX{嵌入式培训}内部资料,本周报名,免费赠送!
	2	Linux培训	{Linux培训}班选YY科技,每年6万人的共同选择.	101{Linux培训} 机构,是国内成立时间早规模大的Linux及嵌入式ARM培训提供商.	XX{Linux培训},一次付费,终生学习,先学习后付费.
	3	大数据培训	{大数据培训}班选XX，每年6万人的共同选择.	XX{大数据培训} 专注大数据实战教学,涵盖Hadoop,Python,Spark等课程!包就业,先试学后付费.	XX{大数据培训},免费试听!,本月报名,四重好礼相赠.
	4	VR培训	XX{VR培训}大牛授课,高薪就业.	XX{VR培训}班,与行业大牛面对面交流,毕业直达高薪职位.	大牛亲授{VR培训}班,前10名报名,免费领取高端课程.
	5	XX	{XX}IT培训,行业佼佼者,快来学习,挑战高薪.	{XX}课程全新升级,7天免费试学,全国9大校区任选,先就业后付费.	{XX}教育,每年6万人的共同选择,来与大牛交流,挑战高薪.
	6	IT培训	{IT培训}选XX,每年6万人的共同选择	{IT培训}选XX,云计算、嵌入式、大数据、VR,高端岗位,高薪就业.	XX{IT培训},12年坚持,只为提供更优秀{IT培训}课程.
YD端	7	嵌入式培训	{嵌入式培训}内部资料,免费赠送.	{嵌入式培训}成就IT就业高薪梦想.	
	8	Linux培训	{Linux培训}老牌机构,品质保证.	{Linux培训}一次付费,终生学习,咨询送免费资料.	
	9	大数据培训	{大数据培训}传授热门知识,绝对干货!	{大数据培训},免费试学,包教包会保就业！	
	10	VR培训	{VR培训}班,学习脱枯燥,高薪就业！	来XX参加{VR培训},给你亲朋友炫你超酷作品！	
	11	XX	{XX}教育,专业IT培训免费试学,保证高薪就业！	{XX}教育,每年6万人的共同选择,高薪就业不是梦.	
	12	IT培训	XX{IT培训},资深教师辅导,不满意退款!	XX{IT培训},大牛授课,紧贴实战,就业保证!	

图 9.38　IT 培训 SEM 方案竞价推广创意撰写示意图

投放策略，主要区分不同计划，从匹配方式、预算、投放地域、投放时段、创意卖点和着陆页几方面进行整理，如图 9.39 所示。

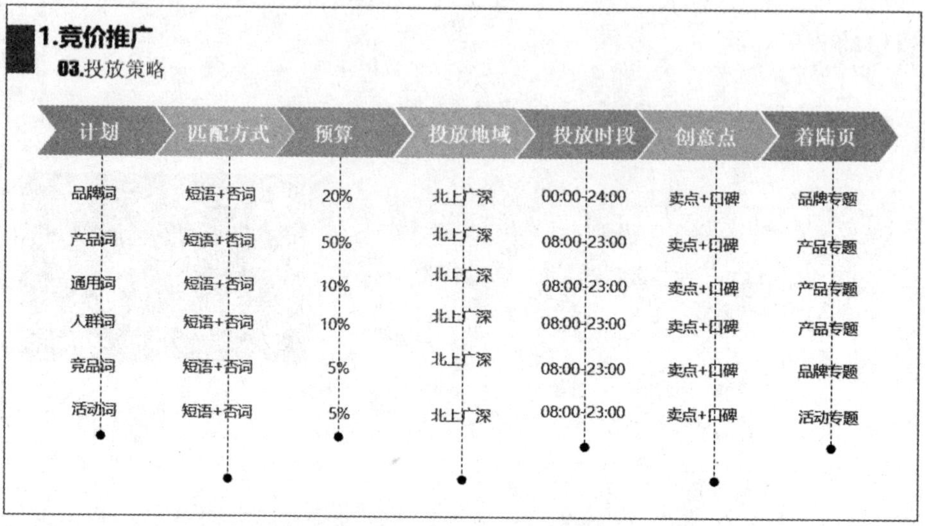

图 9.39　IT 培训 SEM 方案竞价推广投放策略示意图

方案的最后部分是效果预估，这是 SEM 方案的核心部分，不仅对推广进行了总结，同时对效果进行了量化预估，如图 9.40 所示。

图 9.40　IT 培训 SEM 方案效果预估示意图

推广总结：主要将方案用高度概括的语言进行回顾，并将重点进行重申，如图 9.41

所示。

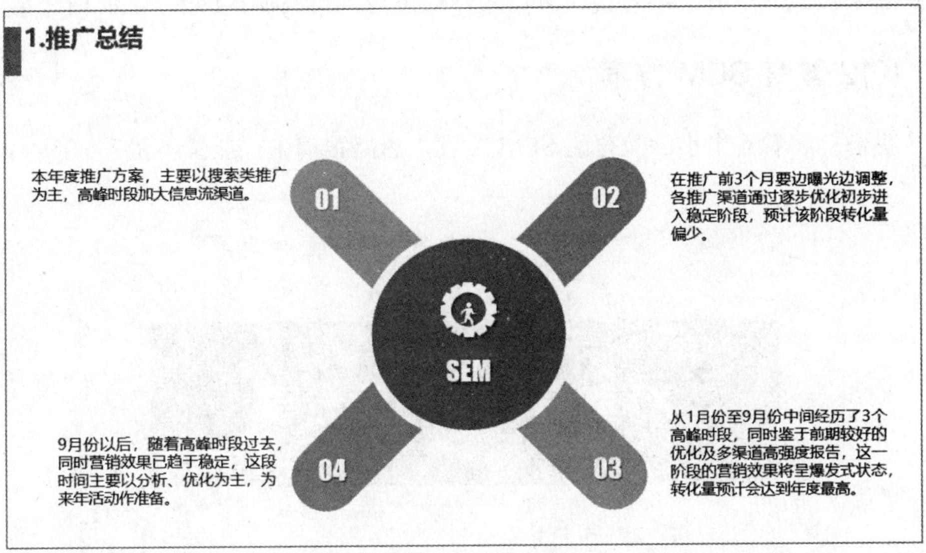

图 9.41　IT 培训 SEM 方案推广总结示意图

最后通过漏斗营销模型，对各个环节的数据进行了预估。关于效果预估，一定要清晰地量化给出。本方案最终期望通过 800 万元/年的投放，实现 2250 人的招生，4500 万元的销售额，3500 元/个的招生成本，投入产出比做到 1∶5.6，如图 9.42 所示。

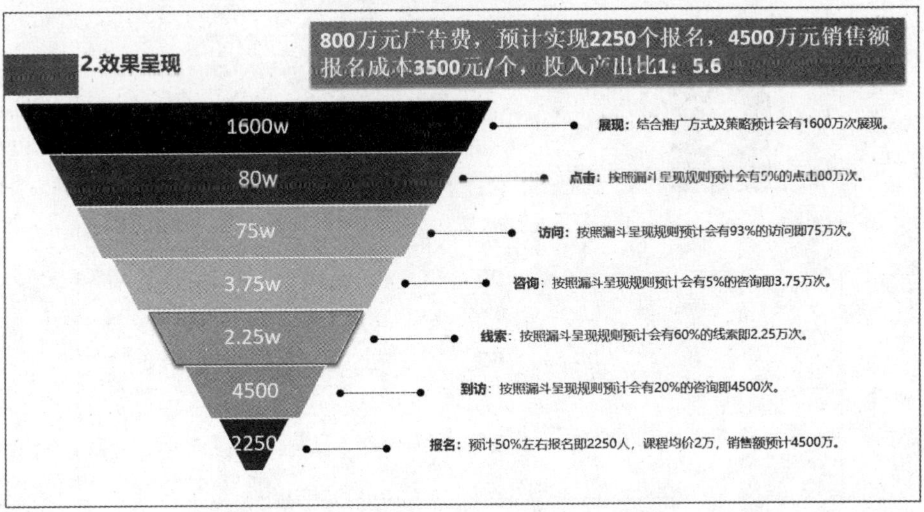

图 9.42　IT 培训 SEM 方案效果预估示意图

大家可以试试仿照这份 IT 培训的 SEM 方案，从前期调研、公司简介、推广策划、推广执行和效果预估 5 个方面，为自己所在的行业撰写一份高质量的 SEM 营销方案。

9.2.2　K12 教育 SEM 方案

本节我们一起看看中小学教育的 SEM 方案，思路很清晰，质量不错，如图 9.43 所示。

图 9.43　中小学教育 SEM 方案示意图

这份 SEM 方案分为 4 个部分：前期调研、推广策略、投放执行和效果预估，如图 9.44 所示。

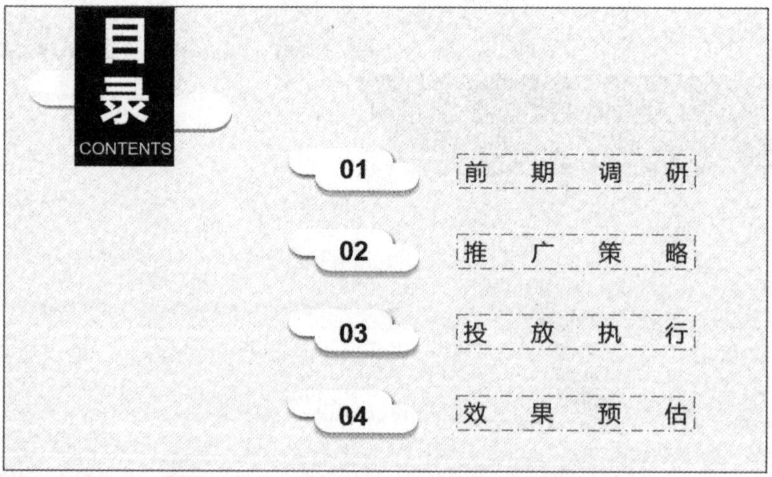

图 9.44　中小学教育 SEM 方案目录示意图

前期调研，从公司简介、行业趋势分析、产品人群画像、竞争对手分析、企业推广现状和 SWOT 分析 6 个方面进行，如图 9.45 所示。

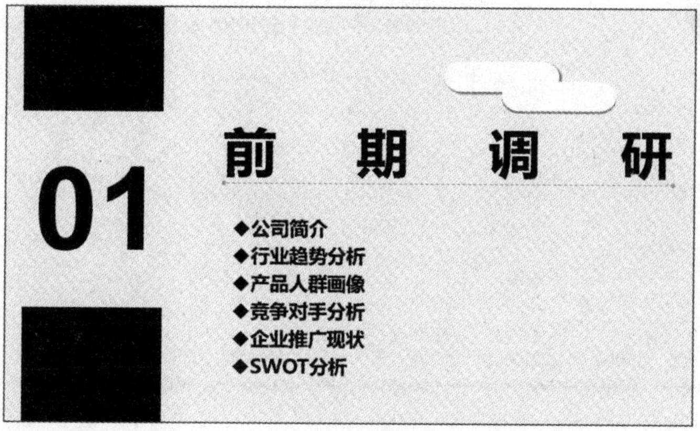

图 9.45　中小学教育 SEM 方案前期调研示意图

公司简介，主要介绍了公司的综合实力、发展历程、产品服务等，如图 9.46 所示。

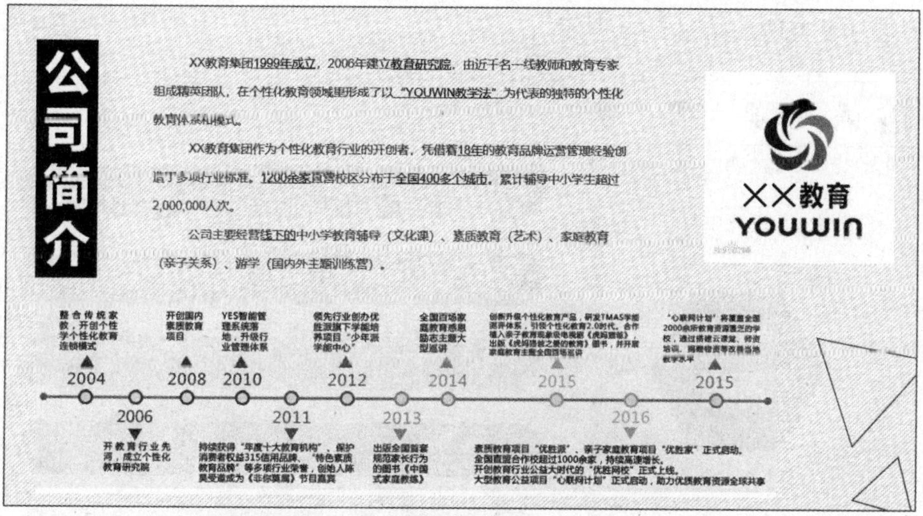

图 9.46　中小学教育 SEM 公司简介示意图

趋势分析，主要通过百度指数工具（http://index.baidu.com），对行业整体的趋势进行了总结，并结合自身对业务的理解，对行业的淡旺季及重要时间节点进行归纳，如图 9.47 所示。

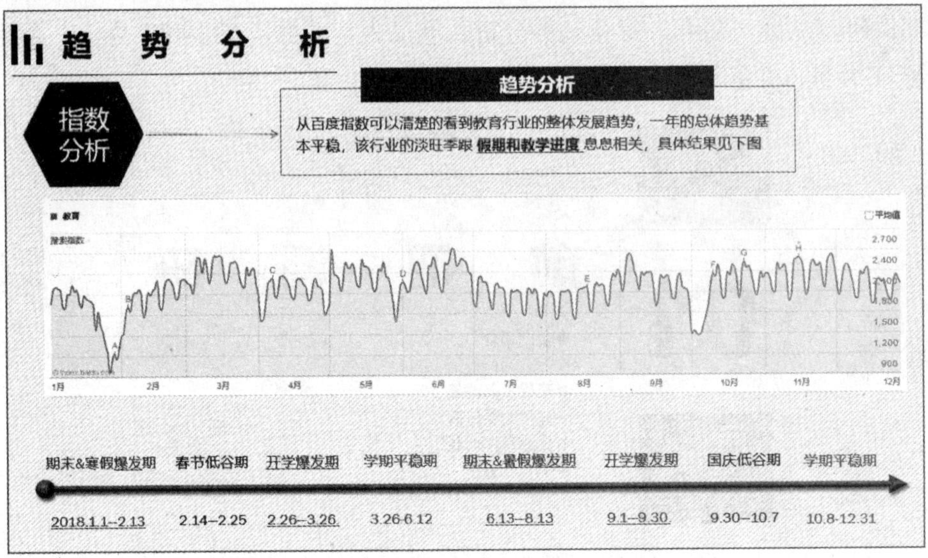

图 9.47　中小学教育 SEM 方案趋势分析示意图

人群画像，依然是通过百度指数工具，将受众的性别分布、年龄分布、地域分配和需求变化等进行了整理，如图 9.48 所示。

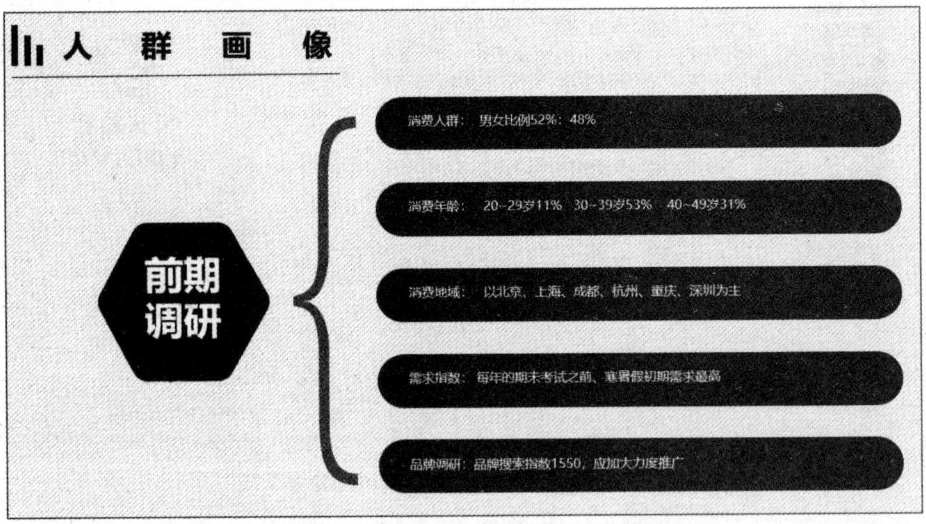

图 9.48　中小学教育 SEM 方案人群画像示意图

竞争分析，主要剖析行业特点及竞争对手，如图 9.49 所示。

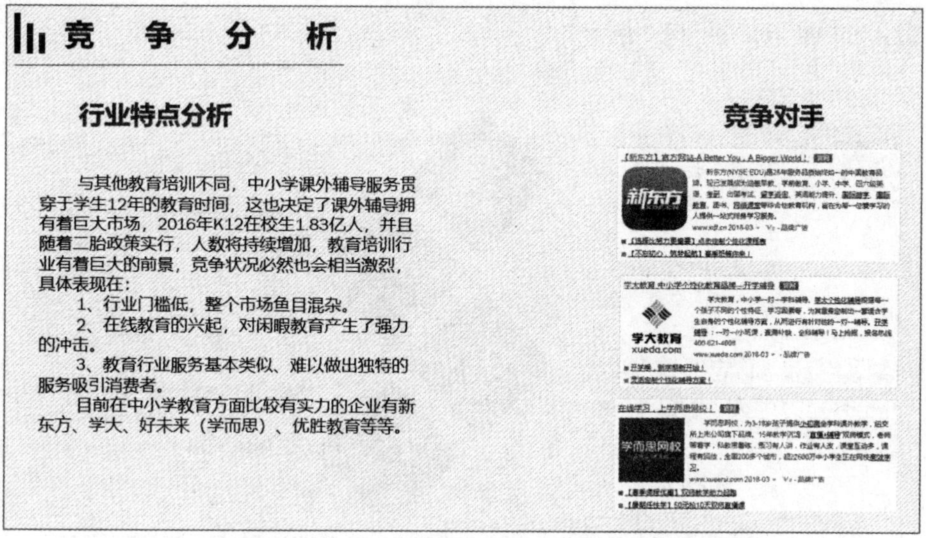

图 9.49　中小学教育 SEM 方案竞争分析示意图

推广现状，主要调研公司目前的推广情况，以百度竞价为例进行说明，如图 9.50 所示。

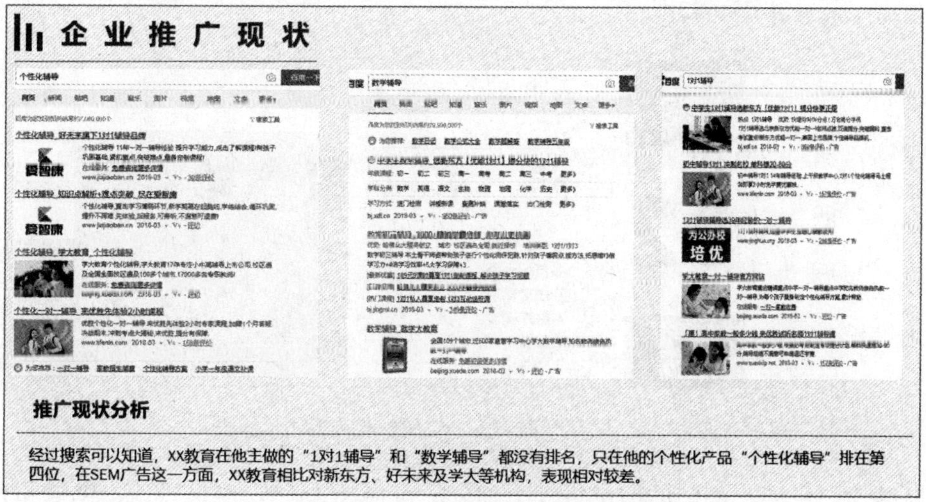

图 9.50　中小学教育 SEM 方案推广现状示意图

SWOT 分析是方案撰写过程中常用的分析方法，主要是从优势（Strength）、劣势（Weakness）、机会（Opportunity）和风险（Threat）4 个方面进行分析，如图 9.51 所示。

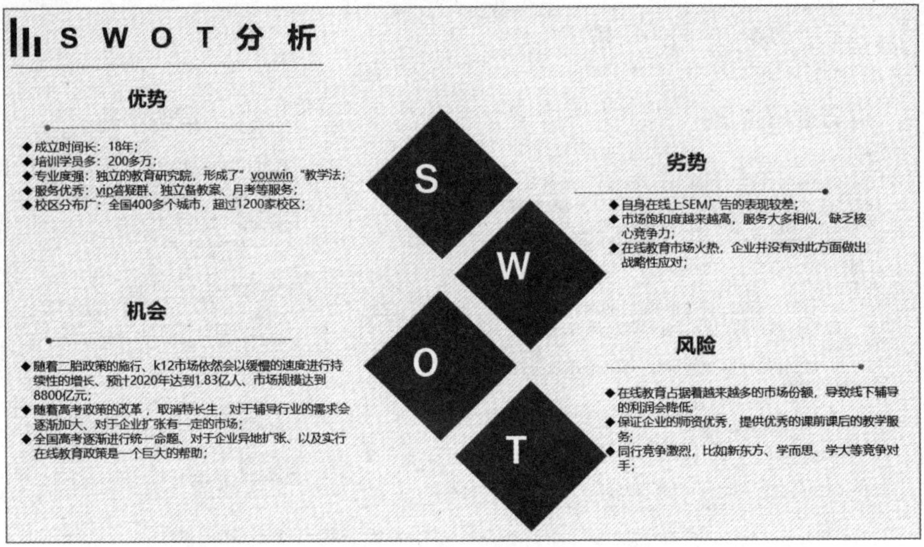

图 9.51　中小学教育 SEM 方案 SWOT 分析示意图

方案第二部分的推广策略，主要从团队建设、目标人群、投放周期、推广渠道、预算分配 5 个点展开，如图 9.52 所示。

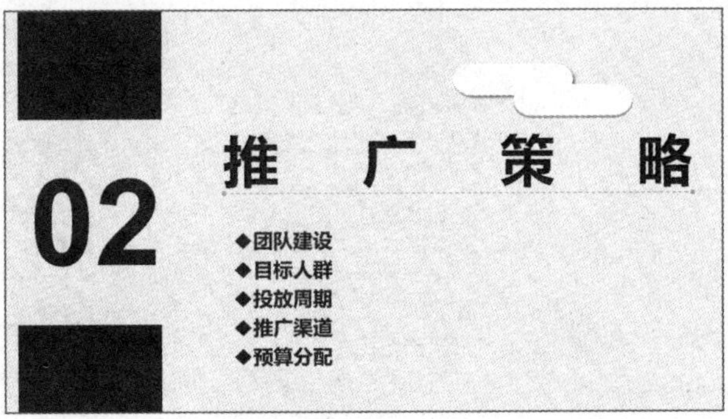

图 9.52　中小学教育 SEM 方案推广策略示意图

团队建设，主要将部门的岗位进行了划分，包括 SEM、程序、设计、编辑和外推等，并对岗位的工作内容进行说明，如图 9.53 所示。

产品受众，主要归纳受众的人群属性及行为特征，为后续广告投放做准备，如图 9.54 所示。

投放周期，主要结合时间节点，对搜索广告、信息流广告和品牌广告进行了相应的安排，重点是搜索广告，其次是信息流广告，品牌广告适当覆盖，如图 9.55 所示。

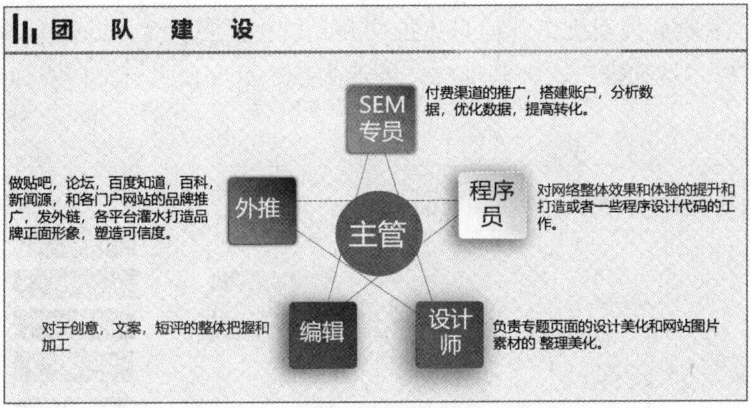

图 9.53　中小学教育 SEM 方案团队建设示意图

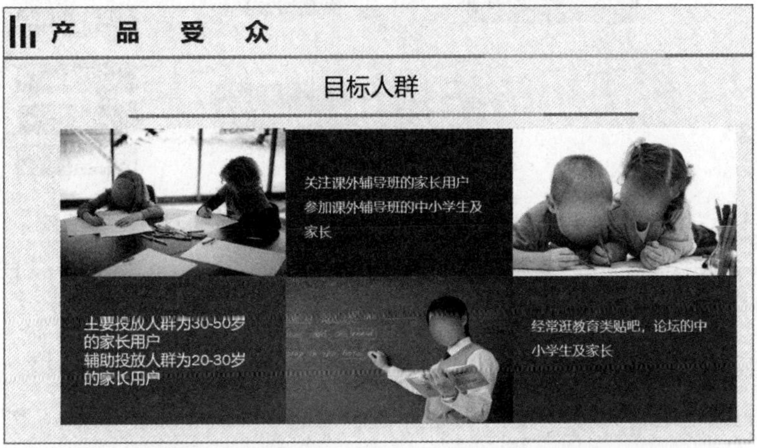

图 9.54　中小学教育 SEM 方案受众分析示意图

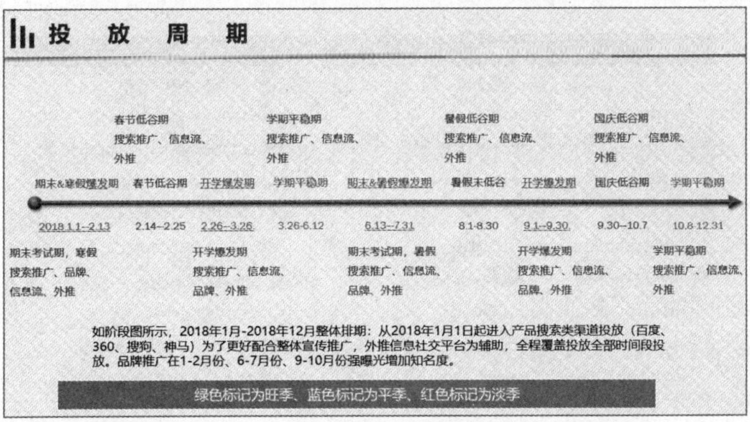

图 9.55　中小学教育 SEM 方案投放周期示意图

投放渠道，主要从搜索推广、信息流推广和品牌推广三大类里进行选择，常见的有百度推广、360 推广、搜狗推广、神马推广、今日头条、百度信息流、广点通和品牌专区等，如图 9.56 所示。

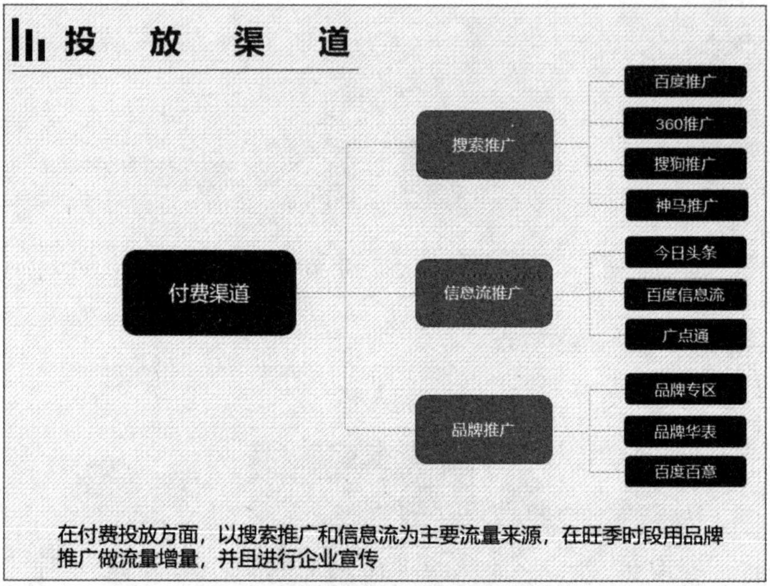

图 9.56　中小学教育 SEM 方案投放渠道示意图

为了使 SEM 渠道投放的效果更理想，在其他推广渠道上也做一些覆盖，主要选择一些免费或低成本的渠道进行外推宣传，为企业进行立体的网络营销，如图 9.57 所示。

推　广　渠　道

渠道	具体渠道	推广计划
百度	官网、电话、地图	1天内提交百度，争取百度收录
PC及移动网站	网站文章	每日更新3篇网站文章（原创/伪原创）
新闻源	新浪、网易、腾讯、搜狐	每月发布4篇付费新闻推广，每月预算4000，各个平台尽量各1篇
问答平台	百度知道、360问答、其他问答	百度每天3条问答，其他类2条，主要做品牌问答
视频网站	搜狐视频、优酷网	定期在主流视频网站发布录制的教学视频
百度其他渠道	百度百科、百度贴吧	百度其他重要渠道做好定期推广
博客平台	新浪/搜狐/网易博客	各平台每日更新2篇博客文章（原创/伪原创）
社区平台	新浪/搜狐/网易社区	各平台每日发布3个帖子
微信公众号	微信公众号推广	每天发布3篇公众号文章（原创/伪原创）
微博	新浪微博	每天发布2条高质量原创微博（企业/行业话题）

图 9.57　中小学教育 SEM 方案推广渠道示意图

预算分配，从渠道角度对总预算进行分配，如图 9.58 所示。

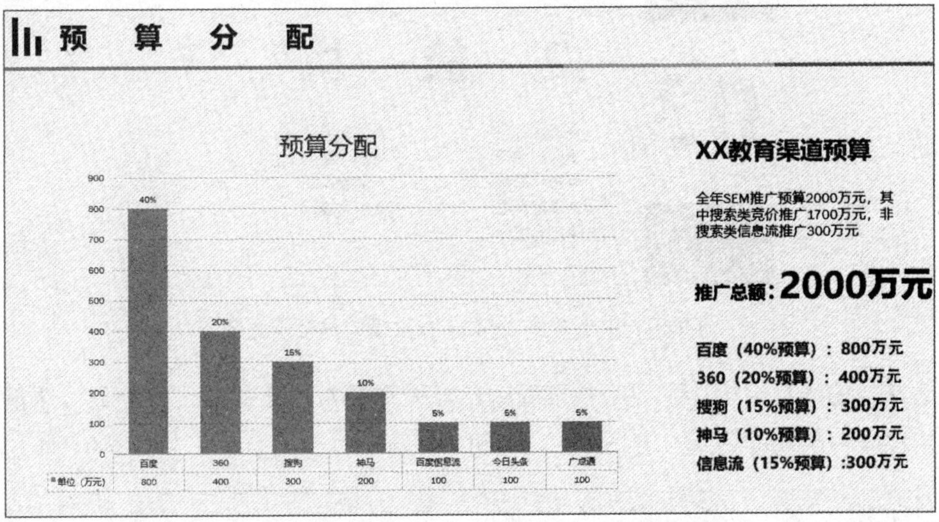

图 9.58　中小学教育 SEM 方案预算分配示意图

预算分配细节，是将总预算区分淡旺季，分配到每个月的每个渠道上，如图 9.59 所示。

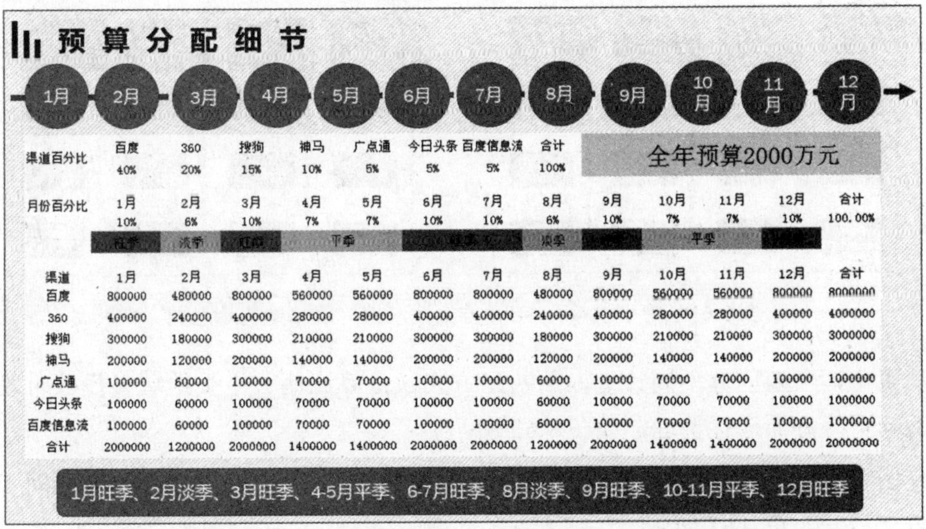

渠道百分比	百度	360	搜狗	神马	广点通	今日头条	百度信息流	合计
	40%	20%	15%	10%	5%	5%	5%	100%

月份百分比	1月	2月	3月	4月	5月	6月	7月	8月	9月	10月	11月	12月	合计
	10%	6%	10%	7%	7%	10%	10%	6%	10%	7%	7%	10%	100.00%

渠道	1月	2月	3月	4月	5月	6月	7月	8月	9月	10月	11月	12月	合计
百度	800000	480000	800000	560000	560000	800000	800000	480000	800000	560000	560000	800000	8000000
360	400000	240000	400000	280000	280000	400000	400000	240000	400000	280000	280000	400000	4000000
搜狗	300000	180000	300000	210000	210000	300000	300000	180000	300000	210000	210000	300000	3000000
神马	200000	120000	200000	140000	140000	200000	200000	120000	200000	140000	140000	200000	2000000
广点通	100000	60000	100000	70000	70000	100000	100000	60000	100000	70000	70000	100000	1000000
今日头条	100000	60000	100000	70000	70000	100000	100000	60000	100000	70000	70000	100000	1000000
百度信息流	100000	60000	100000	70000	70000	100000	100000	60000	100000	70000	70000	100000	1000000
合计	2000000	1200000	2000000	1400000	1400000	2000000	2000000	1200000	2000000	1400000	1400000	2000000	20000000

图 9.59　中小学教育 SEM 方案预算分配细节示意图

投放执行部分，重点详细说明搜索广告和信息流广告，如图 9.60 所示。

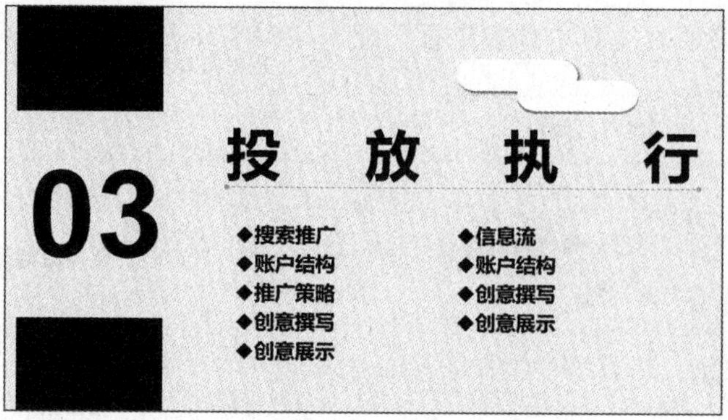

图 9.60　中小学教育 SEM 方案投放执行示意图

搜索推广的账户结构，主要是找准受众，对受众经常搜索的词进行分类，这里分成了品牌词、产品词和竞品词等，并区分 PC 端和移动端进行投放管理，如图 9.61 所示。

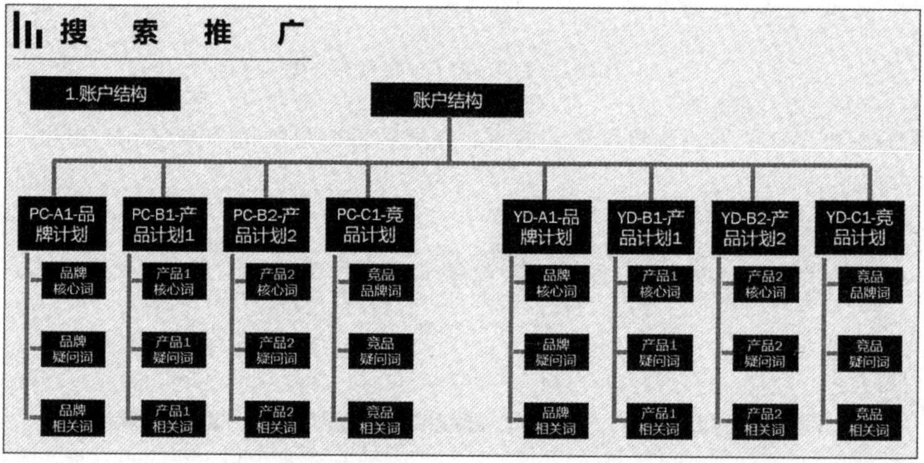

图 9.61　中小学教育 SEM 方案搜索推广账户结构示意图

推广策略，主要区分不同计划，从匹配方式、预算比例、主要地域、投放时段、创意撰写和着陆页等方面进行整理，如图 9.62 所示。

创意撰写部分，主要区分 PC 端和移动端，列举一些有代表性的词，从不同卖点出发进行广告撰写，如图 9.63 所示。

信息流广告，主要以今日头条广告为例，从广告资源、定向方式和设备端等方面，搭建账户进行投放，如图 9.64 所示。

图 9.62　中小学教育 SEM 方案搜索推广策略示意图

图 9.63　中小学教育 SEM 方案搜索推广创意撰写示意图

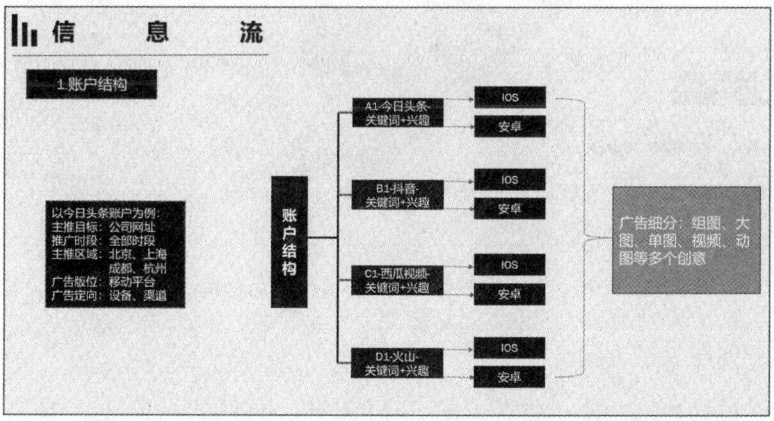

图 9.64　中小学教育 SEM 方案信息流广告账户结构示意图

效果预估是所有方面的重中之重，一定要详细说明，同时前面呈现内容的专业度情况，也决定了浏览方案的人是否相信你能兑现效果预估，如图 9.65 所示。

图 9.65　中小学教育 SEM 方案效果预估示意图

最后通过漏斗营销模型，对各个环节的数据进行预估。关于效果预估，一定要清晰地量化给出。本方案最终期望通过 2000 万元/年的投放，实现 9600 人的招生，9600 万元的销售额，2083 元/人的招生成本，投入产出比做到 1：4.8，如图 9.66 所示。

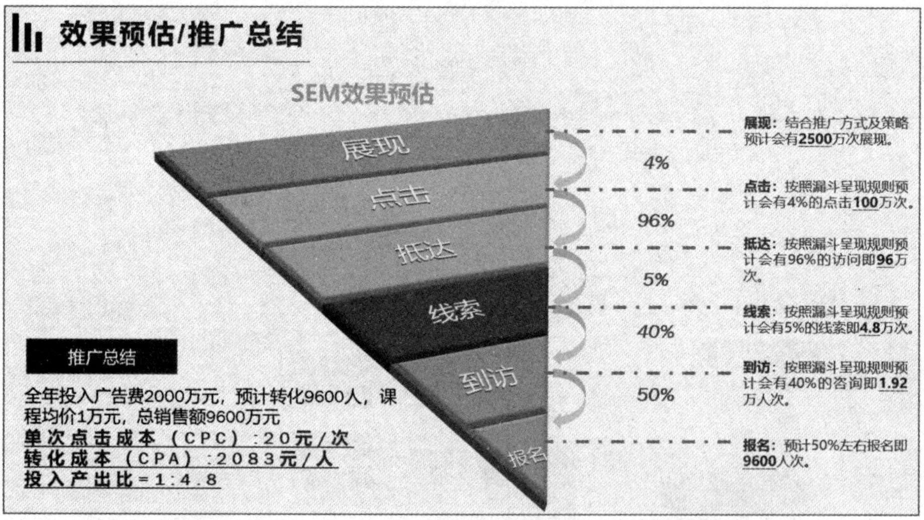

图 9.66　中小学教育 SEM 方案预估及总结示意图

方案结尾，如图 9.67 所示。

大家可以试试仿照这份中小学教育的 SEM 方案，为自己所在的行业撰写一份高质量的 SEM 营销方案。

图 9.67　中小学教育 SEM 方案结尾示意图

9.2.3　手游 SEM 方案

本节带来的是一款手游的 SEM 方案，方案分为 3 块内容：投放阶段分析、双测期推广策略和策略汇总及注意事项，如图 9.68 所示。

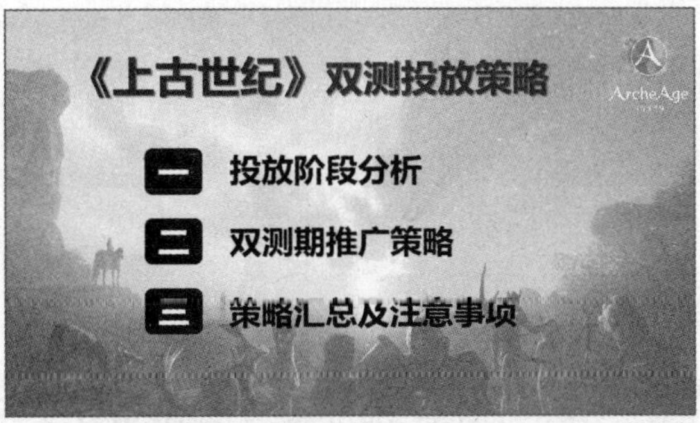

图 9.68　上古世纪 SEM 方案示意图

第一部分是投放阶段分析，如图 9.69 所示。

图 9.69　上古世纪 SEM 方案投放阶段分析示意图

双测投放时段定位，主要是按时间节点进行确认及排序，根据双测安排，说明整体推广节奏，其中不删档推广为铺垫，不限号推广为核心，如图 9.70 所示。

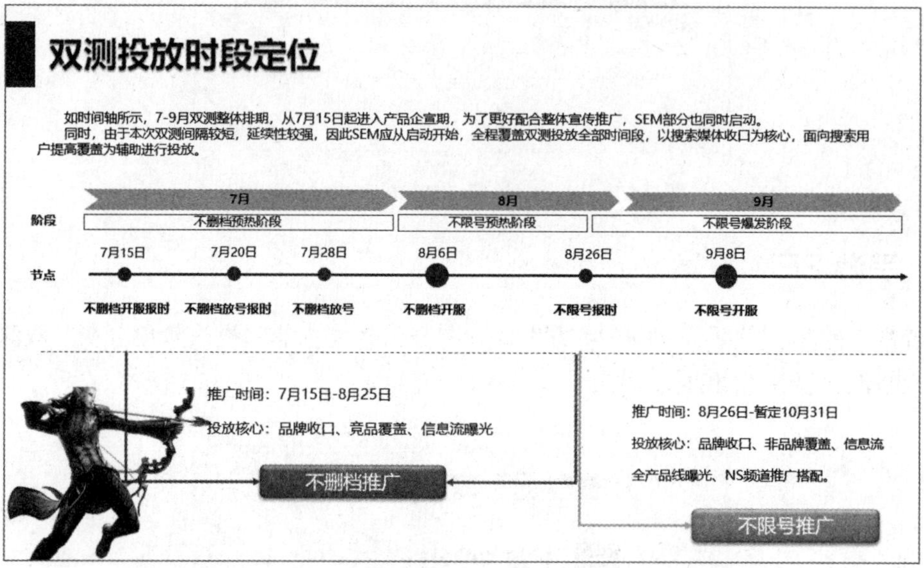

图 9.70　上古世纪 SEM 方案投放时段定位示意图

第二部分是双测期推广策略，如图 9.71 所示。

图 9.71　上古世纪 SEM 方案推广策略示意图

游戏双测分为不删档内测和不限号公测，不删档内测是铺垫，涉及的渠道少，不限号公测更为重要，涉及的渠道更多，如图 9.72 所示。

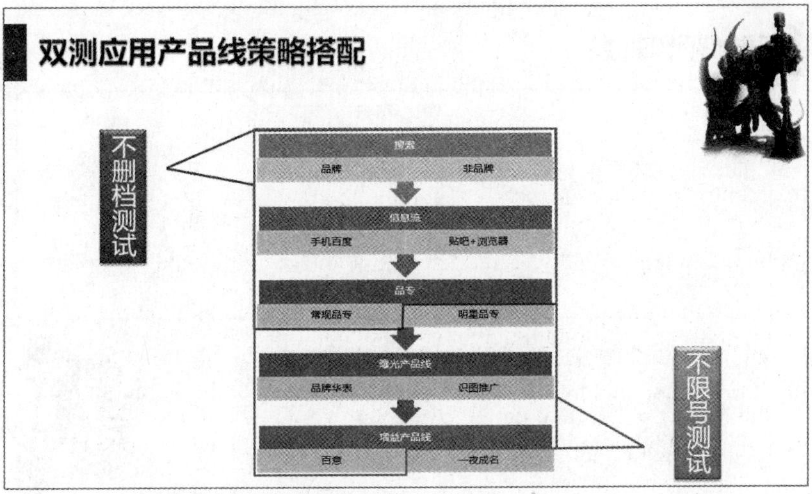

图 9.72　上古世纪 SEM 方案产品线策略示意图

渠道排期方面，根据客户提供的时间节点，确认双测过程中不同渠道的进场/退场时间，优质渠道基本全程贯穿，例如搜索广告、品牌专区、信息流广告，其他渠道放在重点的游戏公测阶段再进入，例如明星品专、品牌华表、百度百意和一夜成名等，如图 9.73 所示。

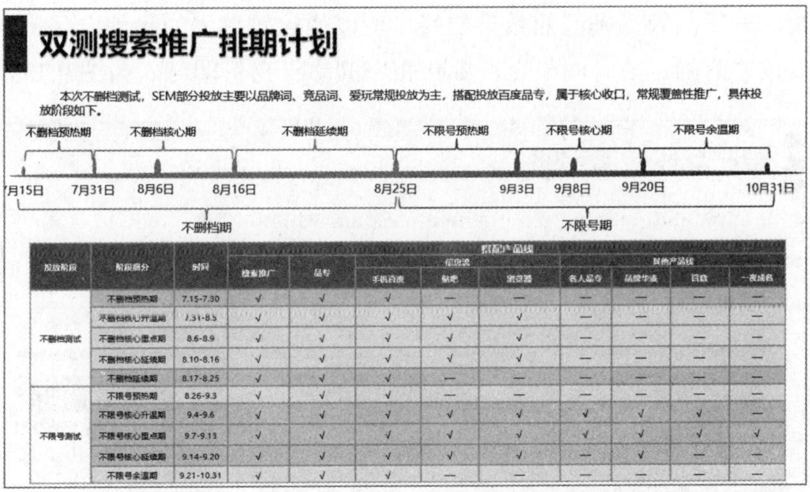

图 9.73　上古世纪 SEM 方案推广排期示意图

预算主要消耗在搜索广告和信息流广告上，内测阶段预算少，公测阶段预算多；搜索广告的预算比例大于信息流广告。其他渠道根据后续客户沟通，再确认投放预算的具体金额，如图 9.74 所示。

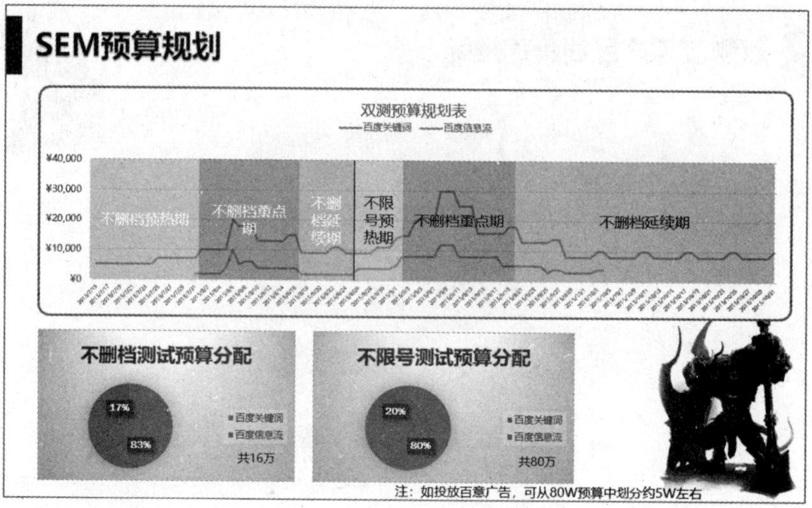

图 9.74　上古世纪 SEM 方案预算规划示意图

总体表述之后，接下来对每个渠道再单独进行说明，主要包括：百度品牌专区、百度竞价广告、百度信息流广告、百度时效（明星）品专、百度品牌华表广告、百度图片推广、百度百意广告（百度 DSP 的升级版）和百度非标广告。

对于手游，一般品牌词来源的效果最好，所以像比较昂贵的品牌专区广告，一般也都会进行投放，按之前确定的时间节点，更新相应的广告物料即可，如图 9.75 所示。

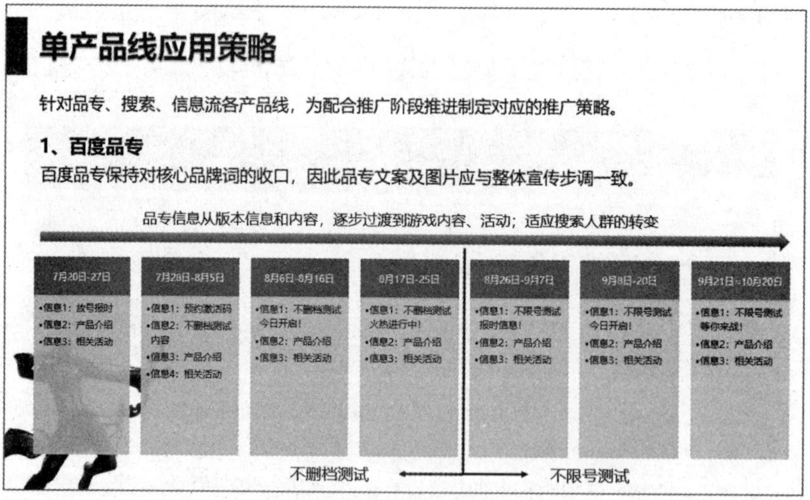

图 9.75　上古世纪 SEM 方案百度品专投放示意图

搜索广告是整体投放的核心部分，这里将账户结构进行了呈现，主要有品牌词计划、竞品词计划、类型词计划、通用词计划、厂商词计划、特殊词计划、口碑词计划和人群词计划等，如图 9.76 所示。

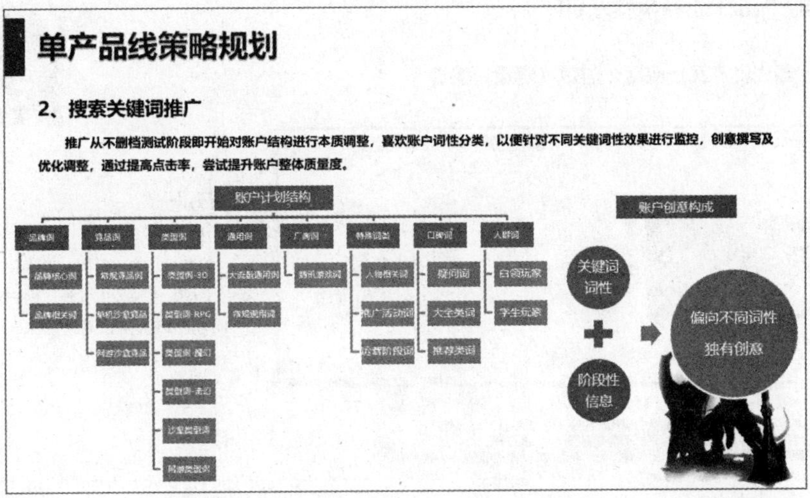

图 9.76　上古世纪 SEM 方案搜索广告投放示意图

信息流广告也是整个营销活动的重点渠道，这里以百度信息流为例，重点投放手机百度，辅助投放百度贴吧，如图 9.77 所示。

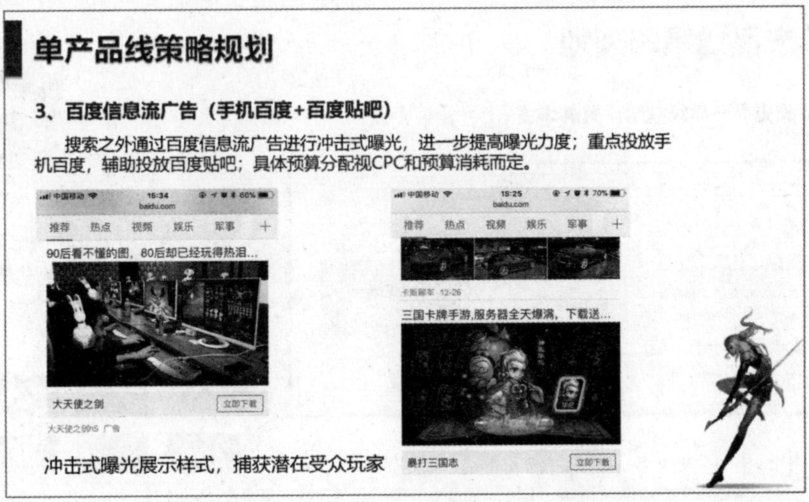

图 9.77　上古世纪 SEM 方案信息流广告投放示意图

时效（明星）品专，视情况而定，可以将明星的粉丝导流到手游，建议在重要的时间节点考虑投放，如图 9.78 所示。

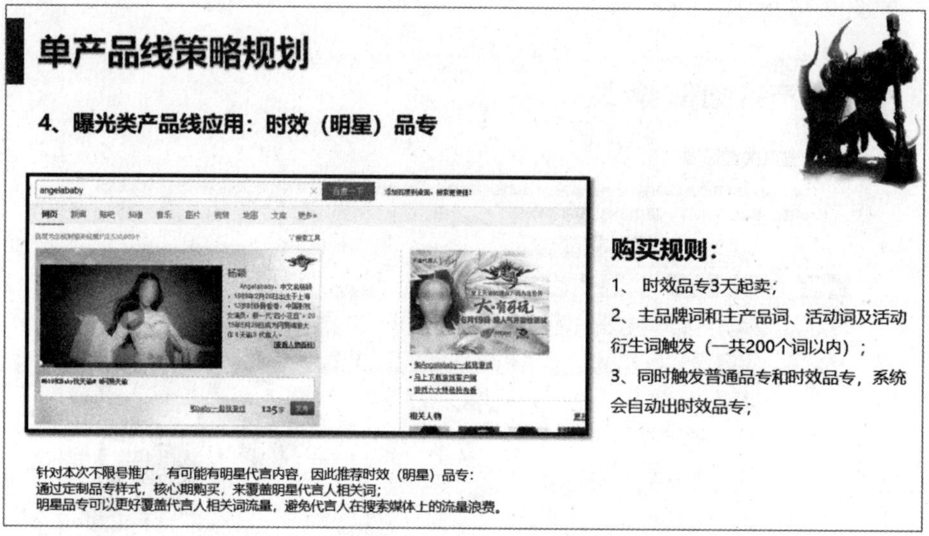

图 9.78　上古世纪 SEM 方案时效品专投放示意图

品牌华表广告，同样视情况而定，广告位主要在右侧上方，品牌曝光为主，转化效果一般，可以考虑在重要的时间节点适当投放，如图 9.79 所示。

图 9.79　上古世纪 SEM 方案品牌华表投放示意图

识图推广，即在图片频道上方展现广告，也以品牌曝光为主，如图 9.80 所示。

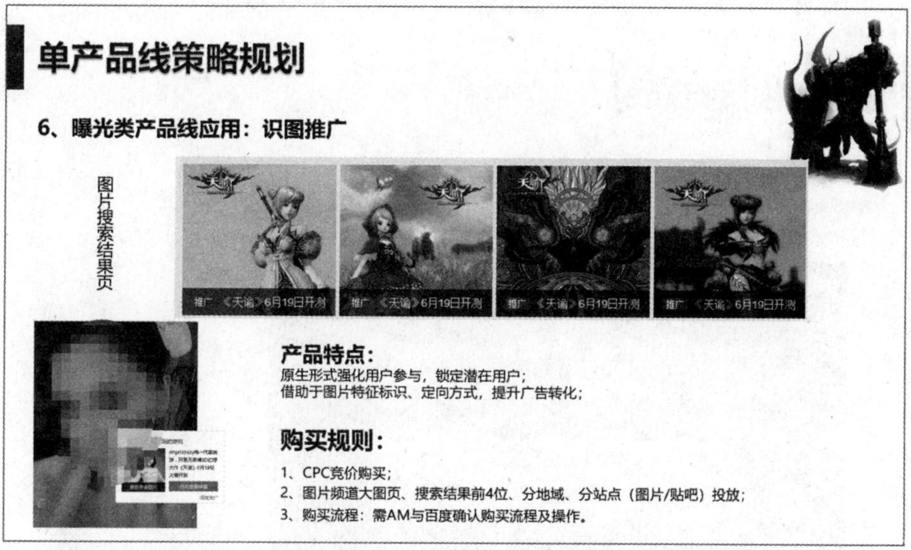

图 9.80 上古世纪 SEM 方案识图推广投放示意图

百度百意广告，前身是百度 DSP/百度网盟，整体也偏向品牌曝光，转化效果一般，可以考虑在重要的时间节点适当投放，如图 9.81 所示。

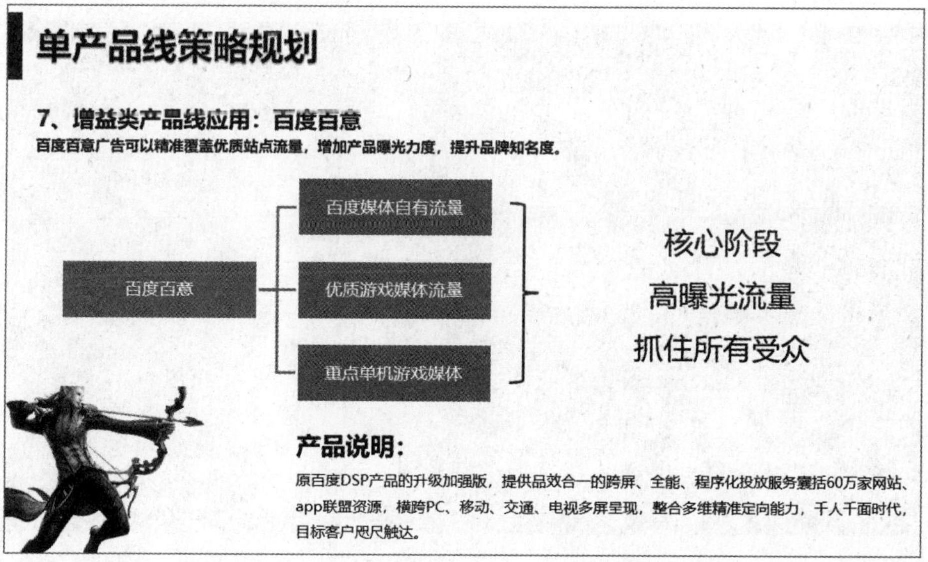

图 9.81 上古世纪 SEM 方案百度百意投放示意图

一夜成名广告，是百度非标广告的重要代表，同时也是品牌广告的代表，整体以品牌曝光为主，同样建议在重要的时间节点适当投放，如图 9.82 所示。

图 9.82 上古世纪 SEM 方案一夜成名投放示意图

第三部分是策略汇总及注意事项，将前面的内容进行整理，如图 9.83 所示。

图 9.83 上古世纪 SEM 方案总结示意图

整体策略总体而言就是三步走：1．优先效果营销渠道（搜索+信息流）；2．品效合一渠道（品专、华表、识图等）；3．考虑品牌传播渠道（百度百意/DSP、非标广告等），如图 9.84 所示。

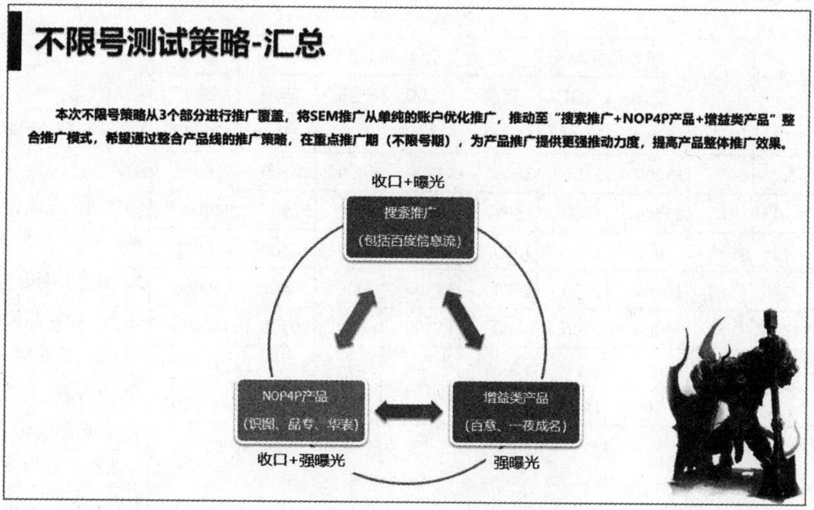

图 9.84　上古世纪 SEM 方案策略汇总示意图

方案最后通过注意事项，将合作可能存在的问题提出来，主动进行说明，避免后续合作过程中产生不必要的问题，如图 9.85 所示。

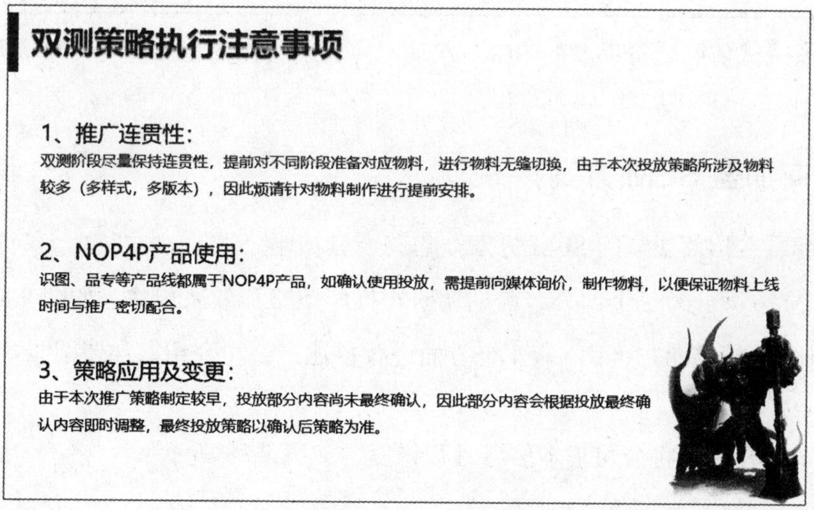

图 9.85　上古世纪 SEM 方案注意事项示意图

在效果预估方面，由于是初步提案，在此版本里，暂未做详尽说明，在后续的进一步沟通中，应将效果预估分渠道、分时间、分设备端进行详细说明，如表 9.5 所示。

表 9.5　上古世纪 SEM 方案效果预估示意图

<table>
<tr><th colspan="11">整体投放策略</th></tr>
<tr><th rowspan="2">投放阶段</th><th rowspan="2">日期</th><th rowspan="2">设备</th><th colspan="2">注册量预估</th><th colspan="4">预算（天）</th><th>预算</th><th rowspan="2">投放策略</th></tr>
<tr><th>安卓</th><th>IOS</th><th>百度</th><th>360</th><th>搜狗</th><th>神马</th><th>总计</th></tr>
<tr><td>5 月预约期</td><td>5.3-5.15</td><td>移动</td><td>12600</td><td>2100</td><td>15000</td><td>6750</td><td>3000</td><td>5250</td><td>420000</td><td rowspan="9">1．开始投放以低价、曝光为主，保证在线时长。以品牌词、IP 词、厂商词、竞品词为主，迅速预热账户
2．根据前期数据分析，去除转化率不好的词，优化账户整体 CPA
3．重点投放期，保证品牌词、IP 词、厂商词全天覆盖
4．稳定投放期，优先保证核心用户收口，并根据后期转化数据做好账户投放优化调整
5．投放比例：
百度：360：搜狗：神马 = 1：0.45：0.20：0.35
百度=168 万元、360=75.6 万元、搜狗=33.6 万元、神马=58.8 万元</td></tr>
<tr><td>5 月爆发期</td><td>5.16-5.22</td><td>移动</td><td>15000</td><td>2300</td><td>30000</td><td>13500</td><td>6000</td><td>10500</td><td>420000</td></tr>
<tr><td>5-6 月稳定期</td><td>5.23-6.21</td><td>移动</td><td>25200</td><td>4200</td><td>15000</td><td>6750</td><td>3000</td><td>5250</td><td>840000</td></tr>
<tr><td>6 月爆发期</td><td>6.20-6.26</td><td>移动</td><td>15000</td><td>2300</td><td>30000</td><td>13500</td><td>6000</td><td>10500</td><td>420000</td></tr>
<tr><td>6-7 月稳定期</td><td>6.27-7.17</td><td>移动</td><td>18900</td><td>3150</td><td>15000</td><td>6750</td><td>3000</td><td>5250</td><td>630000</td></tr>
<tr><td>7 月爆发期</td><td>7.18-7.24</td><td>移动</td><td>15000</td><td>2300</td><td>30000</td><td>13500</td><td>6000</td><td>10500</td><td>420000</td></tr>
<tr><td>7 月稳定期</td><td>7.25-7.31</td><td>移动</td><td>6300</td><td>1050</td><td>15000</td><td>6750</td><td>3000</td><td>5250</td><td>210000</td></tr>
<tr><td>总计</td><td>-</td><td>-</td><td>10800</td><td>17400</td><td>-</td><td>-</td><td>-</td><td>-</td><td>3360000</td></tr>
<tr><td colspan="3">注册成本预估</td><td colspan="7">￥26.79</td></tr>
</table>

大家可以试试仿照这份手游的 SEM 方案，为自己所在的行业撰写一份高质量的 SEM 方案。

9.2.4　招商加盟 SEM 方案

本节一起看看招商加盟的 SEM 方案，思路十分清晰。

这份 SEM 方案分为三个部分：前期调研、推广策略和效果预估，如图 9.86 所示。

前期调研，如图 9.87 所示，从 4 个方面进行描述：公司介绍、加盟前景、百度指数和 SWOT 分析。

首先是公司介绍，将公司基本信息进行说明，如图 9.88 所示。

图 9.86　水育馆 SEM 方案目录示意图

图 9.87　水育馆 SEM 方案前期调研示意图

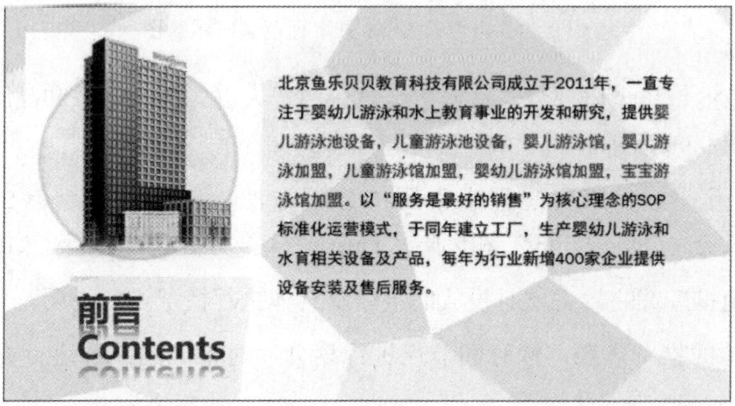

图 9.88　水育馆 SEM 方案公司介绍示意图

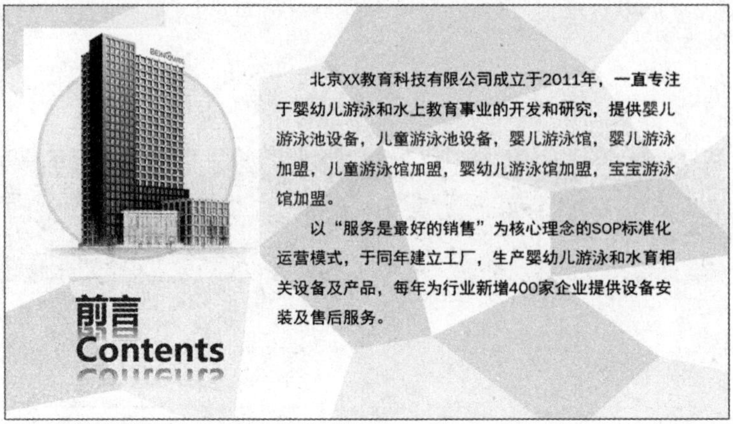

图 9.88 水育馆 SEM 方案公司介绍示意图（续）

行业调研，主要从婴儿游泳馆的加盟前景和发展方向进行说明，如图 9.89 所示。

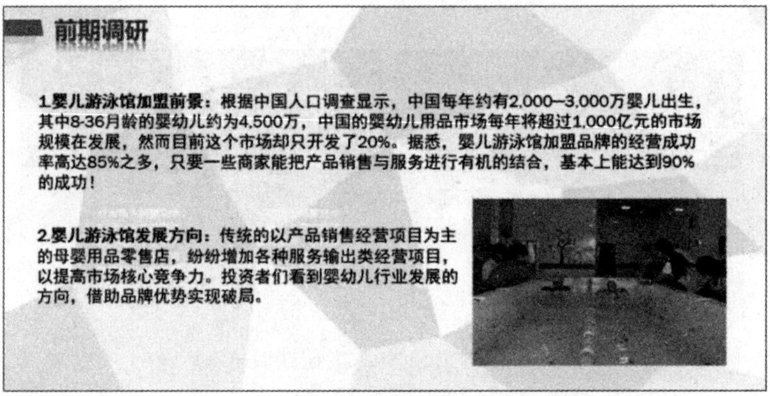

图 9.89 水育馆 SEM 方案行业调研示意图

婴儿游泳馆的市场调研部分，从消费地域、消费人群、需求指数和品牌搜索 4 个方面进行介绍，如图 9.90 所示。

SWOT 分析是方案撰写过程中常用的分析方法，主要从优势（Strength）、劣势（Weakness）、机会（Opportunity）和风险（Threat）4 个方面进行分析，如图 9.91 所示。

第二部分是推广策略，主要对投放的策略及具体执行情况进行说明。

首先是整体的推广排期，按时间节点进行划分，对推广的节奏进行介绍，如图 9.92 所示。

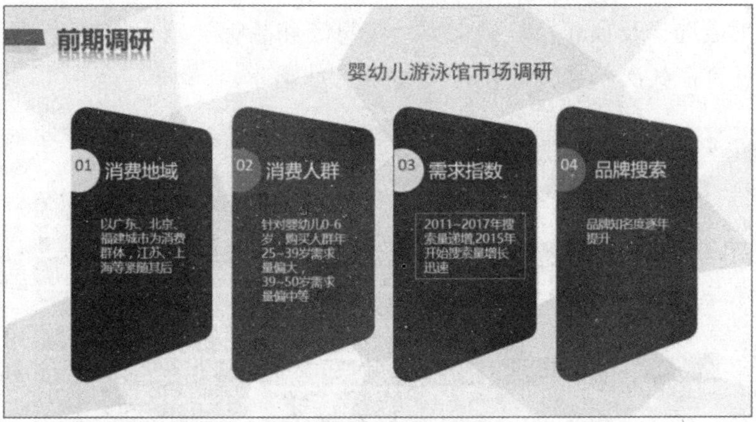

图 9.90　水育馆 SEM 方案市场调研示意图

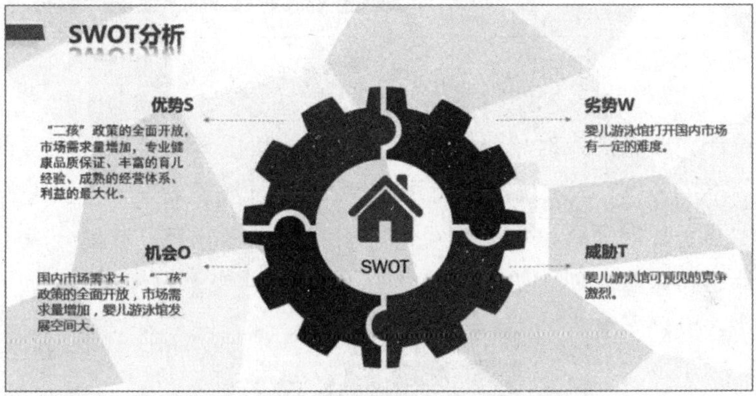

图 9.91　水育馆 SEM 方案 SWOT 分析示意图

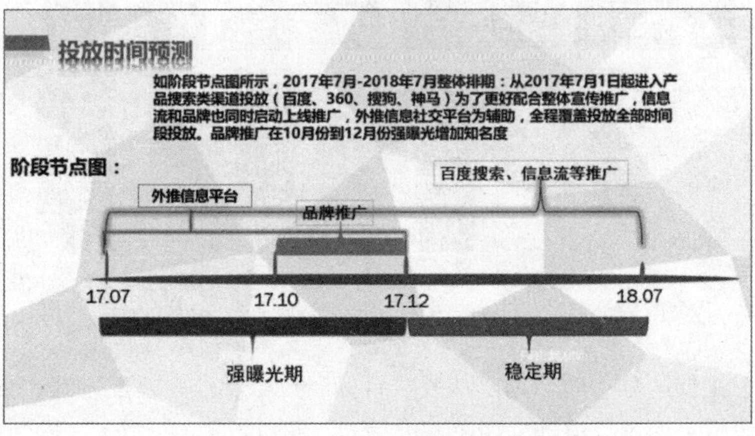

图 9.92　水育馆 SEM 方案投放时间节点示意图

接下来是渠道选择及预算，从搜索类、信息流和品牌类三大类渠道进行安排，其中搜索是核心，信息流在其次，品牌做补充，如图 9.93 所示。

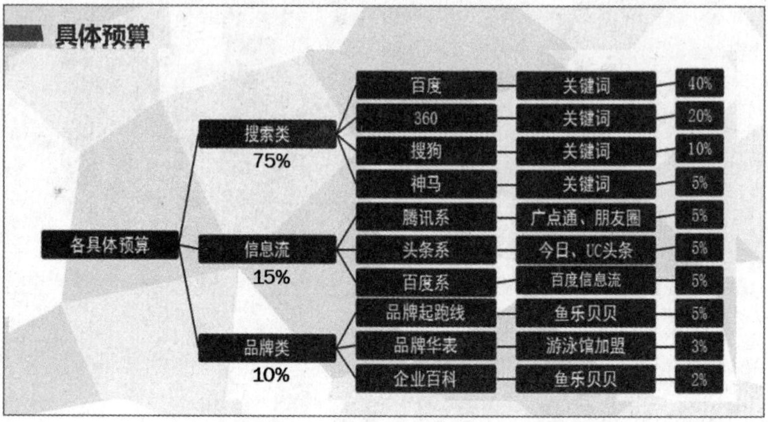

图 9.93　水育馆 SEM 方案渠道预算示意图

总体渠道设计完成之后，对单品渠道逐个介绍，从搜索到信息流，再到品牌。本方案主要以百度竞价推广为例，从账户结构、投放策略和创意文案三个方面进行渠道投放的介绍，账户结构主要是找准受众，将受众经常搜索的词进行分类，这里分成了品牌计划、产品计划、通用计划和竞品计划，如图 9.94 所示。

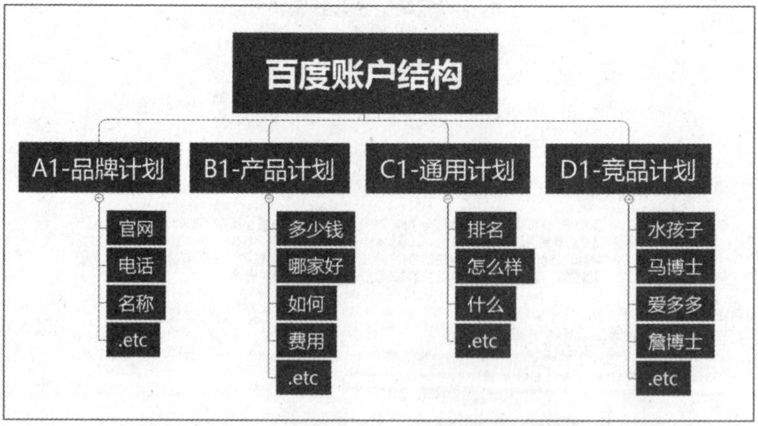

图 9.94　水育馆 SEM 方案百度账户结构示意图

投放策略，主要区分不同计划，从投放目标、核心卖点、匹配方式、预算比例、投放地域和投放时段等方面进行整理，如图 9.95 所示。

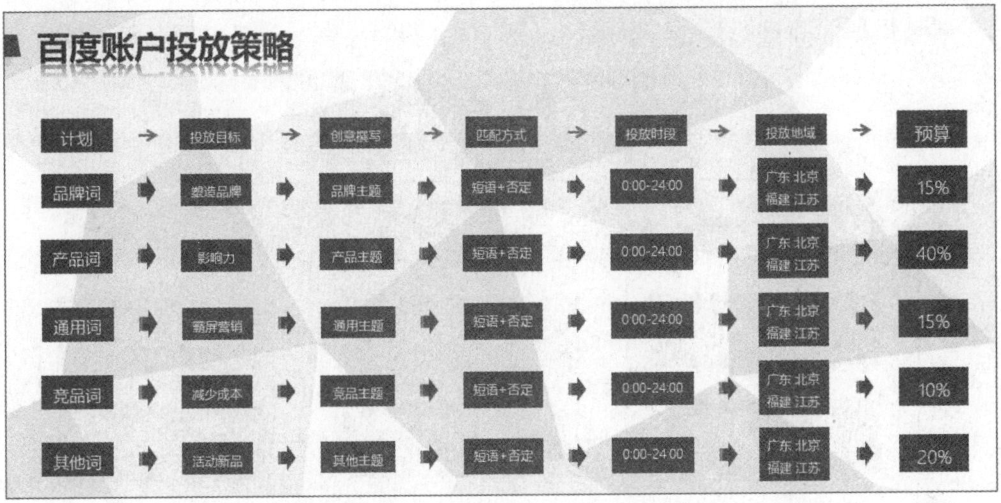

图 9.95　水育馆 SEM 方案百度投放策略示意图

创意撰写，主要是区分 PC 端和移动端，列举一些有代表性的词，从不同卖点出发进行广告撰写，如图 9.96 所示。

创意文案

设备	序号	标题	描述一	描述二
PC端	1（品牌）	{XX}多元化主题游泳馆，妈妈用心的选择！	{XX}主题开店+粘性消费+持续更新！婴儿游泳加盟品牌	XX专业保证,赢得世代妈妈信赖，咨询热线:400XXXXXXX
	2（产品）	「XX」{婴幼儿游泳馆加盟}专业保障，贴心服务	「XX」{婴幼儿游泳馆加盟}15年开店经验，一次投入，无忧创收！	XX专业保证,赢得世代妈妈信赖，咨询热线:400XXXXXXX
	3（通用）	「XX」{游泳馆加盟}300+家成功经验 婴幼儿健康生活馆	{游泳馆加盟}婴童游泳馆+水育早教+亲子游泳+儿童乐园等模式，多样收益,吸金不止	XX婴儿游泳馆，免费技术培训，咨询热线:400XXXXXXX
	4（竞品）	「XX」设备全新升级，婴幼儿健康生活馆	「XX」火热市场 设备齐全 全年热销四季获利 全程退换货	15年开店经验 为你引航创业婴儿游泳会馆 一次投入 无忧创收
移动端	1（品牌）	{XX}多元化主题游泳馆，妈妈用心的选择！	{XX}主题开店+黏性消费+持续更新！婴儿游泳加盟品牌	
	2（产品）	「XX」{婴幼儿游泳馆加盟}专业保障，贴心服务	「XX」{婴幼儿游泳馆加盟}15年开店经验，一次投入，无忧创收！	
	3（通用）	「XX」{游泳馆加盟}300+家成功经验 婴幼儿健康生活馆	{游泳馆加盟}婴童游泳馆+水育早教+亲子游泳+儿童乐园等模式，多样收益,吸金不止	
	4（竞品）	「XX」设备全新升级，婴幼儿健康生活馆	「XX」火热市场 设备齐全 全年热销四季获利 全程退换货	

图 9.96　水育馆 SEM 方案创意文案示意图

信息流广告，在本方案中主要是将受众按定向方式进行细分投放，如图 9.97 所示。

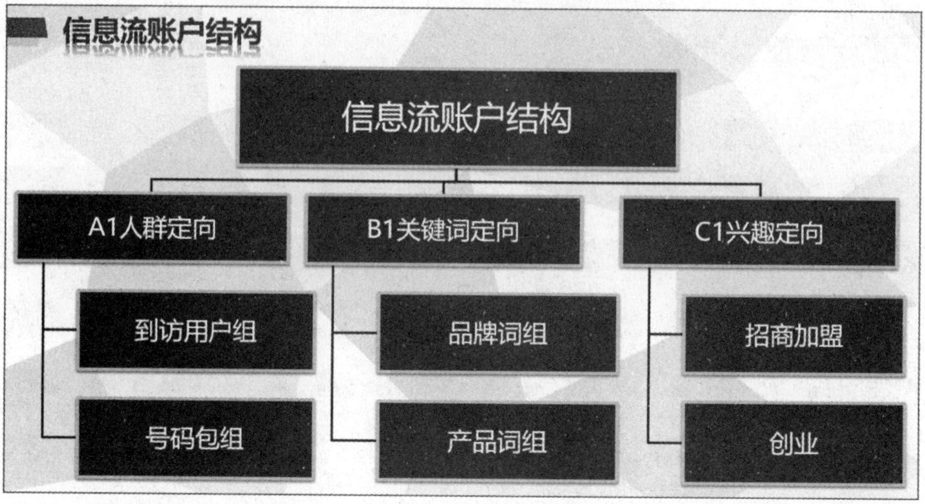

图 9.97　水育馆 SEM 方案信息流账户结构示意图

除搜索广告和信息流广告之外，本方案也提及一些相关的品牌渠道，例如企业百科、品牌起跑线和品牌华表等，如图 9.98 所示。

图 9.98　水育馆 SEM 方案百度其他渠道示意图

本方案的最后部分是效果预估，这是 SEM 方案的核心部分。

按漏斗营销流程分解，将各个环节的效果进行大致预估。关于效果预估，一定要清晰地量化给出，本方案最终希望通过 100 万元广告的投放，实现 600 万元的招商加盟，投入产出比做到 1∶6，如图 9.99 所示。

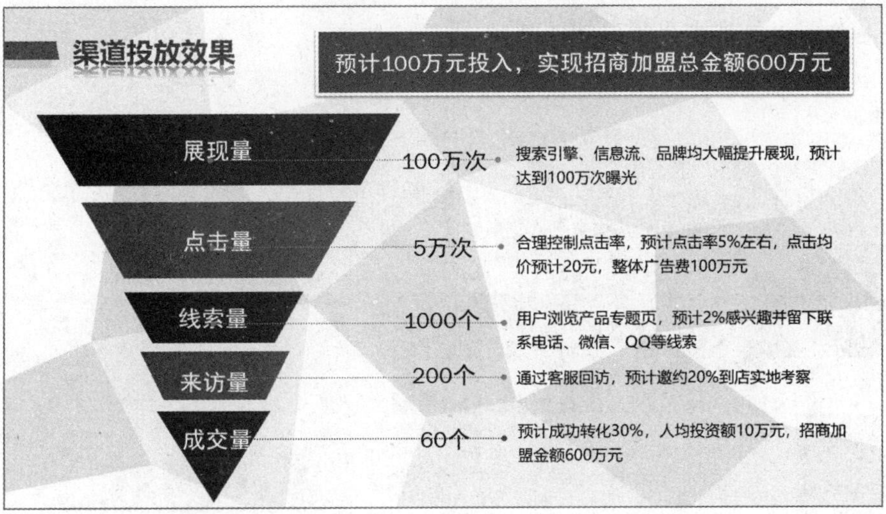

图 9.99　水育馆 SEM 方案投放效果预估示意图

大家可以试试按照行业调研-推广策略-效果预估的顺序，仿照这份招商加盟的 SEM 方案，为自己所在的行业撰写一份高质量的 SEM 营销方案。

9.2.5　装修行业 SEM 方案

本节带大家一起看看装修行业的 SEM 方案，思路清晰，投放执行部分竟然还策划了专题页，如图 9.100 所示。

图 9.100　装修 SEM 方案示意图

首先对公司进行基本介绍，如图 9.101 所示。

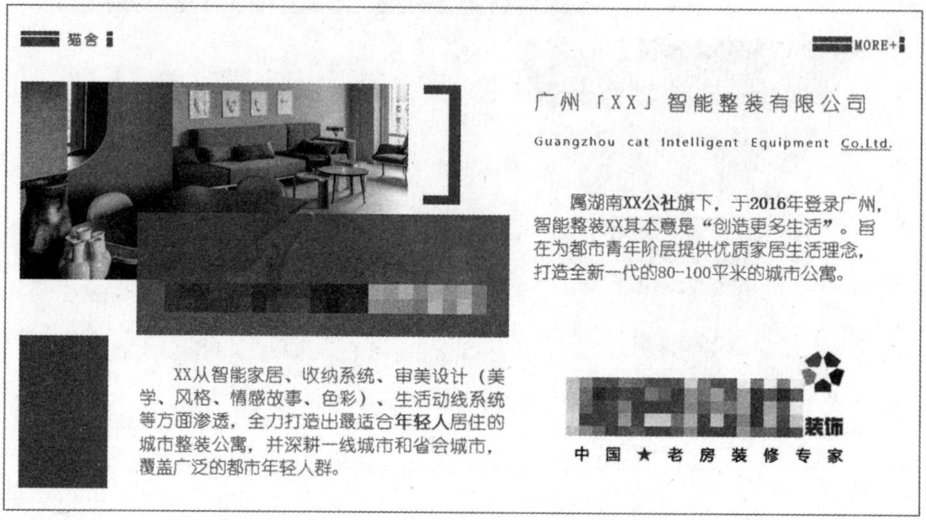

图 9.101　装修 SEM 方案公司介绍示意图

这份 SEM 方案分为 4 个部分：行业现状、投放策略、投放执行和效果预估，如图 9.102 所示。

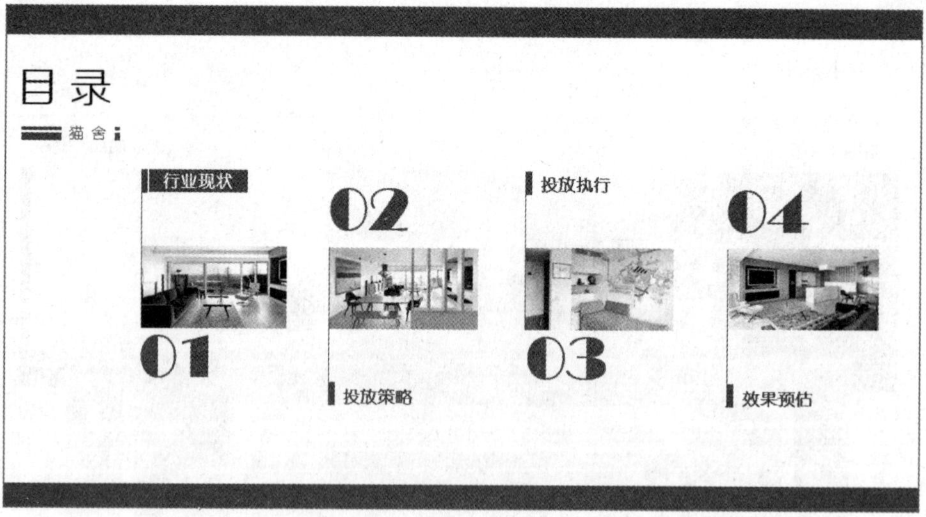

图 9.102　装修 SEM 方案目录示意图

行业现状从市场分析、三大特征、互联网家装优势、产业地图、人群画像和 SWOT 分析 6 个角度进行描述。

家装行业市场分析，通过调研得出了一些结论，表达了对行业的信心，如图 9.103 所示。

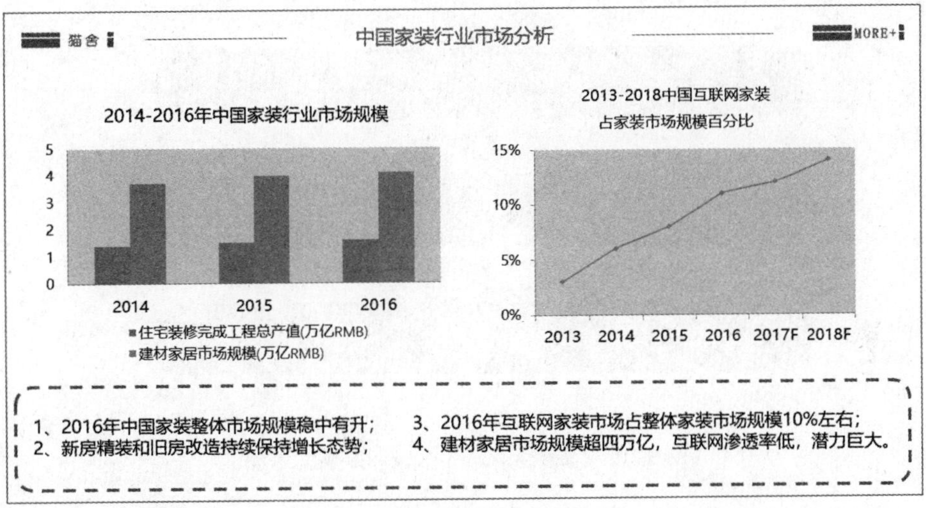

图 9.103　SEM 方案市场分析示意图

概括了家装行业三大特征：需求差异化明显、标准化程度低和服务参差不齐，如图 9.104 所示。

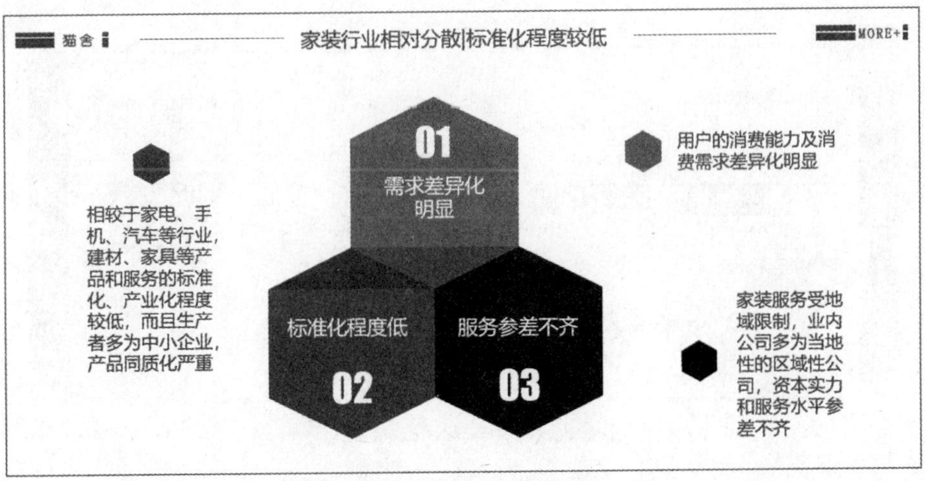

图 9.104　装修 SEM 方案行业特征示意图

将传统家装与互联网家装进行对比，两者的优劣势都比较明显，如图 9.105 所示。

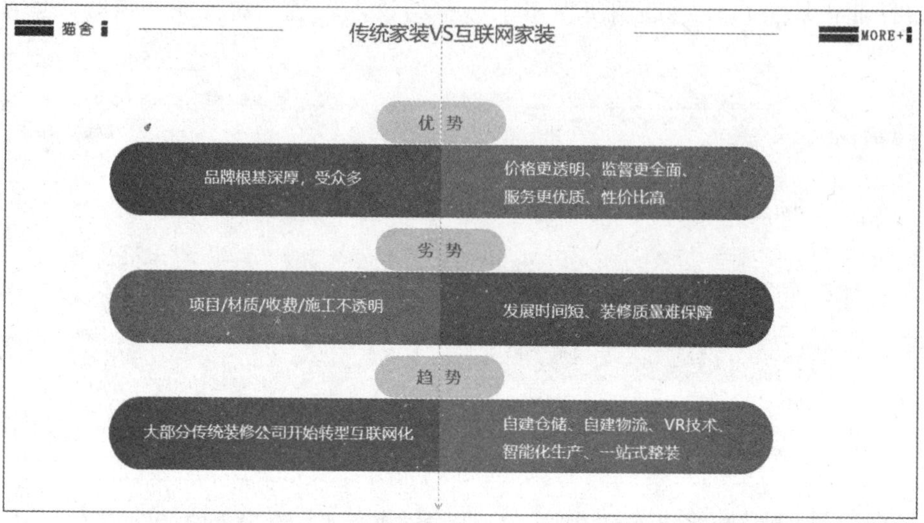

图 9.105　传统家装 VS 互联网家装示意图

将家装行业的各类角色进行整理，描绘出了整个家装行业的产业地图，如图 9.106 所示。

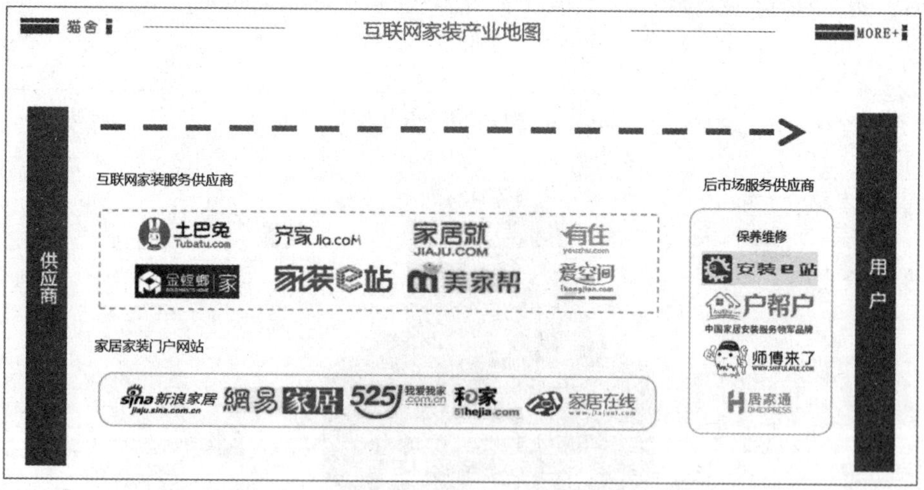

图 9.106　SEM 方案家装产业地图示意图

通过百度指数工具（http://index.baidu.com），从地域、职业、年龄和学历等方面，描绘出了家装行业的人群画像，如图 9.107 所示。

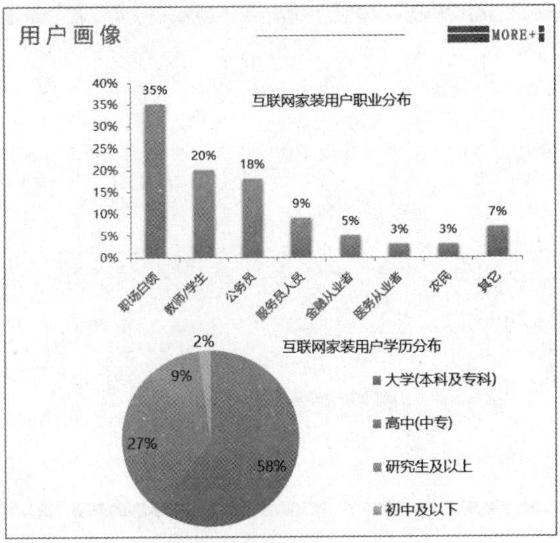

图 9.107　装修 SEM 方案用户画像示意图

SWOT 分析是方案撰写过程中常用的分析方法，主要是从优势（Strength）、劣势（Weakness）、机会（Opportunity）和风险（Threat）4 个方面进行分析，如图 9.108 所示。

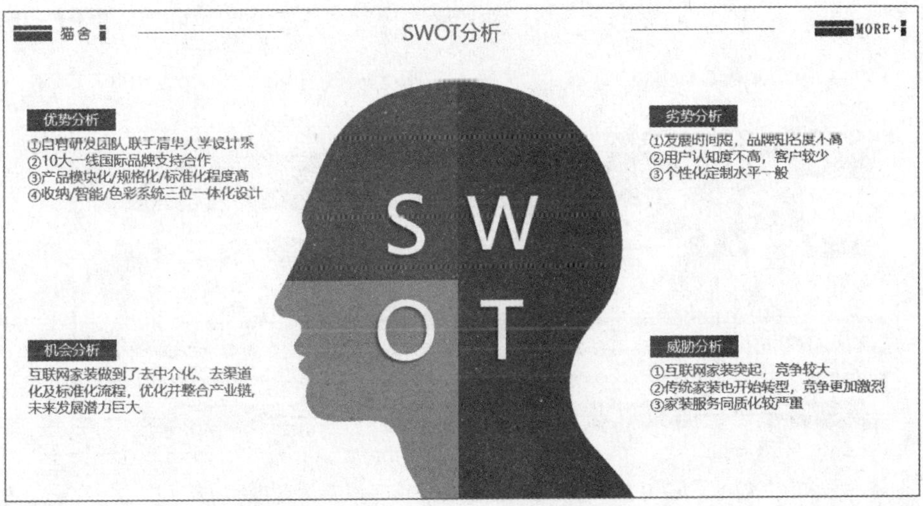

图 9.108　装修 SEM 方案 SWOT 分析示意图

第二部分是投放策略，从投放时间、投放渠道和预算分配三个方面进行了整体规划，如图 9.109 所示。

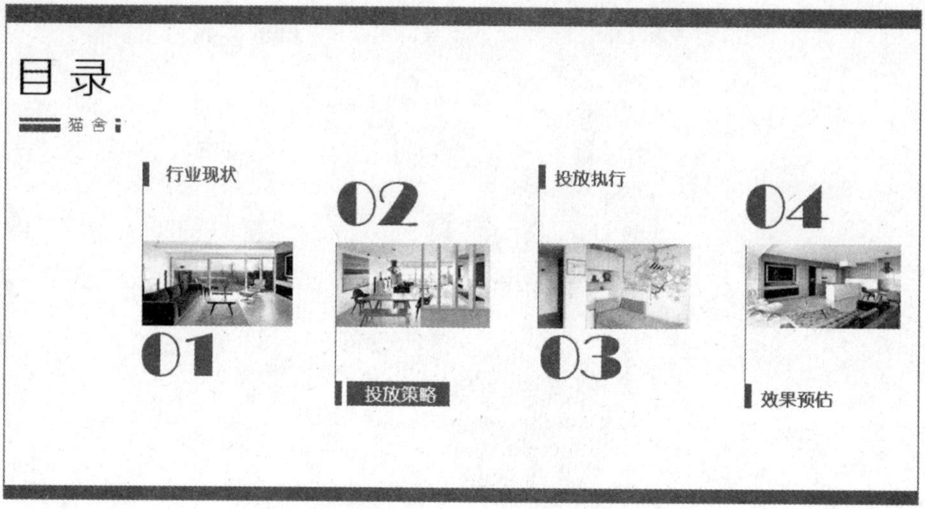

图 9.109　装修 SEM 方案投放策略示意图

首先是投放的时间节点，将整个营销活动划分为预热、爆发、退出和持续 4 个阶段，并为各个阶段选择合适的推广渠道并设定合理的营销目标，如图 9.110 所示。

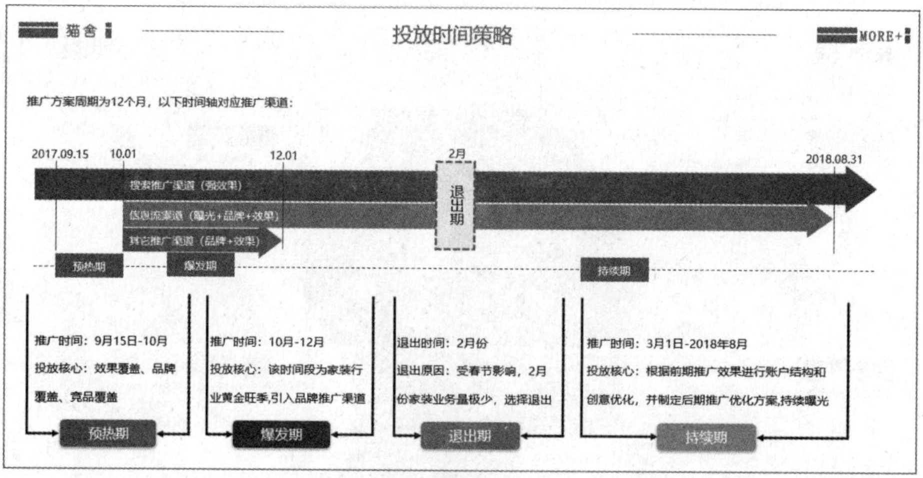

图 9.110　装修 SEM 方案时间策略示意图

在投放渠道选择上，主要有搜索渠道、信息流渠道和其他品牌渠道。常见的搜索渠道有百度竞价、360 竞价、搜狗竞价和神马搜索，常见的信息流广告有今日头条、广点通、UC 头条、微信广告、百度信息流和微博粉丝通，常见的百度品牌渠道有品牌起跑线、百度百意和百度聚屏，如图 9.111 所示。

图 9.111　装修 SEM 方案渠道策略示意图

投放预算规划，搜索优先，信息流其次，最后考虑品牌渠道，如图 9.112 所示。

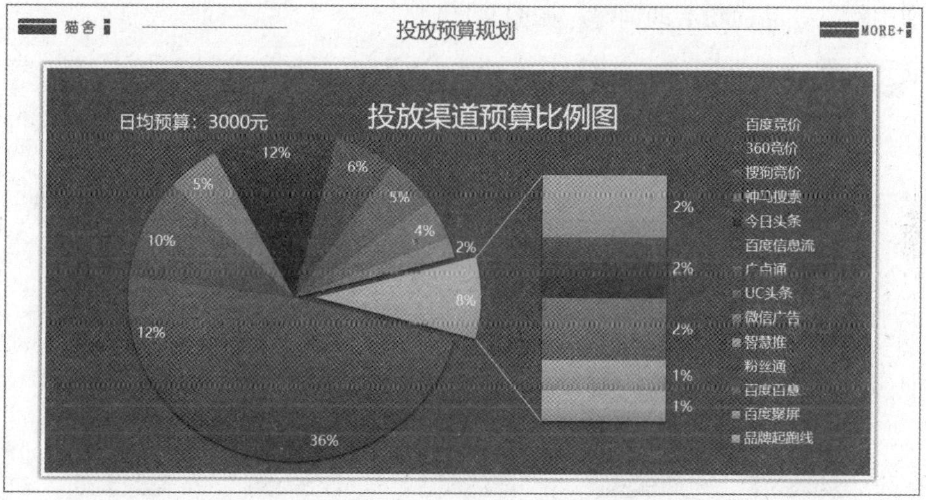

图 9.112　装修 SEM 方案预算规划示意图

接下来是方案的第三部分，投放执行，如图 9.113 所示。从账户结构设计、广告投放策略、创意文案、广告样式和着陆页面 5 个方面进行安排，截图主要以搜索渠道为例进行展示。

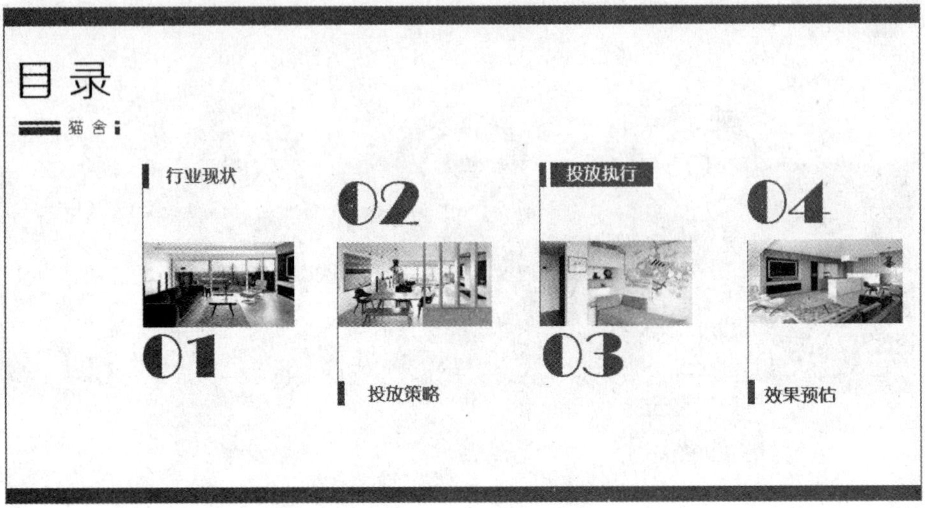

图 9.113　装修 SEM 方案投放执行示意图

竞价账户结构主要找准受众，对受众经常搜索的词进行分类，这里分成了品牌词、产品词、通用词、竞品词和活动词等，如图 9.114 所示。

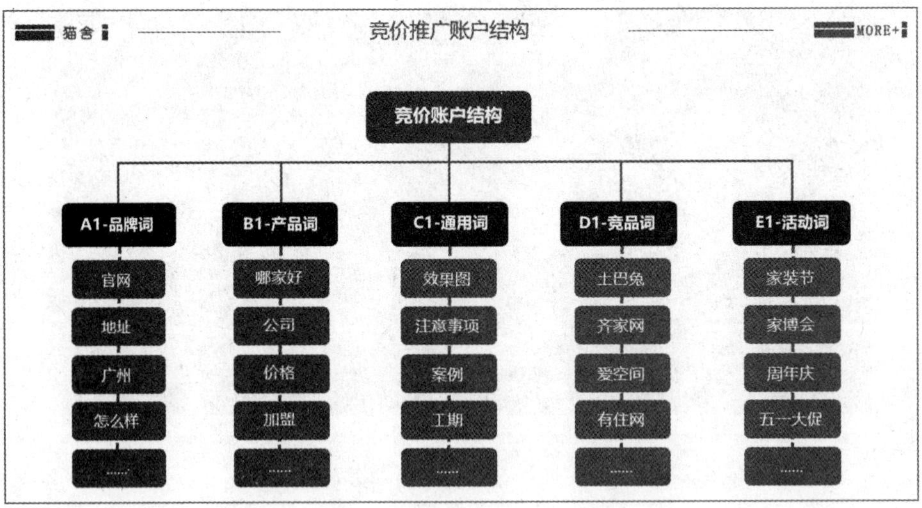

图 9.114　装修 SEM 方案竞价账户结构示意图

竞价账户层级设置，主要区分不同计划，从投放目标、预算安排、匹配方式、投放时段、投放地域、排名要求、创意侧重和着陆页面等方面进行整理，如图 9.115 所示。

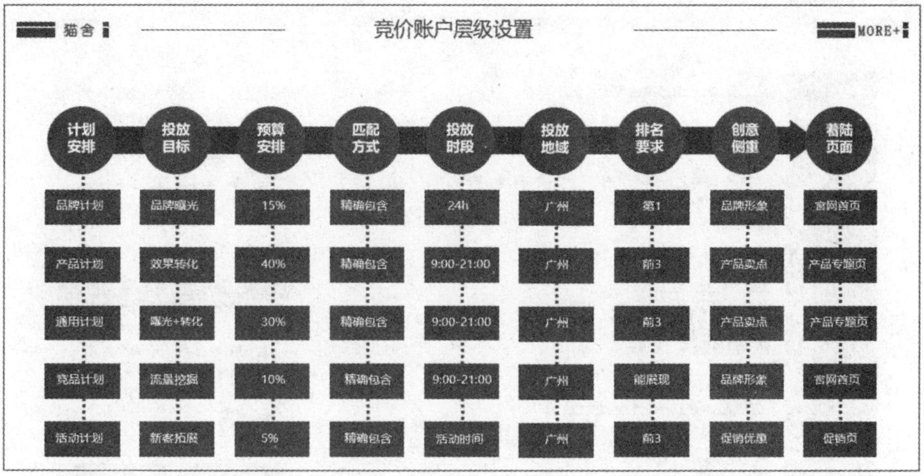

图 9.115　装修 SEM 方案竞价投放策略示意图

创意撰写，主要是区分 PC 端和移动端，列举一些有代表性的词，从不同卖点出发进行广告撰写，如图 9.116 所示。

创意文案

设备	序号	标题	描述一	描述二
PC	1	{家装哪家好}?广州「XX」,年轻人的第一个家!	{家装哪家好}?「XX」联手清华大学工业设计系和伦敦工作室共同研发设计.	全力打造最适合年轻人居住的城市整装公寓,全线提升您的生活品质,让生活变得更加简单!
	2	{家装设计公司}_广州「XX」,年轻人的第一个家!	{家装设计公司}_广州「XX」首推智能家居、收纳系统、视觉色彩三效合一设计.	{家装设计公司}_智能整装旨在为都市青年提供优质家居生活，打造新一代城市公寓!
	3	{家装设计公司}_广州「XX」全国互联网整装品牌!	{家装设计公司}_6大费用全免,128项全包,实测面积计价,合同价就是结算价,工期超时慢必赔.	{家装设计公司}_广州「XX」打造全新一代的80-100平米的城市品质生活公寓!
	4	{全国家装设计公司排名}_「XX」年轻人的公寓!	{全国家装设计公司排名}_广州「XX」新房整装,旧房改造,包基础,包主材,包监管.	{全国家装设计公司排名}_广州「XX」全新一代城市青年整装品牌!
YD	1	{家装哪家好}?广州「XX」,年轻人的第一个家!	{家装哪家好}?「XX」联手清华大学工业设计系和伦敦工作室共同研发设计.	
	2	{家装设计公司}_广州「XX」,年轻人的第一个家!	{家装设计公司}_广州「XX」首推智能家居、收纳系统、视觉色彩三效合一设计.	
	3	{家装设计公司}_广州「XX」全国互联网整装品牌!	{家装设计公司}_6大费用全免,128项全包,实测面积计价,合同价就是结算价,工期超时慢必赔.	
	4	{全国家装设计公司排名}_「XX」年轻人的公寓!	{全国家装设计公司排名}_广州「XX」全新一代城市青年整装品牌!	

图 9.116　装修 SEM 方案创意文案示意图

创意部分，不仅给出了具体文案，同时还将一些常见的创意样式进行呈现，如图 9.117 所示。

图 9.117　装修 SEM 方案创意样式示意图

着陆页，是决定 SEM 效果的核心部分，虽然本方案里只有一页介绍着陆页，但这一页背后需要花很多精力，这里对页面进行了内容策划，给出了具体文案，绘制了原型图，甚至还给出了设计的效果图，如图 9.118 所示。

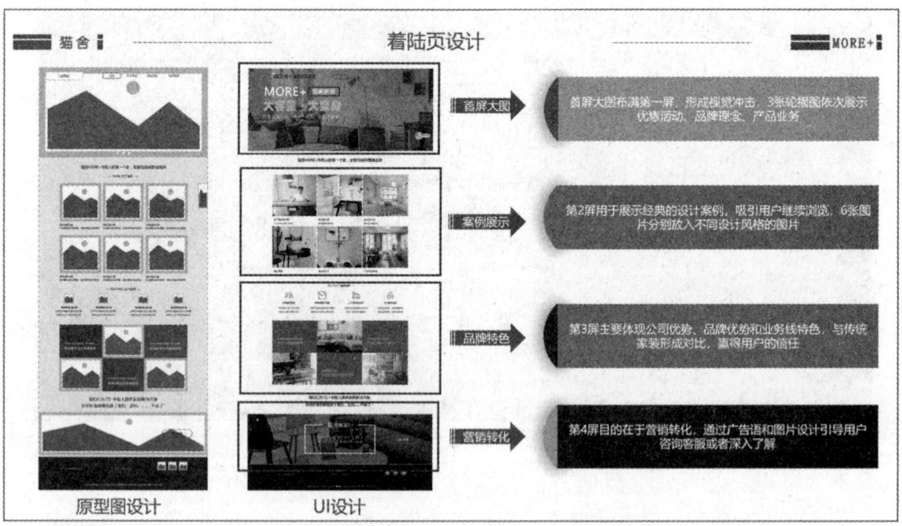

图 9.118　装修 SEM 方案着陆页设计示意图

方案第四部分是效果预估，如图 9.119 所示。

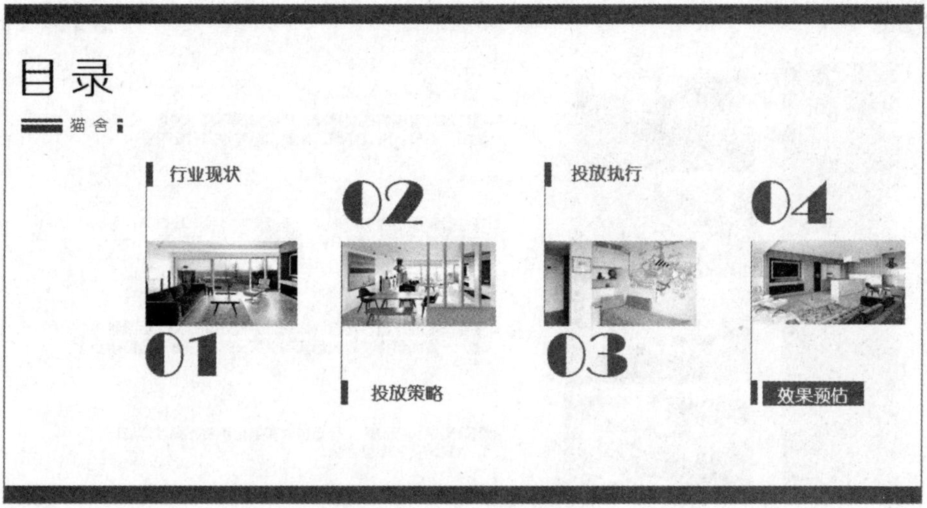

图 9.119　装修 SEM 方案效果预估示意图

按漏斗营销流程分解，将各个环节的效果进行大致预估。关于效果预估，一定要清晰地量化给出。本方案最终希望通过 3000 元/天的投放，实现日均 1 人的转化，如图 9.120 所示。

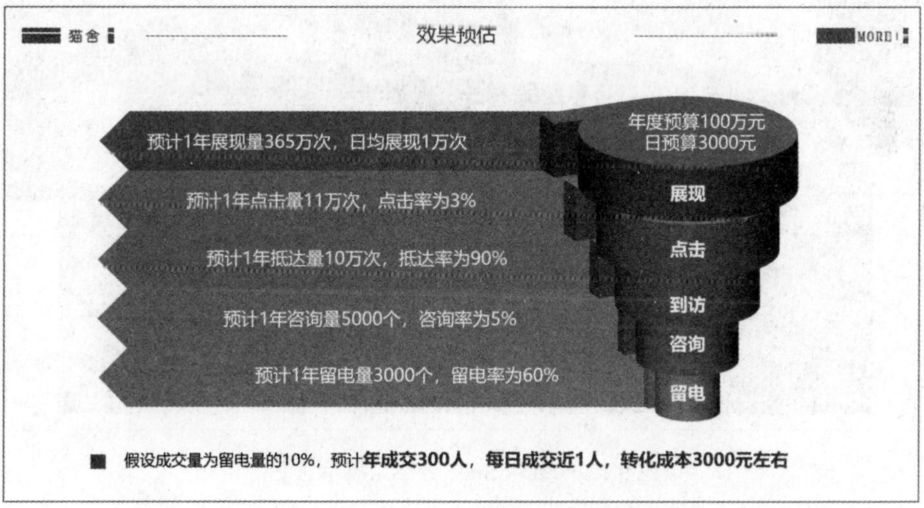

图 9.120　装修 SEM 方案营销漏斗预估示意图

比较专业的收尾，是提前说明注意事项，如图 9.121 所示。

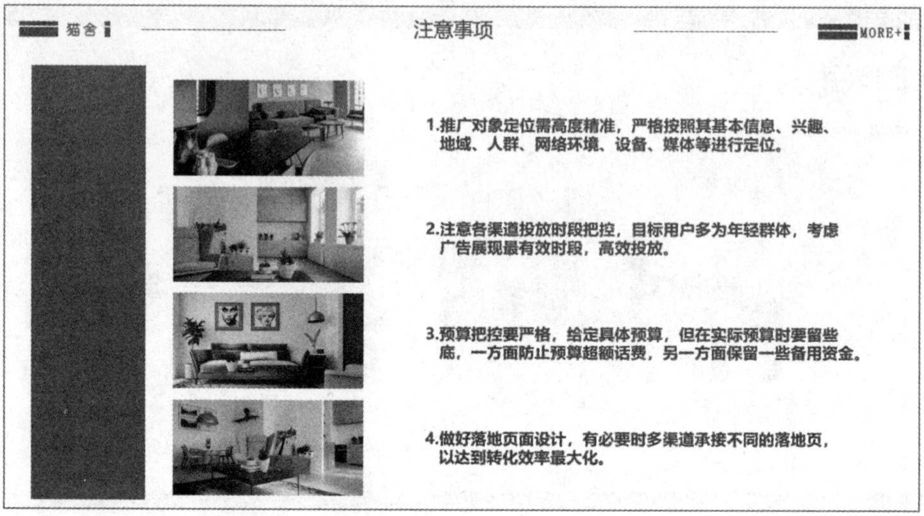

图 9.121　装修 SEM 方案注意事项示意图

致谢结束，如图 9.122 所示。

图 9.122　装修 SEM 方案结尾示意图

大家可以尝试按照行业现状-投放策略-投放执行-效果预估的顺序，仿照这份家装行业的 SEM 方案，为自己所在的行业撰写一份高质量的 SEM 营销方案。

第 10 章

SEM 营销体系

SEM 的书籍，为什么要谈营销体系这么大的问题呢？因为我希望各位读者能够明白，SEM 只是一个踏板，我们需要通过不断努力，尽快走到更高的职位上去。所以这里将一些 SEM 人员走向管理层时可能会碰到的问题讲解一下。

10.1　组织架构

本节内容主要介绍网络营销体系的组织架构，这个问题看起来挺复杂，其实如果想明白，也挺简单，基本就是两个词：层级和分工。层级是结构，分工是细节。

如图 10.1 所示，层级有集团、区域和城市，分工主要是将网络营销部门的口碑人员、品牌人员、广告人员和市场人员在各个层级进行工作安排，有的层级侧重于执行，有的层级侧重于管理和营销支持。

层级结构一般最多分为四层：集团、片区或产品线、城市、分公司。关于片区和产品线并不矛盾，片区是按地域划分的，负责该区域内的所有产品业务；而产品线是按产品业务划分的，不同区域只要开设该业务，则都属于产品线的管理范围，这样便于对每一个产品线业务的深耕细作，很多大公司都是片区和产品线双管齐下进行运营管理的。

另外关于城市和分公司，有时两者合二为一，例如一个城市只有一家分公司的时候，这两个层其实就是一个层级了。

分工细节，主要就是将各个层级的职责进行安排，站在网络营销角度，如果考虑得稍微完整一点，我们不仅需要考虑推广部，还得考虑客服部和销售部。估计很多人对这个分工感到比较迷惑，难道不是每个层级都有推广部、客服部、销售部吗？

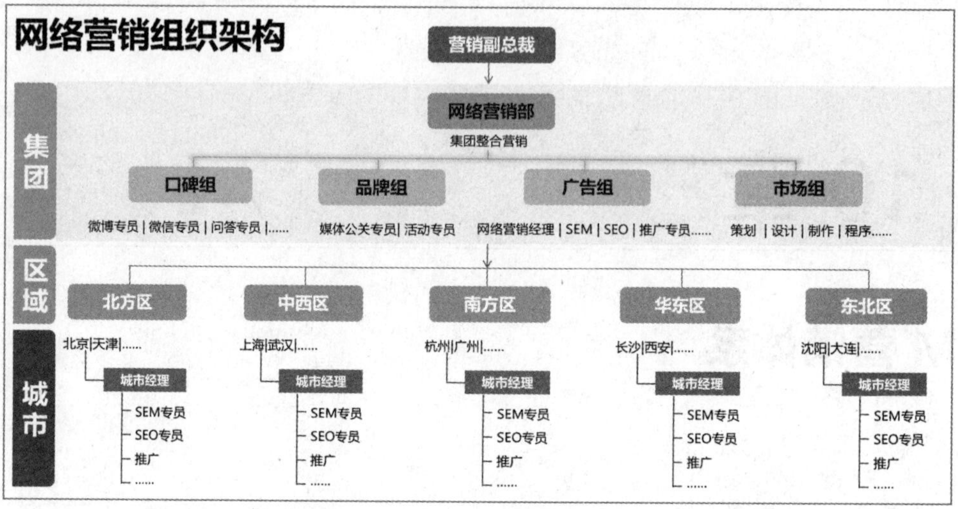

图 10.1　网络营销组织架构示意图

当你问出这个问题的时候，是不是自己也反应过来了？销售部一般并不是每个层级都有。那么再想想，客服部一般是怎样的？推广部一般又是怎样的？带着类似这样的问题，我们以不同规模的公司为例，探讨一下层级和分工具体如何考虑。

10.1.1　没有分公司营销体系

这种情况最简单，推广部、客服部、销售部，各司其职，有个项目负责人就可以，如图 10.2 所示。至于岗位的编制问题，到底是配置 1 名 SEM 专员还是多名 SEM 专员，主要取决于员工的工作饱和程度以及公司扩张前的人员储备情况。

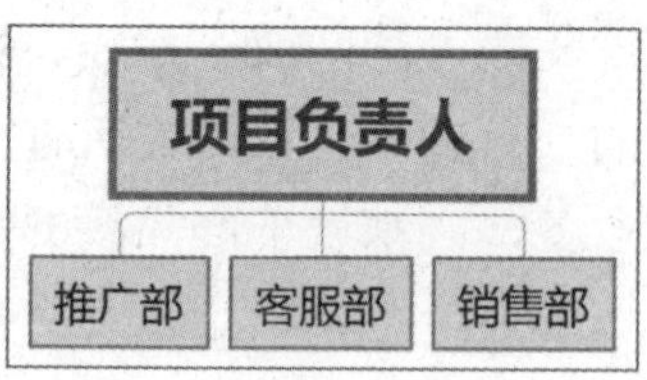

图 10.2　网络营销组织架构情况 1 示意图

10.1.2　一个地区多家分公司

销售部基本都由分公司各自设立，其他部门面临两个选择：分公司各自单独设立网络部、客服部，或者整体统一设立网络部、客服部。分公司的负责人一般都希望自己的权力越大越好，所以比较倾向于分公司各自单独设立网络部和客服部，那么这样是否合理呢？

比较一下，各自设立网络部、客服部，虽然有机会实现精细化管理，但整体而言，管理难度增大、人力成本增高、同城内耗加重；如果统一设立网络部、客服部，管理难度较小，人力成本降低，内耗几乎为零。

所以建议对于同城多家分公司的情况，网络部和客服部统一管理，销售部各个分公司单独设立，如图 10.3 所示。咨询线索量，按各分公司开设的项目以及任务量进行分配。如果担心内部竞争不足或精细化程度不够，可以在部门内设立分组 PK 或者分管不同项目等方式，但总体依然是统一管理。

图 10.3　网络营销组织架构情况 2 示意图

10.1.3　多个地区多家分公司

主要考虑两个方向的选择：放权管理或集权管理。

放权的做法就是，集团主要负责统筹、审批、协调及少量广告投放，例如品牌专区，此类总体投放的渠道或者一些新渠道的测试工作由集团完成。其他具体推广、客服、销售工作，由地区自己负责，如图 10.4 所示。

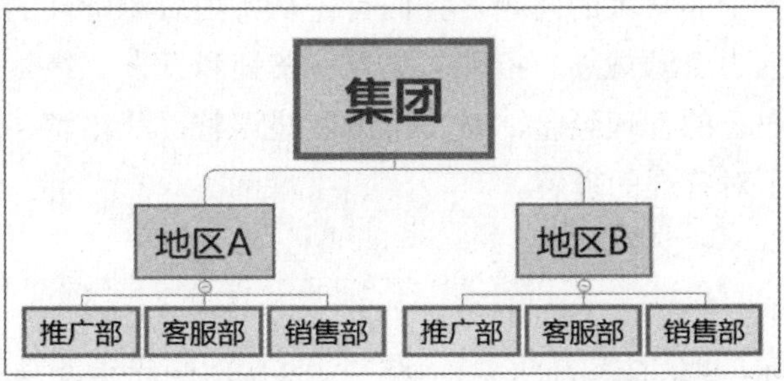

图 10.4　网络营销组织架构放权管理示意图

集权的做法就是，集团负责主要的推广及客服工作，各地区只负责销售工作。由于咨询线索量都集中在集团，所以对地区的约束力也很强，如图 10.5 所示。

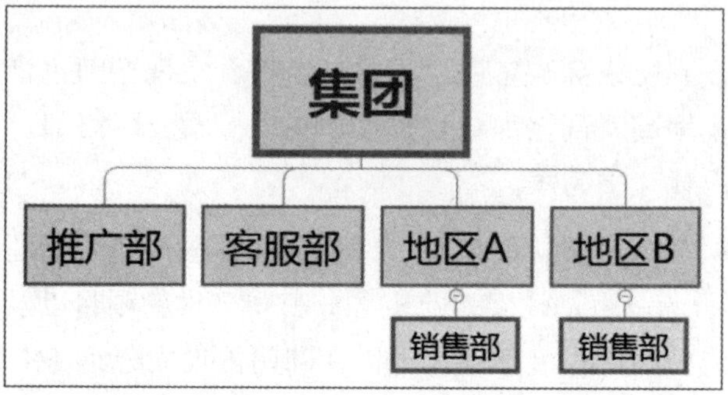

图 10.5　网络营销组织架构集权管理示意图

关于两种架构孰优孰劣，暂时无法给出明确结论，但可以看到的情况是，放权的架构逐渐向集权的架构调整，用更少更优秀的人做同样的工作，并完成得更好。

二三线地区优秀人才难以招聘，集权管理总部一般都设立在大都市，人才招聘难的问题也可以得到解决，毕竟大都市人才数量相对多一些。

无论集权或放权，建议增加一个集团支持部门，对新筹备的或做得差的分公司，进行业务支持、督导及培训，尤其是在公司快速扩张的时候，支持部门尤为重要。

总结一下，关于网络营销体系的组织架构，整体建议更倾向于集权的组织架构设计，将推广部和客服部统一管理，销售部按分公司进行设置，同时集团及区域层加强对底层的业务支持、督导及培训。

10.2　人员管理

人员管理，又是一个非常大的问题，我们首先从人力资源管理的角度切入。人力资源管理分为六大模块：人力资源规划、招聘与配置、培训和开发、绩效管理、薪酬福利管理和员工关系。我按照自己的管理经验，对其稍微做些调整，从招聘、培训、考核、晋升这样的用人流程来谈一下对管理的理解。

10.2.1　招聘

本节探讨一下 SEM 营销体系的人员招聘，主要从招聘广告和技术面试两个方面进行探讨。

1. 招聘广告

关于招聘广告，这里主要强调一件事，即文字描述一定要清楚，尽可能让较为合适的人被邀约过来面试。同时强调一下，招聘广告的文字，必须由发起招聘需求的部门负责人自己写，不能由人力资源的同事代劳，毕竟想招聘什么样的人，还是部门负责人自己最清楚。

下面我们先看三条常见的招聘广告，体会一下如何撰写招聘信息，其中有的描述比较清晰，有的稍显空洞。

【招聘广告 1】

SEM/8 千元～9 千元/北京/经验 1～3 年/大专及以上/全职

职位描述：

1. 负责北京中小客户在今日头条投放的优化工作；

2. 定期与中小客户沟通，提供优化建议与指导，帮助客户完成 KPI;

3. 与产品、技术等团队沟通，提升客户投放效果与消耗。

职位要求：

1. 统招本科及以上学历；

2. 一年及以上广点通、粉丝通、今日头条等广告平台优化经验；

3. 善于沟通，有服务意识和上进心，具备良好的工作态度和团队合作精神；

4. 抗压性强，热爱互联网。

【招聘广告 2】

SEM/8 千元～1.5 万元/北京/经验 1～3 年/本科及以上/全职

岗位职责：

1. 负责公司 APP 在各大移动应用市场、广点通、粉丝通等平台的投放运营，独立完成账户管理、广告优化、数据分析、报告反馈等日常工作；

2. 深入研究数据、分析产品，提炼产品价值，准确把握用户的需求，制定优化策略及方案；

3. 分析流量市场变化，监控竞争对手投放动态，并据此提出反馈及建议；

4. 负责新合作的洽谈、推进和运营。

任职要求：

1. 熟悉各大竞价系统，具有广告策略的优化能力；

2. 熟悉投放流程、优化策略、数据分析报告等；

3. 逻辑性强，有较强的数据分析、挖掘能力；

4. 能适应快速的工作节奏。

【招聘广告 3】

SEM/1 万元～1.7 万元/北京/经验 3～5 年/大专及以上/全职

岗位职责：

1. 制定 SEM 投放策略及推广计划，并进行 SEM 具体投放执行与操作管理；

2. 负责 SEM 数据监控、投放产出分析，不断优化账户提高 ROI；

3. 针对不同产品特性及网民搜索习惯，确定优化关键字及着陆页面；

5. 定期和搜索媒体进行沟通，了解其产品变化，并灵活应用到方案当中；

6. 定期提供数据分析报告，并找出相应的改进方法，保证 SEM 推广正常有效推进；

7. 研究竞争对手及其他网站 SEM 营销策略，并提出合理建议和应对措施。

任职要求：

1. 两年以上 SEM 实操经验，操作过大型 SEM 账户优先；

2. 精通目前主要搜索引擎 SEM 的原理和优化策略，熟练操作百度、360、搜狗等网盟、搜索引擎推广后台；

3. 对数据变化敏感，较强的数据分析和挖掘经验，熟悉使用 EXCEL、WORD、PPT 等办公软件。

4. 具有团队合作意识，思维敏捷，有一定抗压能力，强烈的责任心和学习能力，良好的语言沟通能力；

5. 有装饰装修、教育、婚纱摄影行业工作经验优先考虑。

看过了这三家企业 SEM 招聘广告的例子，一定会有人问：怎样才算是一条好的 SEM 招聘广告？接下来我们从常规内容和特殊情况两个方面来梳理一下。首先是常规内容，建议从 4 个方面进行撰写：

1. 渠道操作，将公司正在投放或打算投放的渠道，按重要程度进行罗列，要求应聘者具有相关经验，一般是两大类渠道，搜索广告和信息流广告。

2. 数据分析，将公司平时使用的统计及分析工具、数据分析方法列出，工具主要是百度统计、友盟+和 GA 等，分析方法方面，可以把常用的 Excel 公式列出，例如数据透视表、VLOOKUP 和 COUNTIF 等。

3. 专题策划，能够独立策划并撰写文案，沟通设计及制作，推进完成专题页，要求应聘者具有专题页策划经验。

4. 营销管理，能够带领 *N* 人的团队，合理分工，完成各项任务，要求应聘者具有多久、多大规模团队的管理经验。

注意：第 1 条和第 2 条是最基础的要求，是在招聘专员；第 3 条是拔高要求，期望招聘到 SEM 高手；第 4 条是在招聘管理人员。

其次是三种特殊情况，建议提前说明清楚：

- 乙方或厂商招聘，工作内容如果涉及客户关系维护，也就是需要做一些电话沟通及销售内容，在招聘信息中需要具体说明，很多 SEM 人员不太接受客户关系这方面内容，可以提前过滤掉。
- 纯信息流招聘，有些 SEM 人员只做过搜索广告，并没有做过信息流广告，文字中需要强调清楚，要具有信息流广告的投放经验，列出具体信息流渠道的名字，以便于更合适的人投递简历及企业邀约面试。
- 综合网络推广招聘，工作内容如果不只是付费类渠道的管理，同时还涉及 SEO、新媒体、电商运营等方面的工作内容，需要提前说清楚。

2. 技术面试

技术面试就是给集团及分公司进行人员招聘。技术面试其实不难，做到两条就可以：

- 负责技术面试的人本身是专业的。
- 技术面试的问题都很具体。

为什么经常招聘到的 SEM 人员不专业？说句不客气的话，极有可能是因为面试官自己不懂 SEM。所以要么尽快让自己变专业，要么就等着被老板请吃鱿鱼。关于这一条不必多说，就是要多学习、多实战。

那么，为什么面试官技术上已经比较专业，还经常招聘不到合适的 SEM 人员呢？最主要的原因是被面试者的表象蒙蔽了，不少面试者很擅长面试，让经验不足的面试官感觉他很牛，怎么解决这个问题？很简单，只问具体问题。

例如，很多面试官喜欢问，如果效果不好怎么办？这其实是很业余的技术面试问题，发挥的空间太大了，真假难辨。

那么该怎么问呢？问他最近这份工作的细节就好，例如：月预算是多少，每天平均多少量，平均成本是多少，白天和晚上哪个效果好，PC 端和移动端哪个效果好，管理的渠道哪个效果好，预算比例及产出比例如何，账户接手前后变化如何，调整了哪些导致了这些变化，竞争对手主要有哪几家，分别有什么投放上的特征，有没有策划过专题页，链接看一下，说一下当时的策划逻辑，有没有劝退过员工，当时是怎么处理的，等等。

虽然这些问题的回答也可能有不真实成分，但多问几个具体问题，技术上专业的你应该能够判断清楚。补充一句，对于面试中让人不信任的面试者，宁可错过也不要录用。

总结一下，关于 SEM 人员招聘，其实也不太难，做好招聘广告和技术面试两个环节，基本就可以搞定。如果精力充沛，也可以招聘优秀小白从零开始培养，自己带出来的兵更好用。

10.2.2 培训

本节介绍 SEM 营销体系的业务培训问题，主要从培训的价值、形式、内容和评估四个方面进行探讨。

1．培训的价值

对于企业而言，培训可以整体提高全员业务水平，更好地完成公司的各项任务；对于员工而言，培训是最好的福利待遇，也是留人的重要手段，好的培训体系，可以让员工舍不得离开。

如果一家企业除了薪酬之外，不能让员工感受到自身的成长，不能让员工获得实质的能力提升，其实是挺失败的，所以一般被我们感谢的公司，其实都是当年对我们狠、让我们痛苦、逼我们学习的“坏公司”。

2．培训的形式

主要是内部培训和外部培训，小公司主要靠内部培训，节省开支；大公司外部培训会较为丰富，通过引入更多思路，不断完善自身营销体系。

内部培训可以由部门负责人自己或邀请业绩好的员工进行分享，将业绩好的小技巧、关键点甚至压箱底的绝招挖掘出来，共享给公司其他同事，尤其是业绩好的同事分享实战技巧，是非常受欢迎的。

如果涉及远程培训，可以考虑使用远程会议软件的方式进行，免费的软件可以用 QQ、YY 等，付费的可以用 Gotomeeting、好视通等，内部培训的频次可以适当高一些，建议每月 2～4 次。

外部培训，一般是大公司在年度规划中系统进行安排的，比如我们平时受邀去企业做外部培训，有的企业网络营销刚起步，有的企业已经很专业，虽然情况不同，但都要求我们调研后专门设计课程，然后进行单次或系列的培训，有些受训企业甚至还要求持续跟进效果。

3．培训的内容

内容总体可以考虑分为：搜索广告、信息流广告、数据分析、专题页策划和营销体系 5 大版块内容，如图 10.6 所示。

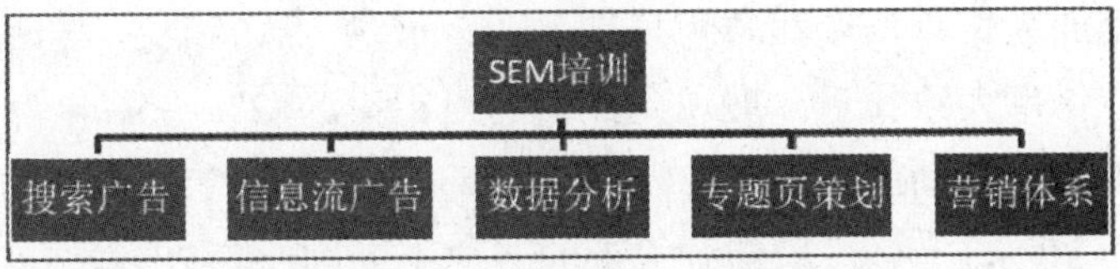

图 10.6　SEM 培训 5 大版块内容示意图

搜索广告和信息流广告，主要将游戏规则、账户操作说清楚，结构设计和广告创意是两个重点，其中广告创意不仅有文字，还涉及图片处理甚至视频剪辑，尽可能地提高员工的综合能力。

数据分析，主要理清思路，有哪些维度可以切入，用哪些指标衡量好坏，如何调整把钱花好。思路清晰后，再讲解数据跟踪方法，以及不同维度的数据处理方法，基本就搞定了。

专题页策划，首先要明确转化率这个关键指标，然后再培训策划及文案的能力，一般专题页可以考虑四步走的逻辑：吸引注意、痛点挖掘、产品介绍、呼吁行动。熟悉这个逻辑后，再去考虑其他专题页策划逻辑。

营销体系，主要是从组织架构、招聘及培训、考核及晋升以及日常管理四个点进行，其实也都是平时的一些琐碎之事，只是将其更标准化一些。

4．培训的评估

培训不能流于形式，必须评估，对培训者和受训者都要进行评估，最简单的方式是做个匿名问卷。如果是外部培训，可以在培训及调整落实后，对比前后效果，用实际业绩变化检验培训效果。

总结一下，培训一定要重视实战结果，同时也需要有一定的耐心去等待，培训本身是一件中长期的事情，需要坚持。

10.2.3 考核

本节内容介绍 SEM 营销体系的绩效考核问题，主要从任务分解和绩效算法两个方面进行探讨。

1．任务分解

绩效考核，首先得设定目标，需要将岗位的具体任务定出来，一般用得比较多的是参考历史数据，通过倒推的方法进行分解。

例如以传统企业为例，整个流程可以细分为：展现-点击-抵达-对话-线索-来访-成交。各个环节之间的转化率大致如下：展现到点击的点击率为 2%～5%，点击到抵达的抵达率为 90%～95%，抵达到对话的对话率 3%～5%，对话到线索的线索率为 50%～90%，线索到来访的来访率为 20%～30%，来访到成交的成交率为 50%～70%。

如果公司的任务是完成 100 个订单，按各个环节转化率的最低值来保守估计，需要 200 个来访、1000 个线索、2000 个对话、6.6 万个抵达、7.4 万次点击，370 万次展现，如图 10.7 所示。通过营销漏斗倒推的方法，就可以把各个环节的具体任务定下来。

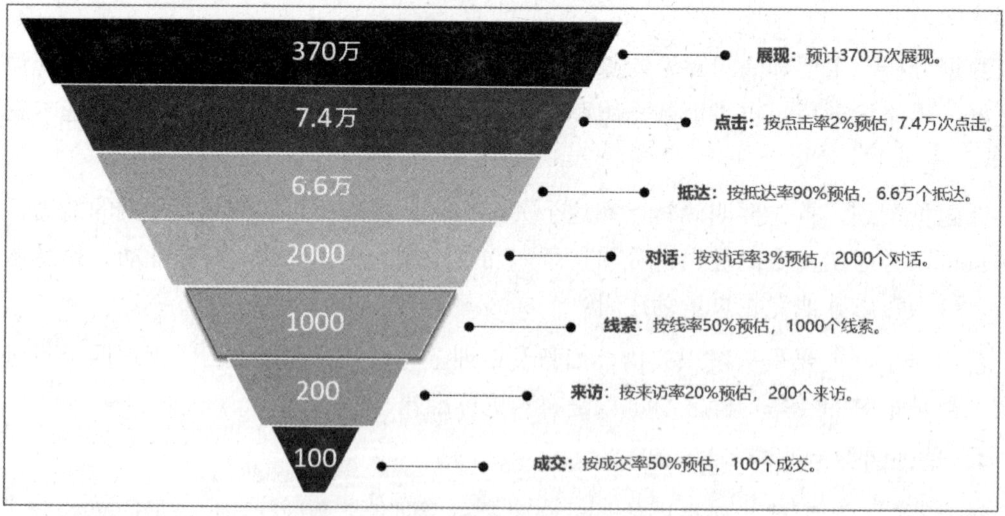

图 10.7　漏斗营销任务倒推分解示意图

2．绩效算法

SEM 岗位的任务设置完成之后，就开始涉及具体的岗位绩效算法公式了，算法其实非常简单，实际绩效=基础绩效×任务完成率。

如果基础绩效是 3000 元，任务是 1 万个，实际完成 9000 个，那么绩效=3000 元×9000/10000=2700 元。

如果情况变化一下，基础绩效依然是 3000 元，任务是 1 万个，实际完成 5000 个，那么绩效=3000 元×5000/10000=1500 元。那么这时的绩效算法还合理吗？显然是不合理的，任务完成得那么差，才 50%，绩效难道还给 1500 元？这时不仅不能给绩效，而且应该考虑是否对该员工进行调岗或劝退警告了。

所以绩效公式需要稍微完善一下，实际绩效=基础绩效×任务完成率×发放系数。发放系数可以根据情况进行设置，最简单的设置如下：任务完成率低于 80%，发放系数为 0；任务完成率大于 80%，发放系数为 1。

这样修改后，SEM 的绩效跟结果绑定更紧密，如果任务完成率差，绩效直接全部扣完，只有任务基本达成，才可以领取相应绩效。

注意：要想搞清楚绩效考核，其实只需要弄明白任务分解和绩效算法两点，就可以搞定。任务分解是获取各个部门的任务量；绩效算法别忘记设定一个发放系数，做得差的时候绩效全部扣除。

10.2.4　晋升

网络营销部门中最容易获得职位提升的岗位之一就是 SEM 专员。因为大多数企业最为核心的渠道就是 SEM，所以从某种意义上说，SEM 专员掌控着企业的命脉。关于晋升，这里探讨两个方面：如何晋升和谁能晋升。

1．如何晋升

不少人认为企业是个勾心斗角的地方，晋升需要靠关系，跟领导关系好就可以晋升。我想说，影视剧害人不浅，好好上班，少一些瞎想，多一些实干吧。

晋升的唯一方式就是填缺。填缺一般有两种情况：你的领导晋升了，空缺的岗位你来顶；公司扩张了，多出来的岗位你来试试。

想明白这一点后，“如何晋升”这个问题就简单了，就是想方设法帮助领导晋升或者公司扩张。

2. 谁能晋升

在领导晋升或公司扩张的过程中，谁的价值最大，一般谁就晋升。价值是一点一滴做出来的，所以时间是个难以跳过的因素。总体而言还是老员工晋升机会更大，另外从用人角度看，时间长的人更忠诚，熟悉的人也更好用。

当想明白这一点后，心态就平和了，一次表现并不能说明什么，就算你确实有才，但时间毕竟短，体现的价值是有限的，多干一段时间，少去频繁跳槽，迟早轮到你晋升，所以有时候我们经常调侃的“剩者为王”就是这个道理。

面临晋升机会时，要提前做好准备，我曾经碰到过这样一次晋升机会，公司总部在南京，我也在总部上班，我的领导升职了，调到上海开分公司，征求我的意见是否愿意去。这样的情况就会令人比较纠结，去还是不去，变动都会比较大。

还有如果感受到或领导明确告知过你，正在把你当作储备管理人员进行培养，这时再苦再累也要坚持，很多好像不是自己的活也要提前熟悉，在完成分内工作的同时，对于其他事情也要多接触，虽然那些事情看起来是别人的活，其实在极大程度上决定你能否晋升。

所以 SEM 人员不能只研究搜索广告、信息流广告，还得研究 SEO、新媒体、电商运营等内容，除网络营销渠道之外，还要与部门设计师以及 Web 前端多接触，方法很简单，就是多策划专题页，并牵头推进，真正做出一个个专题页甚至专题站。同时还要在跟客服据理力争的同时维持友好关系，将来也许客服也由你负责，甚至跟财务的关系也要处理好，以后经常会有财务审批方面的事情。

10.3 投放管理

本节介绍 SEM 营销体系的投放管理问题，主要从域名及空间、建站及专题、多渠道多账户管理、数据统计汇总四个方面进行探讨。为了便于表述，本文以达内教育为例（达内创办于 2002 年，专注职业教育，目前已开设 22 大课程方向，在全国 60 个城市建立了 200 家培训中心，全年广告投放预算超过 2 亿元），其网络营销体系比较复杂，可以供很多企业参考借鉴。

10.3.1 域名及空间

考虑到品牌识别、域名管理及成本控制，我们将所有的站点都集中到 tedu.cn 一个域名下，采用子域名的方式，将站点分为集团主站、地区站点、产品线站点、地区产品线站点，对 PC 站和移动站也进行区分，域名规范如下。

集团站点：http://www.tedu.cn、http://m.tedu.cn

区域站点：http://bj.tedu.cn、http://bj.tedu.cn/m/；http://sh.tedu.cn、http://sh.tedu.cn/m/

产品线站点：http://java.tedu.cn、http://java.tedu.cn/m/；http://web.tedu.cn、http://web.tedu.cn/m/

区域产品线站点：http://bj.java.tedu.cn、http://bj.java.tedu.cn/m/

空间方面，所有站点空间由集团统一提供，权限开放到对应城市片区。

10.3.2　建站及专题

集团主站使用自身模板，如图 10.8 所示。

图 10.8　达内教育集团主站模板示意图

其他站点都使用集团统一网站模板，网站模板提供 PC 端和移动端各一套，如图 10.9 所示。集团站点和产品线站点由集团维护，区域站点和区域产品线站点由各城市片区负责维护。

图 10.9　达内教育分站点模板示意图

专题页建设方面，集团每月至少更新两版，优先为新课程产品线设计，片区统一使用集团专题模板，有较强策划及制作能力的城市片区也可以自行设计，并共享到集团。

10.3.3　多渠道多账户管理

在渠道账户方面，集团主要负责统筹、审批和开户等工作，具体投放工作参与很少，只负责少数渠道的投放，例如品牌专区广告等。开户工作至关重要，全部由集团负责，资金尽可能集中起来，便于跟媒体谈合作时争取到更大的利益。

主要的投放工作由片区自行负责，不允许跨区，片区只能在自己所负责的辖区内进行投放。整体投放采用多账户投放，分为综合账户和产品线账户两类。综合账户主要投放品牌大词和行业大词；产品线账户主要投放品牌产品词和具体产品词，如图 10.10 所示。

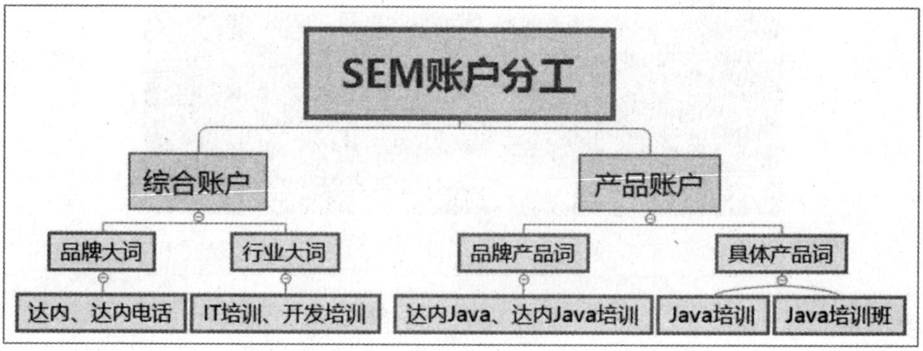

图 10.10　达内教育 SEM 多账户分工示意图

以品牌词为例，达内、达内电话，这些词是品牌大词，由综合账户投放；达内 Java、达内 Java 培训，这些提到具体项目的品牌词，由产品账户投放。

产品词同理，IT 培训、开发培训，这些没有提及具体项目的词，由综合账户投放，Java 培训、Java 培训班，这些已经提到具体项目的词，由产品账户投放。

这样做可以很好地规避内耗，同时可以促进账户管理者对其所负责的产品线进行深入研究。

10.3.4　数据统计汇总

全集团使用统一表格模板，城市汇总到大区，大区汇总到集团。表格设计可以按照企业的营销漏斗进行，例如：展现-点击-抵达-对话-线索-邀约-来访-成交，如表 10.1 所示。

表 10.1　达内教育数据统计日报表

日报表	日期	总计	1月1日	1月2日	1月3日	1月4日	1月5日	1月6日	1月7日
渠道 1	展现								
	点击								
	消费								
渠道 2	展现								
	点击								
	消费								
总体	展现								
	点击								
	消费								
	抵达								
	对话								
	线索								
	邀约								
	来访								
	成交								
转化率	点击率								
	抵达率								
	对话率								
	线索率								
成本	点击成本								
	线索成本								

表格设计逻辑，主要分渠道记录展现、点击、消费等前端数据，汇总记录咨询、邀约、来访、成交等后端转化数据，整体评估的各项转化率和重要的成本指标用公式自动计算，便于观察各个环节的数据变化情况。

数据不仅要收集汇总，还要及时反馈，对于数据表现差的项目或地区，提供营销支持；对于数据表现好的项目或地区，整理其经验并分享。

总结一下，没有规矩，不成方圆，想要做好营销管理工作，首先需要将规则设定好，本节主要从域名及空间、建站及专题、多渠道多账户管理、数据统计汇总四个方面进行探讨，还有很多细节可以类似地进行规范化，标准化做得越细致，整体的效果也就越稳定。

第 11 章

SEM 面试题

很喜欢一句文案：每个时代，都偷偷犒赏爱学习的人。作为本书最后一章，这里整理了 SEM 的一些面试题，相当于福利彩蛋，希望能够对各位读者有所帮助，也预祝大家工作顺利，事业有成。

11.1 常见面试题

常见面试题，问的都是最基本的问题，是 SEM 应聘者必须能够全部正确回答的题目，任何一题都不能失误。

11.1.1 谈一谈你对 SEM 的理解

这道题一般是个暖场题，就好比问“你吃了没”，一般情况下不太可能答错，当然也很难答出彩，这道题没有标准答案，只要言之有理，适当再加些心得体会就行。这里尝试从三个点进行梳理：SEM 的重要性、对营销漏斗的理解、推广到营销的境界提升。

1. SEM 的重要性

SEM 是网络营销的核心部分，管理的预算在网络营销渠道中占比最大，带来的转化也最多，对公司的发展甚至快速扩张影响很大。SEM 不仅管理的钱多，涉及的事情也多，以前基本只用投放百度竞价，做好单一渠道就可以了；而现在不仅需要做百度竞价，还要做好 360、搜狗和神马等其他竞价，同时还要做信息流广告，例如今日头条、百度信息流、腾讯广点通和微博粉丝通等。SEM 顺应了互联网的变化，从潜在客户找我们，变成我们主动出击找客户，SEM 对于企业至关重要。

2．对营销漏斗的理解

SEM 无论如何变化，本质没有变，都是做漏斗营销的过程。例如：

- 传统行业漏斗营销流程：展现-点击-抵达-浏览-接入-对话-线索-邀约-来访-成交。
- 电商平台漏斗营销流程：展现-点击-抵达-浏览-注册-购物车-订单-付款。
- APP 推广漏斗营销流程：展现-点击-下载-注册-激活-留存。

所以要想做好 SEM，必须关注整个营销流程，哪里有问题就得解决哪里，必须发挥团队的力量，一起努力才能做出效果。

3．推广到营销的境界提升

要想做好 SEM，关键在于境界的提升，需要把境界从推广层级提升到营销层级。推广层级强调的是推出去广而告之，完成了大规模的投放，但是投放效果并不是它特别看重的，所以投放效果未必能令人满意。营销层级指的是通过营造氛围实现更好的销售。所以，对 SEM 营销关键点的把控能力最能体现境界，营销的关键点和难点包括：广告创意的质量、着陆页面策划、客服话术水平等，这些也正是 SEM 高手关注的重点。

对于这道面试题，大致就是这样回答，供大家参考，当然你可以在此基础上加入自己的理解。

11.1.2　如何搭建竞价账户

这道题目非常简单，做竞价的必须会回答。但是很多新手经常会将这题答跑题。这里要注意，题目虽然问的是如何搭建竞价账户，但回答的时候，不能只去谈搭建的具体执行动作，因为面试官真正想听的是如何设计账户，而非具体的搭建执行。所以如果你开口就说首先用关键词规划师拓词，然后用 Excel 按结构相同、意义相近分词等，其实就已经跑题了。

这道题的正确回答包括三个方面：受众在哪里、对什么感兴趣、广告如何投放。

1．受众在哪里，也就是账户结构设计

主要就是想清楚用户一般搜索哪些类别的词，这些在之后搭建账户的过程中，都是拓词的方向，一般可以把词分为 3 类：品牌词、项目词和竞品词。其中品牌词和竞品词几乎不用思考，非常直白，所以主要问题就是把项目词思考清楚。

在回答面试题的时候，一定要养成举例说明的习惯。例如以职业教育的网络营销培训项目为例，网络营销培训一般可以从课程模块的角度进行细分，例如：网络营销、SEO、SEM、新媒体和电商等，确定了项目词之后，基本就把账户结构的计划定出来了，结构基本也就设计好了。

- A1-品牌计划
- B1-网络营销；B2-SEO；B3-SEM；B4-新媒体；B5-电商
- C1-竞品计划

在此基础上，可以进一步调整结构，例如分地域搭建或分设备端搭建等。

2. 对什么感兴趣，也就是探讨核心卖点

核心卖点的提炼，一般有这么几个办法：官网浏览、网络查询、同事交流，其中同事交流是最重要的方法，尤其是跟客服或负责销售的同事交流，客服或销售人员对客户了解很深刻，所以多跟同事交流，其实就相当于把难度极大的调研工作快速完成。这里需要强调的是，你如何认为并不重要，客户认为的才是对的，一定要用客户接受的方式进行呈现，切勿自我陶醉。

再次强调，面试一定要举例回答，最好就是不停地以“以贵公司为例”这样的方式进行说明。沿用网络营销培训项目的例子，核心卖点的提炼很简单，主要就围绕两个点：企业品牌实力、学员就业保障，卖点细分如下。

- 品牌实力：上市公司、*N* 年历史、*N* 万学员等；
- 就业保障：高薪就业、总监讲师、项目实战等。

确定核心卖点后，文案基本就定下来了，后续撰写及制作创意就相对轻松了，创意撰写基本就是文字组合，针对不同的关键词适当调整一下语句，创意标题撰写如下：

- ××{网络营销培训}，美国上市公司，高薪就业有保障！
- ××{网络营销}学院，美国上市公司，高薪就业有保障！
- {网络营销培训哪家好}?××教育，上市公司，高薪就业有保障！

3. 广告如何投放，就是探讨投放策略问题

关于广告预算具体怎么花，可以从预算分配、投放地域、时段、设备端、排名、匹配等方面考虑，从操作层面看，基本上就是各个层级的一些细节设置。

重要的事情说三遍！回答面试题一定要举例说明。沿用网络营销培训项目的例子，投放策略可以从如下方面考虑。

- 预算：品牌词充分保障，项目词预算最多，竞品词预算最少；
- 地域：业务区域，如果预算有限，重点区域试点优先；
- 时段：总体按淡旺季分配，品牌及竞品全天候投放，项目词按客服排班时间投放；
- 设备：职业教育行业，虽然移动流量很多都已超过 PC 端，但 PC 端总体转化更理想，所以优先保障 PC 端，合理控制移动端预算，按效果再进行调整；
- 排名：品牌词第 1，项目词前 3，竞品词能展现即可，也可以不做；
- 匹配：总体都选精确匹配或短语-精确包含，其他匹配越来越乱，一般不作太多考虑。
- 落地页：全部使用精心策划的专题页承接流量，PC 端和移动端都需要专门的专题页。

总结一下，回答这道面试题时要注意不要跑题，别谈搭建竞价账户的具体执行，应更多地去阐述如何设计，建议大家从受众在哪里、对什么感兴趣、广告如何投放三个方面回答。

11.1.3　如何搭建信息流账户

这道题目同样很简单，也是谈如何设计账户的，做信息流的必须会，但是很多新手碰到这道题经常说不清楚，主要是因为信息流广告有很多，例如今日头条、百度信息流、腾讯广点通等，这些平台稍微有一些差异，笼统地合在一起不好说。那么怎么办呢？建议采取我们一直强调的办法“举例说明”，谈信息流账户设计的时候直接以某一个信息流平台举例说明，这样来谈就容易多了。

回答这类题时，应更偏重于不同信息流平台的账户结构设计，所以可以把精力主要放在结构的设计上，具体操作可以参考下面的内容。

信息流广告的结构设计，虽然各大平台有所差异，但本质上都是分类，主要可以按推广目的、流量资源、投放平台、定向方式、广告规格、广告内容进行账户结构设计。

- 推广目的主要有：iOS 下载、安卓下载、访问落地页。
- 流量资源方面，各个平台有其各自资源，例如今日头条信息流主要有今日头条、西瓜视频、火山小视频、抖音资源；百度信息流主要有手机百度、百度贴吧资源；腾讯广点通主要有朋友圈资源。
- 投放平台分为：iOS 设备、安卓设备、PC 端，其中主要投放 iOS 或安卓设备，PC 端相对而言不那么重要。

- 定向方式主要有：兴趣定向、APP 定向等，其中兴趣定向包括兴趣点定向和兴趣词定向。
- 广告规格主要有：单图、三图、大图、视频等。
- 广告内容，主要是根据卖点进行设计，可以按文案及素材进行不同搭配尝试。

这里以今日头条信息流推广一款手游为例，推广目的为 iOS 下载和安卓下载，流量资源选择今日头条和抖音，定向方式选择兴趣定向和 APP 定向，那么结构可以设计为：

- A1-iOS -今日头条-兴趣定向
- A2-iOS -今日头条-APP 定向
- B1-iOS -抖音-兴趣定向
- B2-iOS -抖音-APP 定向
- C1-安卓-今日头条-兴趣定向
- C2-安卓-今日头条-APP 定向
- D1-安卓-抖音-兴趣定向
- D2-安卓-抖音-APP 定向

回答这个问题，也会考查口头表达能力，如果“会做不会说”就会太吃亏，建议提升口头表达方面的能力。

11.1.4 怎样写出好创意

创意方面的面试题基本都是送分题，在谈理论的同时，记得一定要在现场写几条广告创意。这里提供的参考逻辑是：好坏的标准、对卖点的思考、现场出创意。

1. 衡量创意好坏的标准

官方平台衡量创意好坏时都强调要吸引人，要有高点击率，这样在展现上才有优势，CPC 的点击单价也更低。但正确的理解是，在吸引人的同时要充分考虑有效性，也就是“标题党”得适度，我们追求的是有效点击率高。

另外竞价广告和信息流广告有较大区别，搜索广告由于单价高，所以文字更侧重于硬广，信息流广告相对比较便宜，所以文字方面可以做一些适当变通，但是不能过度“标题党”。

2．对卖点的思考

无论为什么产品写广告，首先都得对卖点进行思考，例如职业教育，受众考虑的是品牌实力和就业保障。办宽带，在乎的是网速要快。买旗袍，在乎的是与众不同。凉茶讲究的是去火。中高端男装，讲究的是品质。游戏强调的是玩起来爽。

3．现场出创意

- 教育：美国上市公司，高薪更有保障！
- 宽带：网速太快，请系好安全带。
- 旗袍：私人订制，只为不一样的你，我们拒绝同款。
- 凉茶：怕上火，喝王老吉。
- 男装：劲霸男装，专注夹克 30 年！
- 游戏：虐你们，我一个就够！

需要补充的是，“现场出创意”，其实都要提前想好，不要去临场发挥，难度太大，冷场尴尬的概率极大。

11.1.5　SEM 效果不好怎么办

这是一个很无趣的面试题，问得太宽泛了，但很多面试官特别喜欢问，因此该问题出场的概率几乎为百分百，所以大家一定要花些时间，能够逻辑清晰地回答出这个问题。这里我给出的逻辑是：发现问题、解决问题。

效果不好怎么办呢？首先要发现问题在哪里，可以从最常见的营销漏斗角度，观察数据的变化，找出是哪个环节出了问题，进而去查看具体发生了什么，一旦找到问题所在，解决起来并不会太难。

例如以传统行业为例，漏斗可以细分为：展现-点击-抵达-浏览-接入-对话-线索-邀约-来访-成交-口碑。如果每个环节的损失减少 10%，最终结果将是 3 倍左右的效果提升。这里我列出各个环节可能的影响因素，大家在面试时，适当举几个例子说明就行。

- 影响展现的因素：行业热度、广告预算、渠道数量、投放地域、推广时段、设备端、出价、定向方式选择（竞价里主要是关键词数量及匹配，信息流里主要是定向方式的合理覆盖）。
- 影响点击的因素：创意质量（直接影响点击率）、渠道广告位（优质的广告位点击率更合理，搜索一般高于信息流，信息流一般高于 DSP/网盟）、竞争力（竞价里主要是看综合排名指数=质量度×出价；信息流里主要是看千次展现收入 Ecpm=点击率×出价×1000，本质一样）。

- 影响抵达的因素：流量质量（一般无效/恶意流量并不多，主要还是投放没控制好，人群不精准或创意不清晰）、加载速度（服务器及网页自身）、代码部署（放在底部统计到的抵达量肯定少一些）。
- 影响浏览的因素：页面设计（页面舒服美观）、页面内容（用户想看的和你想给用户看的，控制好比例）、页面链接关系（根据需求，即使是专题页也可以有互相推荐，使浏览者可以深度浏览）。
- 影响接入的因素：营销探头的部署（高频部署没事，营销的目的是销）、客服软件的设置（悬浮、邀请、强制对话，不同的设置，接入的情况差异很大）。
- 影响对话的因素：客服软件设置（界面装修）、自动语及客服前三句话术（吸引访客开口对话）、客服工作态度（客户没说话，也要适当说几句引导）。
- 影响线索的因素：客服咨询话术（回答的同时也要提问，快速把握主动，询问联系方式）、活动设计（活动一定要有吸引力）。
- 影响邀约的因素：电邀工作态度（电话回访频次）、电话邀约话术（吸引力的活动设计及邀约话术水平）。
- 影响来访的因素：天气（极端天气，很难来访）、位置（明确告知来访线路）、适度回访（让客户多次承诺来访）。
- 影响成交的因素：同行对比（同行品牌强大，或者活动太疯狂时，竞争压力确实大）、环境（不追求奢华，但要干净）、前台接待（无须过于热情，适度就好）、咨询水平（一般流行顾问式销售，挖掘痛点、放大需求、封闭式引导、排除抗拒点，最终关键还是要敢于帮客户做决定）、团队配合（必要时换人接待）。
- 影响口碑的因素：产品质量、服务水平、口碑营销设计（主动要求、激励措施）、线上线下品牌包装（大部分时候产品差异不大，所以需要正向引导）。

除此之外，影响因素还有淡旺季、政策影响、突发事件等，其实有些时候什么也没做，只是正常波动而已，隔天可能就恢复了，多花些时间确定问题后再进行调整即可。

11.2 高薪面试题

高薪面试题，难度上升，更多的是考验对营销的理解，即能否帮助企业赚更多钱，如果能够较好地回答，薪水方面应该会令人比较满意。

11.2.1　SEM 数据分析怎么做

这道题在面试中出场率也几乎是百分百，毕竟 SEM 的工作就是跟数字打交道，面试官对这题看得非常重。但客观来说，这道数据分析的面试题其实不仅不难，反而特别简单，甚至比前面的常规面试题还要简单，所以关键还是答题思路。

这里我给出的回答逻辑是 4 个点：整体思路、分析维度、衡量指标和举例说明。

1．整体思路

想方设法让钱花得有效果，从不同维度切入，用对应的指标衡量，找出好的地方和不好的地方，对好的地方多投钱，对差的地方少投钱。

2．分析维度

分析维度就是切入点，迈出这第一步很关键，我们建议将维度分为三个层级来看待：大的维度、细节维度和相关维度。

- 大的维度：渠道、设备、地域、时段；
- 细节维度：计划、单元、词、广告；
- 相关维度：页面、客服。

逻辑上，从大到小，由近及远，所以我们先看大的维度，再看细节维度，最后看相关维度。

3．衡量指标

数据评估指标是靠考核来定的，衡量维度的好坏时，千万不能用热闹程度来考核，例如展现、点击、消费、点击率等，花钱多就是好词吗？点击率高就是好词吗？稍微想一想就能明白，这些跟好坏与否没有任何关系；也不能用单纯的结果指标，例如转化量来考核，有转化一定好事情，但有转化就是好吗？不一定，也许付出的代价很大；所以应该用衡量性价比的指标来考核，例如，转化成本、投入产出比和转化率这三个。

- 考核转化量时用转化成本（转化成本=广告费/转化量）
- 考核销售额时用投入产出比（投入：产出=1：N）
- 考核转化效率时用转化率（转化率=转化量/点击量×100%）

在前面提到的维度中，大的维度、细节维度适合用转化成本或投入产出比来衡量，考核转化量时用转化成本指标，考核销售额时用投入产出比指标；页面、客服两个相关维度，建议使用转化率指标，转化率高就是水平高，能够把握更多机会，为企业创造更大的价值。

4．举例说明

建议从细节维度、大的维度、相关维度，各选一个进行举例说明。可以从最常见的关键词说起，谈一谈关键词成本表，再从最重要的大方向渠道举例，谈一谈渠道成本表，最后从很多公司经常遗忘的页面维度，谈一谈页面转化率表。

不用谈具体细节，只要将大致意思表述清楚就行。如果被追问细节，可以再具体说一下数据追踪和做表过程。

11.2.2 如何策划专题页

专题页方面的问题，可以说是 SEM 面试里非常难的问题了，如果能回答好，会让面试官非常惊讶。因为专题页策划只有少数 SEM 高手才会，大多数 SEM 从业人员做到改行都没策划过一个专题页。

这里我们给出的逻辑是：衡量专题页好坏的标准、策划逻辑、现场策划专题页。

1．衡量专题页好坏的标准

专题页十分重要，真正决定企业之间 SEM 差异的，不是账户操作，不是数据分析，而是直接影响转化的专题策划。而非业余人士常说的用户体验，转化率是唯一的衡量标准。

影响转化率的因素主要有：

- 打开速度，能在瞬间打开最好，主要受代码及素材大小影响。
- 设计版式，第一感挺重要，这里注意不是按你的喜好来，而是按受众的喜好来，受众喜欢比你喜欢更重要。
- 页面内容，第一屏必须吸引人，首屏的目的是让受众愿意继续看下一屏，后续同理。
- 文案水平，同样的内容可以有不同的说法，例如：100Mbps 带宽上网很快，可以写为：网速太快，请系好安全带。
- 营销工具，确实有些烦人，会伤害用户体验，但这不是最重要的，对页面而言最重要的是转化率。

2．策划逻辑

策划逻辑很简单，可以使用一个万能模板，一共分四步走：引入-痛点或卖点-产品详情-呼吁行动。

- 引入环节，页面第一屏，首先抓住浏览者的眼球，如果内容相对复杂，可以继续第二屏，总体而言，先将浏览者留住，让他继续关注后续内容。
- 痛点或卖点环节，卖产品如果直接说产品，一般而言就会太突兀，所以需要挖掘一下，受众是需要刺激的，不然也许他不够痛，从而轻易离开。痛点如果实在不好写，改为将卖点介绍一下也可以。
- 产品详情环节，前面的铺垫，主要就是为了引出产品，满足客户的需求，解决其痛点，这个环节一般篇幅较大，会对产品从各个角度进行隆重介绍。
- 呼吁行动环节，也是常说的 CTA（Call To Action），专题页面不是让浏览器看着玩的，而是有目的的，最后一定要再次重点声明，呼吁浏览器完成某个动作，例如点击咨询、拨打电话、关注扫码和填写表单等。

3．现场策划专题页

需要强调的是，回答所有面试题只谈理论都会很难让面试官接受，所以一定要举例说明。专题策划如果真的是现场发挥，难度太大，所以一定是提前想好，将自己曾经策划过的专题用语言描述出来，如果手机里有备份，也可以直接展示，最好用原型图而非页面，原型图的可信度更高。

这里我描述一个手游的专题页策划。这是一款 MMORPG，玩家最大的乐趣就是 PK，穿梭于千军万马之中，所以整体页面设计上打算突显打架的快感，整体策划大致分两屏。

第一屏，突显游戏调性，文案为：来战，虐你们我一个就够！最好能请明星代言，更好地演绎这句文案。

第二屏，呈现酷炫装备，左右滑动各职业顶级套装。文案适当夸张：装备好打，不充钱也能顶级套。

手游落地页的重点是吸引玩家下载，所以整体都放置下载按钮，甚至可以考虑在固定的上方或下方位置始终漂浮下载按钮。

11.2.3　谈一谈你对营销话术的理解

这道题被问到的可能性并不大，其实有些超出 SEM 的工作职责范围，但 SEM 平时写创意，策划专题页，管理客服，或多或少都会涉及营销话术。同时这道题也有一点打压的意思，你前面的问题答得太好了，面试官担心稍后谈待遇比较麻烦，所以设计个问题适当压一压。

这道题我建议回答得简单一点，不要在自己不擅长的问题上谈论太多，回答时更多地谈不同情况下营销话术的目的，而不去谈太多话术设计本身的问题。可以考虑从 4 个方面来谈，分别是：自动问候语、客服咨询话术、电话邀约话术、面谈销售话术。

自动问候语，其目的不是问好，而是让接入进来的人开口说话，所以话术设计，不应该是：您好，请问有什么可以帮您？而应该是：您好，最近公司推出了某项活动，是否需要给您介绍一下？从一个简单的、有吸引力的问题切入，对方只用开口说“好的”就行，从而实现了从 0 到 1 的突破，后续客服咨询话术登场。

客服咨询话术，其目的不是答疑咨询，而是拿到咨询者的联系方式，优先考虑电话或微信。所以整个话术设计，在答疑的过程中，一定要把握住主动权，适当地问一些问题，关键时刻，通过巧妙话术，拿到联系方式。例如：谈到某项优惠活动时，可以帮对方预订名额，但需要留个电话进行预订。

电话邀约话术，其目的不是让被回访者口头同意来，而是让被回访者真正来访。所以整个话术不能强迫对方同意来，依然还是设计一个优惠活动吸引对方来。并且在没有真正来访之前，一定要多次回访跟进，换着方式让其多次承诺会来，尤其是约定来访的当天，一定要再次提醒，并设计强大的诱惑话术使其无论如何都要来。例如：某高管来这边支持，带来了重磅的促销政策，已帮您抢到一个名额，您一定要来啊。

面谈销售话术，其目的只有一个，就是现场成交。一般逻辑是从破冰暖场开始，然后建立信赖感，接着挖掘客户痛点，介绍产品或服务，排除抗拒点，最后进行成交动作。在整个过程中，不能把自己真的当成顾问，应该始终记得自己是销售人员，关键时候要干净利落，不能拖泥带水。

11.2.4 给你 500 万元，你打算怎么花

这道面试题也经常会被问到，题目虽然不难，但不容易回答清楚，这道题相当于要将一份 SEM 营销方案表达清楚，在实际回答过程中，一定要结合例子进行，这里给出参考逻辑：调研、策略、执行、预估。

1. 调研

调研就是个熟悉的过程，从业时间越长，对调研越重视，调研的深度可以帮助我们少走很多弯路。调研过程中，一定要找出行业规律，搞清受众喜好，客观对比自身与同行的优劣势。

2．策略

策略，更多的是确定节奏，清楚地说明渠道的选择及整体的投放。节奏一般都比较固定，按年度进行规划，整体根据淡旺季进行安排，投放渠道最主要的是搜索广告和信息流广告。一般情况下，搜索广告比信息流广告更核心，预算允许的情况下或当公司对品牌有很强诉求的时候，适当投放一些品牌广告。整体投放要保持统一，持续对公司产品卖点进行宣传。

除了 SEM 渠道的策略之外，一些外推渠道也可以涉及一些，如果有这些外推渠道做铺垫，SEM 渠道的投放效果将进一步提升。

3．执行

投放执行，更多的是细化策略，对每个渠道的具体做法进行细节描述。针对每个渠道最好都说三句话，第一句是账户结构如何设计，第二句是如何基于卖点制作创意，第三句是如何将创意投放给目标受众。

除了广告渠道的投放执行之外，也可以考虑涉及一些转化端的执行，例如专题页的策划、营销话术的设计等。

4．预估

效果预估，顾名思义，就是对结果进行预期，面试官其实想知道 500 万元在你手上会如何花费，能达成什么样的效果。

预估的方法，一般都是整理历史数据，按漏斗营销流程进行倒推，建议最终给出的预估结果在 1∶5 左右，这个范围一般比较合适且面试官容易接受，也就是说 500 万元广告费最终预计实现 2500 万元销售额，当然各行各业肯定有差别，如果知道行业数据，就直接用行业数据进行预估。

类似“给你 500 万元，你打算怎么花”这样的面试题，其实主要还是听你的思路，看看你做事是否有清晰的步调，以及对具体实施过程中的细节是否能够把握清楚。

11.2.5 谈一谈你对团队管理的经验

如果应聘 SEM 管理岗，肯定会被问到这个问题，不用太在意，这个问题没有标准答案，将你之前带团队的过程描述出来就可以。

这里我从三个方面谈团队管理的问题，分别是组织架构、人员管理和投放管理。

1．组织架构

我对组织架构的理解就是两个词：层级和分工。层级是结构，分工是细节。层级结构，一般最多分为四层：集团、片区或产品线、城市、分公司。分工细节，主要就是安排各个层级的职责，站在网络营销角度，如果考虑得完整一点，我们不仅要考虑推广部，还需考虑客服部和销售部。

公司规模大小不同，复杂情况不同，设计的组织架构也会有较大差异，但整体设计建议集权一些，集团或片区负责主要的推广及客服工作，分公司只负责销售工作。由于咨询线索量都抓在集团或片区手上，所以对分公司的约束力也很强。同时集权的做法可以降低管理成本、人力成本，还能避免内耗。

2．人员管理

人员管理主要涉及招聘、培训、考核和晋升这四个问题。

关于招聘，必须由发起招聘需求的部门负责人自己写招聘广告，不能由人力资源的同事代劳，毕竟想招聘什么样的人，还是部门负责人最清楚。在具体面试环节，一定要问非常具体的问题，这样可以将很多模棱两可的应聘者过滤掉。

关于培训，这是管理者的重要职责。对企业而言，可以整体提高全员业务水平，更好地完成公司的各项任务；对于员工而言，培训是最好的福利待遇，也是留人的重要手段，好的培训体系，会让员工舍不得离开。内部培训是重点，外部培训也可以适当考虑。

关于考核，对部门各个岗位做任务分解，对每个人都必须设定相应的考核指标，一般可以考虑采用倒推的方式，按漏斗营销历史数据进行预估。定好任务后就来设计绩效计算公式，可以用任务完成率的方法，绑定结果进行考核。

关于晋升，都是以填缺为前提的，所以平时要注意储备，培养忠诚度高、踏实能干的员工，提高其综合能力，当真有机会时，尽力为员工争取。

3．投放管理

投放管理主要需要考虑：域名及空间、建站及专题、渠道管理和数据统计。

域名及空间：考虑到品牌识别、统一管理以及成本控制，我们将所有的站点都集中到集团一个域名下，根据情况解析子域名，所有的空间也都由集团统一管理，权限放开到对应责任人。

建站及专题：集团主站使用自身模板，其他站点都使用集团统一网站模板，网站模板提供 PC 端和移动端各一套。专题页建设方面，集团每月至少更新两版，优先为新产品设计，分公司统一使用集团专题模板，有较强策划及制作能力的分公司也可以自行设计，并共享到全集团。

渠道管理：集团主要负责统筹、审批、开户等工作，具体投放工作参与很少，只负责少数渠道的投放，例如品牌专区广告等。主要的投放工作由片区自行负责，不允许跨区，片区只能在自己所负责的辖区内进行投放，整体投放采用多账户投放，分为综合账户和产品线账户两类，严格控制内部竞争，避免内耗。

数据统计：全集团使用统一表格模板，城市汇总到大区，大区汇总到集团。表格设计可以按照企业的营销漏斗进行，数据不仅要收集汇总，同时还要及时反馈，对于数据表现差的项目或地区，提供营销支持；对于数据表现好的项目或地区，整理其经验并分享。

没有规矩，不成方圆，想要做好营销管理工作，首先需要设定规则，可以考虑从组织架构、人员管理和投放管理三个方面进行思考，还有很多细节可以用类似的思路进行规范，标准化做得越细致，整体的效果也就越稳定。